本朝神仙記伝　上巻

宮地厳夫

本朝神仙記傳

上之卷

掌典長公爵九條道實閣下題字

神仙

昭和戊辰夏日

道實題

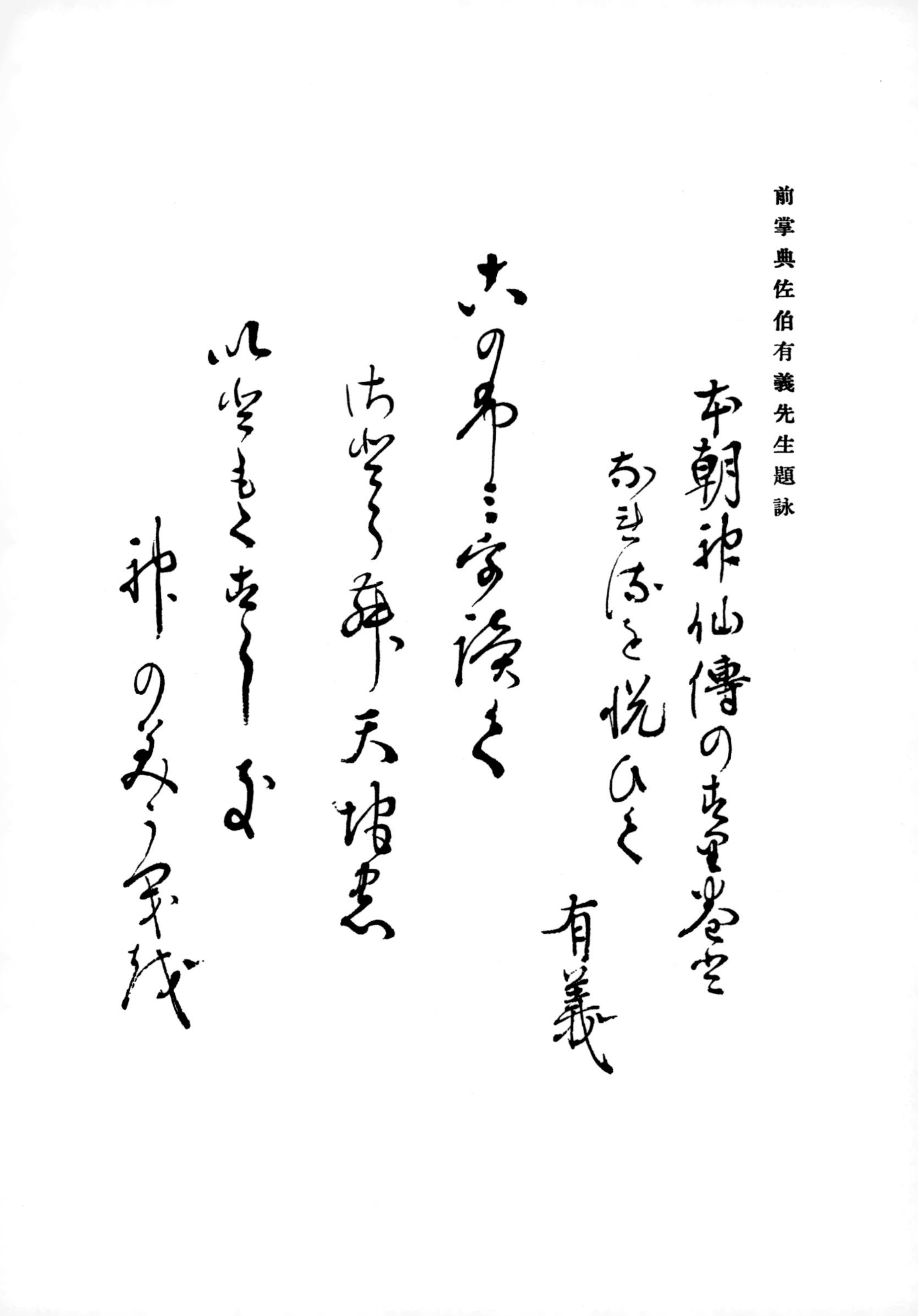

前掌典佐伯有義先生題詠

本朝神仙傳の書出せるを悦ひて

有義

別格官幣社靖國神社宮司加茂百樹先生題詠

宮地大人の著本朝神仙記傳の
出版をよろこびて
加茂百樹

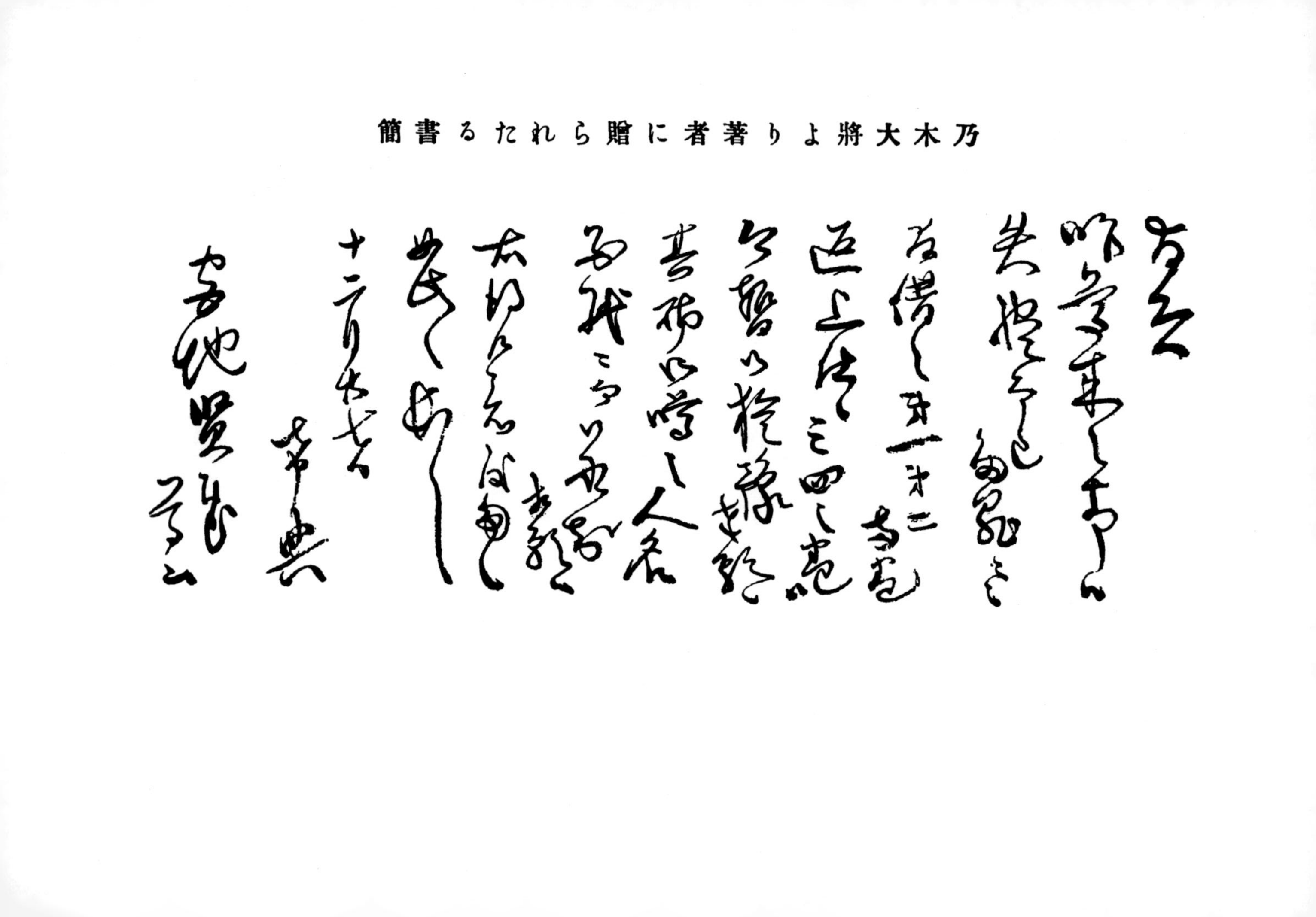

乃木大將より著者に贈られたる書簡

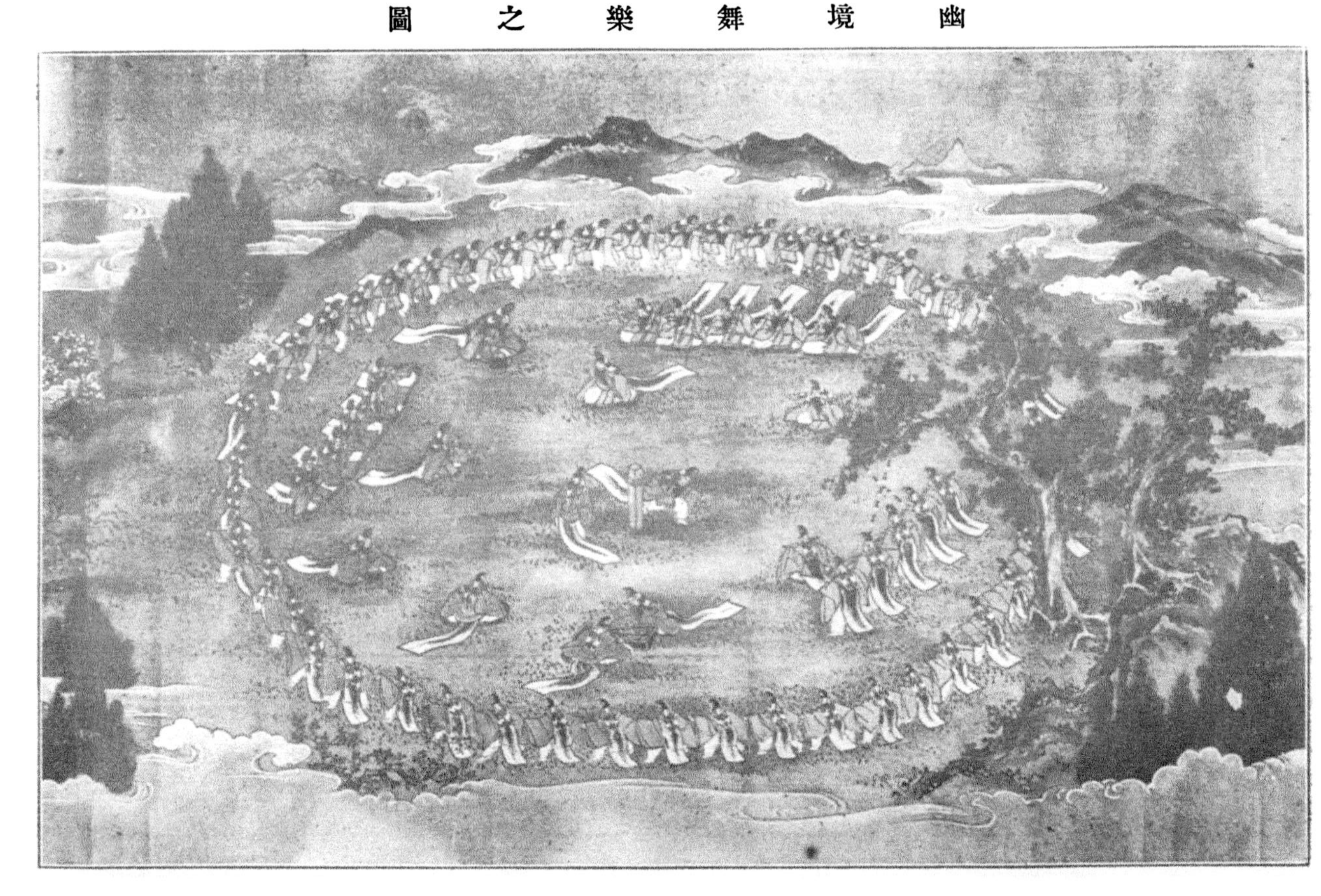

幽境舞樂之圖

高根大神之像

平田篤胤先生之手記

行年廿一歳 [illegible]

[illegible]御像は[illegible]紀傳へ
[illegible]して寅吉[illegible]
決[illegible]定なり[illegible]
[illegible]言[illegible]心を[illegible]
此神の[illegible]白しく[illegible]心[illegible]
[illegible]問ひあれ[illegible]神の
[illegible]と覺しくて語ひ[illegible]
[illegible]日[illegible]
[illegible]見知[illegible]大[illegible]
[illegible]書成ありしを画師と[illegible]
[illegible]寅吉が心[illegible]
[illegible]河野宗道の心[illegible]芦澤洞
宗老翁を[illegible]
速[illegible]成りたる寅吉見て[illegible]
その御面[illegible]見るごと[illegible]
[illegible]老翁に[illegible]例のごと[illegible]を
[illegible]辞み[illegible]人
の肖像を図せることを許[illegible]あれど
かく速に成[illegible]
見知りける御[illegible]童子の[illegible]
[illegible]
[illegible]悦ぶことを[illegible]
[illegible]君の[illegible]神の
めでたくて童子は神[illegible]
[illegible]
[illegible]思[illegible]
[illegible]
[illegible]已[illegible]賛[illegible]
[illegible]讃辞と[illegible]
[illegible]

文政四年三月

平田篤胤

著者小照

本朝神仙記傳序

その自然を論じ虛無を談ずるよりこれを觀れば、哲學とも謂ふべく、その不老を說き、不死を言ふよりこれを考ふれば、空想かとも思はれ、神を說くが如くにして、それは神に非ず。人の上を言ふに似て、それは人にも非ず。幽玄飄逸窺知るべからざるが、彼の道敎と、その謂ゆる神仙となるべし。

神仙は支那道敎の主として說きたる所、周に起り秦に傳り漢に盛にして爾來愈々隆昌を極め、方士輩出し祠廟簇起しこれに關する硏究は、博洽詳密、典籍亦汗牛充棟啻ならざることは、彼の道藏經の浩翰無比なるに徵しても知らるべし。この學我が國にも傳りたれど、これを硏究した人鮮く、專らこれに力を用ひられたるは、平田篤胤翁にしてこれを後にしては、翁の學を承けたる、宮地嚴夫翁その人なるべし。翁の學は本平二家に於ける古神道の正統を傳へ、學に篤く所信鞏く、入りては宮中の祭儀式典に參畫して、その事を親らし、出でゝは神社及び各教團の指導に膺りて諄々倦む所を知らず。或は著述に、或は講演に、孜々として寧月なく、その間特に精力を注いで、研究せられたるが即ちこの本朝神仙傳にてありき。

惟ふに彼の道教は一はこれを哲學文學の上より研究すべく、或は又これを生理及び精神科學方面より研究すべく、若くはこれを醫療藥物の上よりも考査すべく、世上未だ此等の各方面に、研究の手を染めざるは、知らずして爲さゞるか知るも故らに爲さゞるにか。世上有識の士、若し何れかの一方より、進みて深くこれを究むるに於ては、蓋し大に獲る所のもの鮮からざるべきか。

余は思ふこの書記す所、本朝神仙のことなれど、翁は實にこの書に籍りて、斯學の一班を示しその研究を促されたるものにして、世或はこの書を以て、翁が好事の餘技に成れるものとするものもあらは、そは實に翁の心事を解せず又以て道教の更に大に攻究すべき所のもの有るを、知らざる者と謂ふべしと。聊蕪言を列ねて、以て序となす所以なり

昭和三年七月下澣

神道管長　神崎一作

序に代へて

此度父の十週年記念として、諸先生の御斡旋と御盡力とによりまして、父の數ある遺稿の中から「本朝神仙記傳」が刊行せらるゝことゝなりました。それにつき不肖私に何か一文筆を副へる樣にとのお話がありました。

實は遺族の責務として、父が多年研鑽努力して參りましたものゝ内で、父の生涯の事業の何かを記念したい、せめては遺稿の内、何か一本でも刊行してなりと、父生前御親交を忝うしていたゞいた諸彥に謹呈いたしたい、と思つて居りましたが、種々の事情の爲めに、荏苒日を過ごし、遂に今日まで經過して參りまして、顧みて洵に衷心自責の念に堪へぬ次第であります。

本記傳は、遺稿の中で一番良く纒つてをり、前後三十餘年の間全精力を傾注し、殆ご寢食を忘れて、最全の努力と、あらゆる犧牲とを以て編纂いたしましたもので、謂ば父の心血結晶の稿本であります。斯樣な譯で、父の苦心と努力とを御存じの先輩、舊友、知己の方々は、從來頻りに永く筐底に收めて置く事の不可なるを說かれ、一日も早く刊行する樣にと、常に諭されて來たのでありましたが、さきに申述べました樣に色々の事情の爲め、今日まで永らく大方の期待に背いて來た次第で、深く陳謝せねばならぬと同時に、今日此の刊行機運に導かれたる諸先輩に厚く感謝の意を表さねばなりませぬ。

此の際父生前の抱負や、此稿本に關し平素私が時折に聽いて居ましたこと等を、書き添ゆることが刊行の勞をお執り下さる方々の御希望の主體とは考へますけれど、私の淺學を以てしては、却てこれに觸れぬ方が父の本意であるかと考へますが故に、敢て之れを避けることゝし以上の顚末を申述べて擱筆することゝ致します。

終に臨み此記傳刊行に際し深大の御配慮を忝うしたる、九條公爵閣下、一戸陸軍大將閣下、竝に佐伯宮內省掌典、加茂靖國神社宮司、神崎管長、宮地博士、大久保宮司に對し僭越ながら父に代りて御禮申上げると同時に本書刊行に直接の勞を執られたる、小西亀次郎氏能勢天祐氏に對し厚く御禮を申上ます。

昭和三年十一月三日

宮地威夫

本朝神仙記傳上之卷　目次

饒速日命……一
可美眞手命……六
稻飯命並三毛入野命……九
椎根津彥……一三
賀茂別雷大神並玉依比賣命……一八
阿蘇都彥命並阿蘇都媛命　速瓶玉命……二二
倭姬命……二六
日本武尊……三一
印南別孃……四〇
白鳥陵守目杵……四三
武內宿禰……四四
水江浦島子並蓬萊女仙……五一
若狹八百姬……六三
高麗山樵並眞珠男、白綿女……七〇
宇度濱女仙並漁夫……七七
押坂直……八二
漆部造麿が妻の女仙並七子……八四

鶴龍仙人……八七
吉野山二女仙……八九
鈴鹿翁……九一
箭柄翁……九三
柿本人麿……九四
久米仙人……一〇〇
養老仙人並草野某……一〇六
菊女仙……一一二
願覺仙人……一一五
飛龍士韓志和……一一八
武庫山女仙……一二二
蟬丸……一二七
小野篁……一三〇
白箸翁……一三六
貞純親王……一四一
在原業平……一四三
生馬仙人……一四五
都良香……一四七
菅公……一五〇

嵯峨隱君子……一七四
藤太主並源太主……一七六
松木春彦……一八〇
平維盛仙人並貞能、重景、石童丸……一八七
平景清並盛嗣……二〇〇
佐々木高綱……二〇八
津輕女仙……二一二
殘夢並無々、福仙……二一九
鬼三太清悦並柳塘異人高館女仙……二二六
大枝國兼……二四二
由井源藏……二四四
度會常昌神主……二五一
萬里小路藤房卿……二五六
鄕谷長生夫妻……二六二
十津川異人……二六八
長清道士……二七一
長谷川式部大夫……二七六
岩田刀自……二八四
大口山女仙……二九一

本朝神仙記傳上之巻

東嶽　宮地嚴夫遺稿
門人　大久保千濤編輯

●饒速日命

饒速日命は、天忍穂耳尊の皇子なり。御母は高皇産靈尊の御女栲幡千々姫命にして、皇孫瓊々杵尊同母の御兄に坐ます。皇孫瓊々杵尊天上に於て、天位に即せ給ひ、日向國なる襲高千穂峯に天降り天下に君臨し給ひし後、饒速日尊もまた皇祖天神の勅命に依り、天磐船に乘て、河内國なる河上の哮峯に天降り、又大倭國なる鳥見の白山に遷り住み給ふ。此時饒速日命、天磐船に乘て、大虛空を翔行つゝ、此郷を巡り睨て天降坐しに依て、虛空見日本國と云へる國名は起りしとかや。斯くて其天降り給ふ始め、皇祖天神より、饒速日命に、天璽十種の瑞寶を授け、鎭魂の法を傳へ給ふ、其十種の瑞寶は、即ち瀛都鏡、邊都鏡、八握劔、生玉、死反玉、足玉、道反玉、蛇比禮、蜂比禮、品物比禮の十種なり。また此十種の瑞寶を用ひて、鎭魂を行はむ法は、若痛む處あらば、此十種の瑞寶を合せて、一二三四五六七八九十と謂ひて、布瑠部、由良由良止、布瑠部、此くなさば、死れる人も返りて生なむものぞと敎へ給ひけるとぞ。此れ即ち鎭魂の法なり。是に於て、饒速日命、此國に降り給ひし後、常に此法を修め、即ち離遊の運魂を招きて、身體の中府に鎭め、謂ゆる長生久視の道を得て、永く此世に留り給ひ、長髓彦等を服從はしめて、大倭國を治め、遂に長髓彦が妹、御炊屋媛を娶りて、可美眞手命を生しめ給ふ。然るに、日向國に天降らせ給へる、皇孫瓊々杵尊は、其皇子火々出見尊、其皇子鸕草葺不合尊、其皇子神日本磐余彦尊、即ち神武天皇まで、凡御四代を歷させ給ひ、帝都を日向國に定めて、天下を統御し給ひしが、神武天皇の御代に至りて、中洲を平定し給ひ、大いに皇謨を擴充し給ふ。爰に神武天皇御東征の皇軍、大倭國に逼りし時、長髓彦人を遣はして、天皇に申し奉らしめけるは、天神の御子天磐船に乘て天降り給ひ、吾方に留り御座します、御號を櫛玉饒速日命と曰す、此命吾妹三炊屋媛を娶りて、兒息可美眞手命あり、吾は此饒速日命を君とし事へ奉る　思ふに天神の御子兩種在るべきの謂れ無し、奈何にぞ更に天神の御子と稱り來りて、吾國を奪はむとはし給へるぞと申さしめければ、天皇之れに答へて、天神の御子亦多くあり、汝が君とする所、實に天神の御子ならむには、必ず表物あるべし、若あらば其を示よと云はしめ給ふ、長髓彦、直ちに饒速日命の、天羽羽矢一隻と、步靫とを取て、天皇に示せ奉る、天皇之れを御覽はして、此は眞の物なりと宣はせ給ひ、天皇もまた御親ら佩せ給へる、天羽羽矢一隻と、歩靫とを出して、長髄彦に示せ給ひしに、長髄彦其天表の物を見奉りて、益〻踧踖りしかども、勢ひ今更に止まることを得ずて、猶心を改めざりけり。然れども饒速日命は、天下は本より皇祖天神の皇孫尊に與へ給ひし所なるを、能く知り給へるのみならず、長髄彦の禀性、大義を說き、名分を諭すも、其効無きを認め、畢に長髄彦を誅戮し、其兵衆を帥ゐて、皈順し奉られぬ。天皇は固より饒速日命は、天より降れる神なることを、知食し給ひしに、果して忠効を立られしかば、則ち褒めて寵み給ひしとぞ。此饒速日命は則ち物部氏の祖神なり。中洲平ぐの後、其子可美眞手命に、皇祖天神より授かり給ひし、天璽十種の瑞寶を授け、鎭魂の法をも傳へて、永く天皇に事へ奉らしめ、自らは此世を去りて、遂に其終る所を知らずなりしとかや。

嚴夫云本傳は、日本書紀、古事記、古語拾遺、舊事本紀を始め、諸書を參輯して爰に擧たり。中にも冐頭より皇孫尊降臨の事を云へるまでは、多く紀記二典を採り、饒速日命もまた皇祖天神の勅令に依り、天磐船に乘て、河內國なる哮峯に天降り云云と云へるより、十種の瑞寶を授り、鎭魂の法の傳へをも、受られたること等を云へるは、專ら舊事本紀の天孫本紀と、天神本紀とを參考して之れを載せ、離遊の運魂を招きて云々と云へるは、全く令の職員令の義解に採り、皇孫尊より、神武天皇までの御代數は、此れ亦紀記二典に依りて書き、神武天皇の御東征の時、天表の天羽羽矢また步靫を御覽し、且示し給へる事より、饒速日命の、長髓彥を誅して、歸順し給へること等は、是亦專ら神武天皇紀に因て記し、また饒速日命の、三炊屋媛を娶りて、可美眞手命を生しめ給へることは、舊事本紀をも參考して記せり。斯くて饒速日命を以て、此神仙記傳の卷首に擧げたるは、本傳に載せたる如く、此命は、皇孫瓊々杵尊の御兄に坐まして、皇孫尊の天下に君臨し給ひし後、更に天降給ひしかど、彼皇祖天神より授かり給へる、鎭魂の法を修めて長生し給ひ、皇孫尊の御皇統は、御四代を歷させられて、神武天皇の御世に至らせ給ふまでも、生存へて御座しは、謂ゆる神仙に非ずして何ぞ。且其終る所の詳ならざるも、亦神仙たるを證するに足るべし。然るに天孫本紀に、饒速日命既に神損去坐て、天に復り上らざる時、高皇產靈尊哀泣給ひて、即ち速飄命に命せて、其屍體を天上に上さむとして、七日七夜の間遊樂哀泣て、天上に斂め竟ぬと云へること見えたれど、此は神代卷に載せられたる、天稚彥が死たる時其父及び妻子等が、天より降り來りて其柩を持て、天上に上り去りたる事蹟を、混ひ記したること、疑ひ無れば、此れを採らず、また同書には、饒速日命は神武天皇御東征の前に世を去り給ひて當昔は既に可美眞手命の代と成て居しものゝ如く記して、長髓彥を誅して、歸順ありし事蹟も、皆可美眞手命のせられし事の如く記したれど、此は日本書紀、古事記、古語拾遺を始め、其他正しき書には、孰れも饒速日命の、成し給ひし事蹟に、擧ざるは無くして、此に合ざれば此れ亦採らず、思ふに饒速日命は、神武天皇中洲を御平定の後、猶暫く顯世に留り給ひて、可美眞手命に、十種の瑞寶、及び此十種の瑞寶を用ひて、鎭魂を行ふ法をも授け給ひ、其れより徐々に去り給へるものなるべし。因に云、皇孫尊の降臨の時、天位の天璽として、皇祖天神の授け給ひしは、神鏡、神劒、神璽の三種にして、此三種の器に含め給へる意味の深長なることは、今更に云ふを待ざる所なるが、饒速日命に授け給ひしは、十種なれども、要するに前の三種を細に別て授け給ひしに外ならず、其は先瀛都鏡、邊都鏡は、二種ともに鏡に外ならず、又生玉、死反玉、足玉、道反玉の四種は、皆玉に歸すべきものなり。八握劒蛇比禮、蜂比禮　品物比禮の四種も、亦劒の一種に歸す。然れば鏡を二種に別ち、玉と劒とは、各四種に別ちて、十種とは爲し給ひしものなり。而して此三種と十種とは、即ち鎭魂の秘旨を含め給へるものなり。長生の道を修むるの要妙たるものなり。道家の修眞秘訣と相一致するものなり。然れども其説長ければ　爰に盡し難し。其は猶次々の因ある所に逃ぶべし。

旅戀　草枕旅寢の夢にみし人をうつゝになしてあふよしもかな

曙櫻　ほの〳〵と明くるたかねに横雲のかゝるとみしはさくらなりけり

◉可美眞手命

可美眞手命は、饒速日命の子なり。母は長髓彦の妹御炊屋媛なり。大倭國鳥見白庭の邑に生る。始め其母妊胎て未だ產ざる時、饒速日命其妻御炊屋姫に、汝が妊胎る子若男子ならば、間味見命と號けよ、若亦女子ならむには、色麻彌命と號けよと云ひけるに、其生れし子男子なりしかば、即ち間味見命とは名けゝるとぞ。斯くて可美眞手命も、亦父命の皇祖天神より授かり給へる、天璽十種の瑞寶を授かり、又鎭魂の法をも其傳へを受け、自ら修めて之れを成就し、饒速日命の後を續て、神武天皇に事へ奉り、極めて忠誠なりしかば、天皇特に之れを褒て、神劔を授け給ひ、其勳功を表はし、股肱の職に任じて、子々孫々永く其職を傳へしめ給ふ。是に於て、可美眞手命、天物部を率ゐて、猶皇化に服從はざる夷國を征し、海內を平定して、其由を奏上し、且父命より授かりたる、天璽十種の瑞寶を献りて、殿內に納めしかば、天皇特に詔して、近く殿內に宿せしめて、深く寵遇しみ給ふ。斯くて可美眞手命は、又其瑞寶を用ひて、天皇皇后の御爲に、御魂を鎭祭り、聖壽の長久を祈り奉る。此れ即ち此御代に鎭魂祭を行はれ給へる始めにして、爾後每歲の十一月中の寅の日、即ち新嘗祭の前日を以て、此祭を行はせらるゝ恒例とはなれり。斯くて可美眞手命は、鶴に乘て石見國に至り、所々を見巡りて鶴降山に降り、夫より更に降居田と云へる所に降り著て、此地を領し、久しく爰に住み給ひしが、終に此所の八百山に、其神靈を留めて、永く此世を去り給ひしと云ふ。其神靈を留め給へる八百山は即ち今安濃郡川合村なる、物部神社此なりと云へり。又鶴降山は、今本社を去ること凡壹里許にして、鶴府山と稱する山此れにて、鶴府は即ち鶴降の約まりたるものならむと云ふ。又降居田は今本社の前に在りて、折居田と書く地名に存すと云へり。斯の如くにして、可美眞手命は、父命より鎭魂の法を得て、自ら之れを修め、且天皇皇后の御爲に、御魂を鎭祭り、終に鶴に乘て石見國に至り、其跡を八百山に留めて去り給ふ。其神仙の道を得たまへること、明かなりと云ふべし。

嚴夫云本傳は、紀記二典を始め、舊事本紀、古語拾遺、物部神社々傳、其他の諸書をも參考して、之れを擧たり。中に就て冐頭より御炊屋媛なりと云へるまでは、諸書同一なれば、今更に説明を要せず、大倭國鳥見白庭に生ると云へるより、間味見命と號くと云へるまでは、專ら天孫本紀を取て記せり。但間味見命の間味見はマアヂミと訓む。マアのアは省かりてマとなり、ヂミは約まりてデと成れば、即ち眞手となるを、其上に可美と云へる美稱を加へて、可美眞手命とは稱し奉れるなれば、間味見命、即ち可美眞手命の事なるを知るべし。又其以下も多く天神本紀、天孫本紀、古語拾遺等を參輯して之れを書き、毎歳の十一月中の寅日と云ふより、恒例とはなれりと云へるまでは天武天皇紀を始め諸書同一なれば、即ち其諸書に據て載せ、鶴に乘りて石見國に至りと云ふより、折居田と書く地名に存すと云へるまでは、專ら物部神社々傳に採り、神名帳を以て之を補ひたり。其以下は、前文を集めて余が補ひたる文と知るべし。然るに今一つ說明し置ざるを得ざることあり其は本傳の中に、鎭魂の法をも其傳へを受け、自ら修めて之れを成就しと書きたるは、何に依て之を記したるか、法を授かりたる事は、舊事本紀にも見えたれど、其法を自ら修めて成就したりと云へることは、同書にも見えざるは如何との、疑を懷く者も無きに有ざらむか、然れども、此は實に見易きことなり。其故如何となれば、可美眞手命自ら修めて、成就したればこそ、天皇皇后の御魂をも鎭め祭ることをなし得奉りたるなれ。若自ら成就せざらむには、爭でか其御魂を鎭め奉ることを得べき。此一事を以ても、自ら修めて成就したるを證するに足るべし。況や社傳に據れば、鶴に乘りて石見國なる、鶴降山に降りたるとの傳へ有るをや。其道を成就せざるもの、如何にぞ鶴に乘ることを得む。故に斷じて成就したりとは書きたり。因に云ふ、可美眞手命より代々物部を率ゐて、皇家の武職に任ず。是を以て其子孫永く物部の姓を賜ふ。後世に至り武士を訓てモノヽフと稱するに至れるも、亦之れに依れりと云ふ。

島

四方の海浪しつまりてうらやすくみえこそわたれ秋津しま山

●稲飯命　●三毛入野命

稲飯命、三毛入野命は、共に建鵜草葺不合尊の皇子にして、御母は、海神豊玉毘古神の女、玉依毘賣命なり。筑紫の日向國にて生れ給ふ。即ち神武天皇の御兄なり。神武天皇御東征の時、皇軍に従ひ共に中州に入り給ふ。皇軍進みて船にて、紀國を廻り、遂に狹野を越て、熊野神邑と云ふに到り、且天磐盾に登り、更に皇軍漸々に進み給ふ時に、海中に於て卒に暴風に遇ひ、皇船漂蕩ふこと甚し是に於て稲飯命申させ給ふには、あはれ我御祖は則ち天神に坐まし、又我母は則ち海神にて座ますを、如何なれば、我を陸に厄め、我を海に厄め給ふらむと言ひ訖て、やがて劔を拔て海に入て、鋤持神と化り給ふとも。また妣國として、海原に入坐きとも傳へぬ。此時三毛入野命も、亦恨みて申さるゝやう、我母も姨も共に海神の御女なるを、如何なれば、斯る荒波瀾を起して、我等を灌溺し給ふらむとて、則ち浪の穂を蹈て、常世郷に往せ給ふとも、渡り坐ぬとも傳へたり。此の常世郷とあるは廣く幽境を指し、且海外の諸國をも云ひ、また妣國とあるは、全く海宮を指れたるものなり。然るに三毛入野命の浪の穂を蹈て常世郷に渡り給ふとあるは、全く其幽境に入坐るを云ひ、また稲飯命の妣國として、海原に入坐きとあるは、是れ亦全く彼海宮に往き給へるを云ふ。共に神仙の道を得て坐まし〻を以て、仙去し給へるを指せること、また云ふを待ざるべし。

嚴夫云本傳は、日本書紀、古事記等を、參輯して爰に載せたり。其は先古事記に、天津日高日子波限建鵜草葺不合命、其姨玉依毘賣命を娶りて、御子五瀬命を生む。次に稻氷命、次に御毛沼命、次に若御毛沼命、亦の名は豐御毛沼命、亦名は神倭伊波禮毘古命を生み給ふ。然るに御毛沼命は、波の穂を跳て、常世國に渡り坐ぬと、載せられたり。此の神倭伊波禮毘古命と稱し奉るは、即ち神武天皇にて坐ませば、稻飯命、三毛入野命の御二方は、其御兄に坐ますこと、今更に云ふを待ず。また其三毛入野命の、波の穂を跳て常世國に渡り坐ると云ふことも、明かなりと云ふべし。斯くて神武天皇紀には、戊午年六月乙未朔丁巳、皇軍名草邑に至り則ち名草戸畔を誅し、遂に狹野を越え、熊野神邑と云ふに至り、且天磐盾に登りと云へるより、則ち浪の穂を蹈みて、常世鄕に往せ給ふと云へるまでは、本傳の末に擧たる通に載せられたり。然れば古事記のみにては、三毛入野命は、何處にて浪の穂を跳て、常世鄕に渡り坐るか、確かならねど、此の神武天皇紀にて、紀國の熊野の神邑より、猶東に進ませ給ふ海中にて、卒に暴風に遇せ給ふ時のことにてありきと云ふこと明かに知られ、且此時稻飯命も、海に入て鋤持神と化り給ひしと云へる傳へを遺せるは、全く此紀の賜物と云ふべし。扨此の稻飯命、三毛入野命二柱の。神仙得道の御方にて、在らせられしと云ふことは決めて其由緣無きに非ず。如何にとなれば、元來此二柱は、皇孫尊より、御四世に當らせらるゝ皇胤にて、固より天仙に近きは申すまでも無き上に、自らも宣はしゝ如く、御祖母御母ともに、海神豐玉彦命の御女にて、始め御祖父彥火火出見尊の、海宮に往せ給ひし時も、同尊の海邊に至りて、彷徨て坐ましゝを、塩土老翁と稱る老翁が、嚢中より玄櫛を取出して、地に投しかば五百個竹村と云ひて、竹の林の成しを、其竹を取て、大目麤籠と云ふ籠を作りて、火火出見尊を籠の中に入て、海底に至まさしめ奉りて、豐玉彥命の宮に到りまし、其女豐玉姬を娶させ給ふことゝなりしとある。此海宮は、本書の此卷に載せたる、水江浦島子が傳の下に云へる、彼蓬萊洲、瀛洲など云ふ、本邦域內の海中に在る、神仙の幽境と聞ゆれば、彼塩土老翁も、必ず其幽境に通ずる、神仙なることと云ふを待たず。然れば、其御母の玉依毘賣命も、御祖母の豐玉毘賣命も、共に神仙の幽境より來ませる、神仙にて座ませば、御幼少の時より、御母の命より神仙の道を授けられ給ひ、はやくより修めて御座しゝものなるべし。殊に次に擧ぐる椎根津彥も、其傳の下に云へる如く海神の御末裔にして、天神の御子の皇軍を助成し奉らむが爲に、出來れるものならむと云ひしをも思ひ合すべし。斯くの如くにして、稻飯命も、三毛入野命も、固より神仙の道を得て座ましゝを以て、紀國の海上にて、暴風に遇せ給ひし時、三毛入野命は、其得道を現はし給ひ、浪の穗を跳て常世郷に往せ給ひ、また稲飯命は、御妣の國即ち海宮謂ゆる、蓬萊瀛洲など云ふべき、海中なる神仙の幽境に入せ給ひて、鋤持神と化り給ふと有るは、即ち神仙と成給ひしと云ふの意なるべし。然るに新撰姓氏錄に、新良貴は、彦波瀲武鸕鷀草葺不合尊の男稲飯命の後なり。是は新良國に於て即ち國主と爲給ふ。稲飯命は、新羅の國王の祖なりと有るは、如何と云ふものも有らむが、其は先神武天皇紀にては、稲飯命は、海宮に往せ給ひ、常世郷に渡らせ給へるは、三毛入野命にて、在せらるゝを、姓氏錄の傳へたるは、栗田寛氏の、新撰姓氏錄考證に、御兄弟の間の傳への異なるにて、さる例多かりと云へる通りなれば、實は三毛入野命が、浪の穗を跳て、先づ新羅國に渡り給ひ彼國の國王と爲られ、扨新良貴と名乘る姓の、子孫苗裔をも遺し置て、夫より徐々に仙去し給へるにもあらむか、然るを姓氏錄には、其御兄弟を取違へて、常世郷に渡り座しゝを、稲飯命なりと思ひ、斯くは傳へしものなるべし。其はとまれかくまれ、此の二柱の命の、常世郷と海宮とに往せ給ひて、神仙と成給ひしことは、本傳の上に於て明白なりと云ふべし。

素盞嗚尊　八雲たついつもにすかの宮たてゝ住せ給ひし神代しおもほゆ

路　わけまよふ方こそなけれ君か代は野へも山へもみちのひらけて

◉椎根津彦

椎根津彦は、本名を珍彦と云ふ。神武天皇御東征の時、天皇親ら船師を帥ゐて、筑紫の日向國を打立せ給ひ、速吸の門まで進ませ給へる時、龜甲に乘りて、釣を垂れつゝ、打羽と云へるものを擧て、寄來る者あり。天皇遙に御覽して、之を呼寄せ、汝は誰ぞと問はせ給ひしかば、其者僕は國神にて、名を珍彦と申すものなりと答へ奉れり。天皇重ねて、汝は海路を能く知りたるかと問はせ給へば、彼亦我能く海路を知れりと答へ奉れり。天皇更に我爲に導き仕へ奉らむやと宣せ給へば、導き仕へ奉らむと答へ奉りぬ。是に於て、天皇勅して、御船より椎の木の檣を指出さしめ、其椎檣に取附しめて、御船の中へ引入しめ、海路の敎導者となさせ給ふ。椎檣を以て引入給ひしに因て、名を賜はりて、椎根津彦と呼ばせ給ふ。斯くて皇師船は、椎根津彦の導きに依て、所々を經て、河内國なる草香邑の靑雲の白肩の津と云ふに著き、此所より上陸して、孔舍衞坂と云へる所にて、長髓彦と戰給ひしかど皇師利あらずして退き、更に御船にめさせられて、紀州の灘を乘廻し、紀國と伊勢國との境に近き、熊野浦に至り、是より山を越て、大和國に討入らせ給ひ、國見丘の上に居る、八十梟帥及び其女軍男軍、又磐余邑に布滿居る、兄磯城が軍どもを、擊平げむとし給へる時、賊虜の據所は、皆要害の地にして、道路を絶たれば、通ふべき所なし。天皇甚く之れを惡ませ給ふ。此夜の御夢に天神降らせ給ひて、天香山社の中の土を取り、天の平瓮八十枚、また嚴瓮をも造りて、天神地祇を敬祭り、また嚴呪詛をも爲し給はゞ、賊虜自ら平伏なむと訓へ給ひしかば、天皇祗て此夢の訓を承り、其如く爲むと思食給ふ時に、弟猾も參りて、天神の御訓と同じ事を奏し奉りしかば、天皇夢の御訓を得て吉兆と思食給ふが上に、弟猾の言を聞食て、益喜ばせ給ひ、椎根津彦に、弊衣と簑笠とを着せて老人の貌に爲り、又弟猾に箕を被せて、老嫗の貌に爲り、勅して汝等二人今より天香山に到り、潜に其巓の土を取りて來れ、基業の成と否とは、當に汝等の土を取來ると否とを以て占なはむ努力愼めやと宣はせ給ひしかば、二人は承はりて、天香山に向へり。然るに此時、虜兵路に滿居て、往還こと難し。時に椎根津彦祈びて、我天皇能く此國を定め給ふべきならば、行む路自ら通り得られむ。如能はずとせば、賊必ず禦ぎて通さゞらむと、言ひ訖りて、直ちに行く時に、群虜二人を見て、大いに咲ひて、大醜の老父と老嫗とやと云ひて、相共に道を闢きて行しめければ、二人は事無く、天香山に至りて、土を取りて歸り來りぬ。是に於て天皇甚く悅ばせ給ひ、其埴を以て、八十平瓮天手抉八十枚と、嚴瓮とを作りて、丹生川上に陟らせ給ひ、天皇又祈て、吾今當に八十平瓮を以て、水無くして飴を造らむ、飴成れば、吾必鋒刃の威を假らずして、天下を平げんと宣給ひて、飴を造り給ふに、飴自らに成りぬ。又祈ひて吾今當に嚴瓮を以て、丹生の川に沈めむ。如川の魚大小となく、悉醉ひて流れむこと、譬へば柀の葉の浮流るが如くならば、吾必ず能く此國を定めむ。如然らざれば、終に成所なからむと。宣給ひて、嚴瓮を川に沈め給ふに、其口下に向けり。頃ありて魚皆浮出て、水の隨に噞喁ひせり。時に椎根津彦之を見て、奏上せしかば、天皇大いに喜ばせ給ひて、丹生の川上の、五百個眞坂樹を抜取て、天神地祇を祭らせ給ふ。かくて其靈應に依て、多くの虜ども皆平ぎて、天下治まりし後、帝都を大倭の橿原に定め給ひ、功臣に賞典を行ひ給ふ。此時珍彦即ち椎根津彦を、倭國造と爲させ給ひしかば、其子孫長く、倭國造たり。又大和直と云へる姓も、此椎根津彦より出たり。然るに椎根津彦始め誰が子とも知らず、速吸の門の海上に、龜甲に乘り、打羽振り、寄來て仕へ奉りしより、天香山の土を取る御使仕へ奉りて、大功を立し前後の事どもを思ふに、此はとある神仙の皇業を輔翼奉らむ爲め、出來りて、斯くは仕へ奉れるものなるべし。

嚴夫云本傳は、神武天皇紀と、古事記の中巻とを、參考して爰に之を載せたり。中に就て、古事記には、椎根津彦の始めて出來れることを擧て、龜甲に乘りて、釣を垂れつゝ打羽擧て寄來る人に速吸門に遇ひきと記されたるを、神武天皇紀には、速吸の門に至る時に、一の漁人有りて、艇に乘りて至ると記して、何の異りたることもなき漁夫の如くに擧られたれど、書紀の方は、先輩も能く辨へ置れたるが如く、成限り漢文體に記すと共に、奇異なる事跡も、多く普通平易の事に書成したるには、非ざるかと疑はるゝ節少からず。其は古事記と比較して之れを讀まば、自ら明かなり。即ち此古事記に龜甲とあるを書紀には縦と書れたるの類も其一つと知るべし。故に本傳は、要と神武天皇紀に因て記したれど、此條は全く古事記を採て載せたり。扨本傳に、打羽擧とある、打羽のことに就き、本居翁は、萬葉集に打羽振鷄者鳴、また朝羽振風社依米など讀る歌の有るを證に取て、打羽擧と訓れ、此所は椎根津彦が、鳥の羽振如く左右袖を擧て、打振つゝ來れるを云へるが如くに説れたれど、此は然るにてはあらざるべし。此條のことに就ては、三神山餘考に、碧川好尙主の謂れたるこそ、實にもと思はるれば、今これを述ぶべし。其は此の椎根津彦は、海神の御末裔にして、今出來れるは、其御祖錦津見神の、天神の御子の御軍を助成しまつらむが爲に、仕へ奉らしめ給へる事と推量らる。然れば、龜の甲に乘りて來ると云ひ、能く海路を知るとも有りて、其功勳も許多あり。また打羽擧來人とある打羽は、師の説に、後に羽扇と云ふ物にて、其を振擧て、遙に招きつゝ來るを謂ひ、固より天皇の軍師とも稱ふべき神なれば、此を以て皇軍を指麾することは更なり。なほ種々の用ひ方ども多かる事と知られたり。然れど、此後皇國にて羽扇を、軍旅に用ひたる人、己が讀たる書どもには、いまだ見當らず、赤縣にては、蜀の諸葛亮を始め、用ひたる人も往々有りき。此はもと神仙より傳來せしものにて、今も幽境の眞神等は、專らと用ひ給ふ由なれど、其用法を知得たる人は、有りや無しや知らずと云はれたり。實に然る事と云ふべし。因に云ふ此羽扇の作り方、または用ひ方等に就ては、水位靈壽眞より、親しく聞たることもあり、また其著に係る、異境備忘錄にも、往々見えたることとありて、今にも幽境にては、專ら用ひられ有る由なれど、其說長ければ、爰には盡し難し。故に折を得む時、更に之れを述ぶべし。扨また椎根津彥を、海神の御末裔なりと云はれたるは、即ち古史傳に、椎根津彥命は、大綿津見神の御子、振魂命の御末、武位起命の御子なる由を、說明されたるが如くなれば、此命は、本書の此卷の後に載せたる水江浦島子の傳の下に云へる、彼蓬萊洲とか瀛洲とか稱する、海中の仙境、即ち我神典に謂ゆる海宮とある、大綿津見神の、御本境に在りて、夙く神仙と成りて居られたるを、好尙主の說の如く、天神の御子の御軍を助成しまつらむが爲に、出來らしめられたるものなれば、其仙境にて用ふる羽扇を持ち、殊に龜の甲に乘り、靈異を現はして、出來れるものなるべし。斯くて椎根津彥は、元より神仙にて在りしを以て、皇軍御助成の大功を全うし、中州御平定の後、其功に依りて、倭國造となりしことは、本傳に擧げたる如くにして、其子孫に、倭國造及び大和直など云へる姓の、後裔を遺したることは、昭々として歷史に傳へたるも、椎根津彥其人の末期は如何なりしか、更に聞ゆる所なし。思ふに、二千六百年に成なんとする、古代の事蹟なれば、其末期の詳ならざるは、特り此椎根津彦に限らずして、皆然らざるは無れど、中に就て本傳に擧たる、此人の歴史を考ふるに其末期の詳ならざるは、皇業輔翼の大任を全うして、顯界には、めでたき子孫後裔を遺し、其身は、元の海宮に歸りて復命し、世に立たる莫大の勳功に因て、大に仙位を進められて、大神仙となれるが故なるべし。

夏花　うなゐらかおよきて遊ぶ里川の淺瀨に咲るおもたかの花

百合　蓬生のにはのものとも思はれぬ色香けたけき姫百合の花

●賀茂別雷大神　並　玉依比賣命

賀茂別雷大神は、賀茂建角身命の孫にして、玉依日咩命を母として生出給へり。始め建角身命は、日向國の曾峰に天降給ひ、神武天皇御東征の時、御前に立て、大倭の葛木峯に宿り給ふ。彼所より漸く山背國の、岡田の賀茂に遷り、山代川に下り座て、葛川と賀茂川と合ふ所に立て賀茂川を見巡らして、宣たまはく、狹く少なしと雖も、石川の淸き流れなりとて、石川の瀨見の小川と號け給ひ、川上に宮所を定め給ひて、北山の麓に住給ふ。其時より此所を賀茂とぞ云ふなる。建角身命丹波國なる、伊賀古夜日咩と云ふを娶りて、先づ玉依日子、次に玉依日咩と云ふ二人の子を生み給ふ。此玉依日咩一日衣を鴨川に洗ひにゆきけるに、鴨の羽を筈にはぎたる箭一筋流れ來れるを取て家に歸り、簷に挿おきけるが、玉依日咩は、其より子を姙娠て、男子を産けり。父母玉依日咩に、其夫を問へども、日咩は夫を持たること覺無しと答ふ。父母は之れを匿して、言はざるものと思ひ、強ても問ざりしが、年月たちて、其兒三歳になりし時、父母相議りて云へるやう、父無きの兒有るべからず。如何にして此兒の父を顯はさむと、折しも神魂尊に酒膳を具へて、里人を宴なす。時に其兒に杯を持しめ、外祖父建角身命試に告げらく、汝此杯を其父の前に置けと、兒曰く吾父は天上に在りとて、忽ちに屋甍を穿ちて、便ち天上に登りぬ。是即ち別雷神に座ます。御母玉依日咩も、同時に天上に上りて、神と成給ふ。即ち御祖神にます。其丹塗矢は、乙訓社に齋かれ給ふとぞ。

嚴夫云本傳は、二十二社注式に、日本書紀の一書に曰くとて擧たるを採りて爰に載せたり。此二十二社注式に引たる、日本書紀の一書と云ふは、今傳へたる日本書紀には見えず。然れば古くはさる一書を載せたる、書紀もありしものなるべし。扨此の別雷大神は、元より玉依日咩命の姙娠ませ給へる時も、普通の懷姙と異なりて、鴨の羽を筈にはぎたる箭を、簷に挿みおきけるより、姙娠したまひしとあれば、全く天上の大神仙の何か由ありて、玉依日咩命の胎中には、宿らせ給ひしものなるべし。斯の如きの類、古來其例少からず。三皇本紀に載せたる、太昊庖犧氏が生れし時も、其母大人の跡を雷澤に履て、庖犧を生みきと云ひまた、炎帝神農氏の生れし時も、其母女登が、神龍に感じて炎帝を生りとあるの類猶多し。中にも關令尹喜が傳に見えたる、老君が尹喜に約して、千日の外吾を蜀の青羊の肆に、尋ぬべしと云ひて、昇天せる後、喜は人事を屏絶て、修練せること三年にして、其授かりし所の書、悉く妙に臻り、夫より西蜀に往て、青羊の肆を尋ねし時、老君は甲寅の年を以て昇天し、乙卯の年に至て、復太微宮より身を分ちて、蜀國の大官李氏が家に降生して有りしに、遭ひしことを記して、喜童子に囑けて、喜が至れることを李が家の兒に告ぐ兒即ち衣を振ひて起て曰く、喜をして前に來らしめよと、喜既に入る。其家の庭宇、忽然として高大なり。金玉の座を湧出す。兒數丈白金の身と化す。光明日の如し、項に圓光有りて、七曜の冠を建て、晨精の服を衣、九色離羅の帔を披て、其座の上に座す。家を擧り之を見て、皆驚怪む。兒の曰く吾は老君なり、太微は是れ宅、眞一を身と爲す。太和精を降し、耀魄人と爲り、主客相因る。何ぞ乃ち怪まむやとて、尹喜と應對の末、諸天帝君、十方神王、洎び諸の仙衆を召し、喜に玉册金文を授け、文始先生と號け、位を無上眞人となし、虛空に飛騰し、龍駕に參侍することを得せしめ、其家の長幼二百餘人、即時に宅を拔きて天に昇らしめたることを載せたり。此の事たる老君が尹喜に約して、蜀の大官李氏が家に降生し、喜に遭ふて仙位を授けたるにて、前後の始末能く明白に分りたる事跡なるが、此の別雷大神は、何の爲に玉依日咩命の胎に宿りて生れ出給ひしか、傳へ無れば、其元の謂れを知る由無れど、三歳に成せ給ふ時に、大靈異を現はし、屋の甍を穿ちて昇天し給ひ、また御母玉依日咩命も、同時に昇天し給へるとあるは、謂ゆる白日昇天にして、極めでたき仙去とぞ云ふべき。然れば若し此の御事蹟にして、前後の始末明白なることを得ば、或は老君の李氏が家に、降生せし如き、謂れの有ることならむも亦知るべからず。また此別雷大神御母子の昇天の時は、恰も其外祖父建角身命の、神魂尊に、酒膳を具へて、里人を宴なす時にてありしは、何か由あるに似たり。人々猶能く考へらるべし。

松上雪　おもしろく雪こそつもれ冬かれし森の中なる松の一本

雪中竹　むら雀千代よひかはす聲さえて雪よりしらむその丶竹むら

新年梅　新玉の年の若水汲あくる井筒のもとの梅かほるなり

◉阿蘇都彦命　阿蘇都媛命　速瓶玉命

阿蘇都彦命は、また健磐龍命と申す。即ち神武天皇の御孫にして、神八井耳命第六の御子なり。御母詳ならず。又阿蘇都媛命は、阿蘇都彦命の妃にして、彦八井耳命の御女なり。阿蘇都彦命盛德座しければ、大國に封じて、筑紫を鎭めしめ給ふ。仍て始めて阿蘇に下り給ひしに、此地四面山に連りて、湖水なかりければ、巡視給ひて、西南の山を鑿ちて、水を其間に注ぎ給ひしに、水落ち平地となりける。其山を鑿ちしと云へるは、今の鹿渡の瀑布など是其處なりとぞ。是に於て、民に稼穡を敎へて、五穀を殖しむ。後世まで相傳へし御田殖の神事は、此時より起れりと云ふ。又歲神及び霜神を祭りて、豐熟を祈り給ふ。後世に至るまで、年神社ありて、此禮を守り、毎年田作の神事を行ひ、又霜宮ありて、遺訓を奉じ、祭祀を嚴肅になしけるとぞ。是皆其古事を傳ふる所なり。是を以て、民今に至るまで、其賜物を受くと云ふ。業既に成て、阿蘇の山下に於て贄狩し、神祇祖考に薦めて、祭祀を行ひ、後嗣に傳へて、此禮を廢せざらしめ、是を下野の狩と云ひけるとぞ。此狩阿蘇家衰微の後に至りて、廢絶したりと云ふは、實に惜むべし。阿蘇都彦命は、壽一百七歲にて薨ぜらる。孝靈天皇の九年六月、勅を以て、阿蘇宮を修造して、大神を祭り給ふ。大神常に鶴鷹を愛養し給へり。故に今に到るまで、鶴栖乳して、此地に住めり。其栖乳沼を、常鶴沼と名づく。俗に千町牟田と云ふ、上古は宮殿を、皇居の制の如くにし、三十五年に一度、造替したりとぞ。斯くて景行天皇の十八年六月十六日、天皇阿蘇國に到らせ給ふに、其國郊原のみ曠遠して、人居見えざりしかば、天皇宣たまはく是國にも人有るかと、時に二神有り。阿蘇都彦、阿蘇都媛と稱す。忽ち人に化りて詣で丶申さく。吾二人あり何ぞ人無らむやと申し奉りしとぞ。阿蘇都彦前に既に薨じたりしに、今人と化り詣で丶、景行天皇に、謁え奉る。前に薨ぜられしは、尸解し給へるにて、神仙の道を得て御座まし丶や明けし

因に記す、阿蘇山に十二宮あり。皆大神に由縁ある神を祭る。一ノ宮は阿蘇都彦命なり。二ノ宮は阿蘇都媛命なり。大神の妃にして、吉見神の女なり。三ノ宮は國龍神と稱し、又吉見神と稱す。即ち彦八井耳命なり。二宮神の父神にして、大神草創の業を輔けて、吉見宮に住給ふ。四宮は比咩御子神なり。即ち國龍神の妃なり。五宮は彦御子神なり。即ち大神の御孫、速瓶玉命第一の御子なり。又惟人命とも、八井耳玉命とも云ふ。甲佐宮に住給ふ。甲佐宮は、阿蘇四個社の一にして、事跡繁ければ、之れを略す。六宮は、若比咩神なり。即ち彦御子神の妃なり。七宮は、新彦神なり。即ち國龍神の御弟にして、大神を輔けて、草創に功ありし神なり。田鶴原宮に住給ふ。八宮は新比咩神なり。新彦神の御女なり。九宮は、若彦神なり。新彦神の御子、新比咩神の御弟なり。草創の功あ

り。十宮は、彌比咩神なり。新彦神の妃なり。十一宮は、國造速瓶玉命なり。大神第一の御子なり。速瓶玉命は、大神に繼て草創の功最も多し。崇神天皇の御代に、阿蘇國造と定め給ふ。壽四百八十歳にて薨ず。景行天皇十八年、勅して國造神社を修造し、速瓶玉命を祭り給ふ。祠典本宮に准ずと云へり。十二宮は金凝神と稱す。綏靖天皇なり。以上十二宮の大略なり。又二宮雨宮神は、速瓶玉命の妃なり。三宮高橋神は速瓶玉命の御子にして、本宮五宮の御弟なり。北郷に住給ふ。四宮火宮神は、速瓶玉命の御子にして、高橋神の御弟なり。北郷に住給ふ。雨宮神、火宮神は、大旱久雨に、雨を祈り晴を祈りて、靈驗あり。阿蘇山神は、阿蘇大神、阿蘇比咩神、彦御子神、是を阿蘇の三神と云ふ。又阿蘇山は、一に赤膚山とも云ふ。頂に三峯あり。北を大神の嶺とし、中を比咩神の嶺とし、南を彦御子神の嶺とす。此三峯の上に皆靈沼あり。則ち三神の池とす。其祭る所三座なる故に、阿蘇の三社と云ふとあり。

嚴夫云本傳は、阿蘇都彦命は、また健磐龍命と申すと云ふより、宮殿は三十五年に一度、造替したりと云ふと書るまでは、阿蘇宮由來記を採り、要なき所を省きて記し、景行天皇の十八年と云へるより、何ぞ人無らむやと云へるまでは、景行天皇紀を採り、其以下神仙の道を得て御座ましゝや明けしと云へるまでは、余が補へる文なり。又因に記すと云ひて、十二宮の事を擧たるは、是亦阿蘇宮由來記に據り、社記を以て補ひたり。又二宮雨宮神はと云へるより以下は、全く社記に依て記せり。然るに本傳の上を熟案ずるに、阿蘇都彥阿蘇都媛の二神のみならず。此の阿蘇山の十二の宮に祭られ給ふ神々、及び雨宮神、高橋神、火宮神など、稱へて祭らるゝ神々も、多くは神仙得道の神なるが如し。中にも速瓶玉命の如きは、阿蘇都彥命の第一の御子にして、祟神天皇の御代まで、生存らへられて、阿蘇國造となり、四百八十歲の壽を保ちて、薨ぜられしと有るを思ふに、阿蘇都彥阿蘇都媛の如く、薨去の後再び其形を顯はし給へる傳へなどは見えねば、取極めては云ひ難きも、其薨去は謂ゆる尸解にして、實は仙去せられしものなるべし。また第五の宮に祭られ給へる、彥御子神と稱すは、また惟人命とも、八井耳命とも稱へて、速瓶玉命の第一の御子にて在りながら、本傳に擧たる如く、阿蘇山には三の峯ある、北を大神の嶺とし、中を比咩神の嶺とし南を彥御子神の嶺とすともありて、大神、比咩神と共に、特に阿蘇の三社とまで、崇められてあるなど、何か由ありげに聞えて、神仙の道を得られし、神なるが如く思はれ、猶其他の神々も、此等に準へて考ふるに、孰れも得道の神に非ざるは無きに似たり。元來此阿蘇山は、本書第四の卷に擧たる、長谷川式部太夫が傳に見えたる如く、河內國なる生駒山とも相通へる、本邦の神仙界なるは今更に云ふまでも無きことなるが、其は此の阿蘇都彥、阿蘇都媛を始め、即ち本傳に擧たる、多くの神々が、此山を開きて仙境とは爲し給へるにも有らむか、猶能く考ふべし。さてまた阿蘇都彦、阿蘇都媛及び速瓶玉命等を、尸解し給へるものなるべしと云へる。尸解のことは、本書の此卷に擧たる、日本武尊の傳の下に、委しく説明したるを見るべし。

節分　あすは早春やたつらむこの夕鬼やらひする聲の聞ゆる

田家　あまさかるひなのふせやに住なれて賤やしつかに世を渡るらん

◉倭姫命

倭姫命は、垂仁天皇の皇女なり。御母は丹波道主王の女日葉酸媛命なり。同天皇の二十五年三月、倭姫命を以て、豊耜入姫命に代りて、天照大御神を齋き奉らしめ給ふ。是より先、天照大御神の神鏡を始め奉り、天叢雲神劔、八坂瓊曲玉の三種は、皇祖大神の神勅に依て、宮中の御同殿御同牀に御鎮座なりしを、崇神天皇の六年、皇祖の神靈と御同殿に御座すこと、御心安く思召さずと宣はせ給ひて、神鏡神劔の二種は、御模形を造らしめ、其御模形を宮中の温明殿に鎮め奉り、元の神鏡神劔は、倭國笠縫邑に、特に磯城の神籬を建て、皇女豊耜入姫命を御杖代となし、遷し齋き祭らしめ給ひぬ。然るに、垂仁天皇の御世に至り、豊耜入姫命大に老させ給ひしに依り、倭姫命の代らせ給ふことゝはなりぬ。是に於て、倭姫命天照大御神を御鎮座なし奉るべき處を求めむとて、大御神の神鏡を載き奉りて、菟田の篠幡に詣らせ給ひ、更に還りて、近江國に入り、東の方美濃國を廻りて、伊勢國に到り給ふ時に、天照大御神、倭姫命に誨て宣りたまはく、是神風の伊勢國は、則ち常世の波重波歸國なり。傍國の可怜國なり。是國に居まく思ほすと宣はせ給ひしに依り、此の大御神の御教に隨ひ、伊勢國五十鈴川上に、齋宮を興し立給ひ、是を磯宮と稱へ奉り、御鎮座なし奉り給ふ。此れ伊勢神宮の始めなり。斯くて大御神を五十鈴川上に遷し鎮め奉れる後、清麗き膏地を覓て和妙の機殿を、同じ五十鈴川上の側に興して、倭姫命を居しめ、天棚機姫神に、大御神の和妙の御衣を織しめ給へり。此後景行天皇の御代に至り、日本武尊、比比羅木の八尋桙根を、皇大神宮に献り給ふ。即ち倭姫命其桙根を緋嚢に納て、皇大神の貴財として、八尋機殿に隱て、皇大神の御靈として、崇め祭り給ひ天棚機姫神の裔八千々姫命をして、毎年の夏四月秋九月、神服を織り神明に供へ奉る。故に之れを神衣祭と云ふ。總て此御世に神地神戸を定めて、天神地祇を崇め祭る、年中の神態蓋此時より始まる。又同天皇の二十年庚寅の歳倭姫命既に老させ給ひ、吾足ぬと宣ひて、齋内親王に仕へ奉るべき、物部八十氏の人々を定め給ひて、十二司寮官等をば、五百野皇女久須姫命に移し奉り、即ち春二月五百野皇女を御杖代として、多氣宮を造り奉りて、齋き慣み侍らしめ給ひき是れ伊勢の齋宮群行の始めなりっ是より數多の年所を經て、雄略天皇の二十一年丁巳歳冬十月、天照大御神、倭姫命の御夢に敎覺し給はく、皇大神吾一所にのみ坐ませば、御饌も御心安く聞食さず。丹波國與佐の小見、比治の魚井原に坐す。道主の子、八少女の齋き奉る。御饌都神、止由氣大神を、我坐す國に、遷さまほしと誨覺し給ふ。時に倭姫命、大若子命を差使はし、朝廷に參上らしめて、御夢の狀を申さしめ給ひしかば、天皇大若子に勅して、汝使に罷り往て布理め奉れと宣給ふ是を以て、大若子命、手置帆負命、彥狹知命、二神の裔を率ゐて、齋斧齋鋤などを以て、始て山の材を採り、寶殿を造り立、明る戊午歳の秋七月七日、大佐々命を以て、丹波國余佐郡眞井原より、止由氣皇大神を迎へ奉りて、度會山田原の、下津岩根に宮柱廣しき立、高天原に千木高知て、鎭り定まり坐と稱辭竟奉り給ふ。此れを豐受大神の、伊勢に鎭りませる始めとす。斯の如くにして、倭姫命は、垂仁天皇の御世に、天照大御神を五十鈴宮に、御鎭座なし奉れるのみならず、雄略天皇の御世に至りて、豐受大神をも、山田原宮に御鎭座なし奉らる。其御功績の大なること今更申すも愚なり。斯くて其後二年を經て、雄略天皇の、廿三年巳未歳二月、倭姫命、宮人及び物部の八十氏等を召集へて、懇なる遺訓を示させ給ひ、自ら尾上山の峯に登り給ひて、石隱坐ぬとも、御行方なく陰り給ふとも申し傳ふ。是に因て尾上山を、隱山とは名づけしと云ふ。又小田橋の巽の方に當る、尾部山の中の一の峰に、倭姫命の御舊跡とて、巖の上に石つみの宮ありて、其邊の木は、山の領主も之れを伐らず、鳥居など立て、昔より敬ひけるとぞ。然れば、天照大御神の、五十鈴宮に、御鎭座在せられし崇神天皇の二十五年より、豐受大神の、山田原宮に御鎭座在せられし、雄略天皇の二十二年までは、凡四百八十三年なるを、倭姫命は、其間生存へて坐ましけるを、猶大御神の御杖代と成せ給ひし時を、假りに二十歳許の御年にて在せられしとするも、五百歳を超て御座し、且其終に臨ませ給ひても尾上山の峰に登りまして、御行方なく陰給ふとしも傳ふるを思へば、所謂神仙の道を得て御座まして全く上昇したまへること、また何ぞ疑ひ奉らむ。

嚴夫云本傳は、日本書紀、古事記、倭姫命世紀御鎭坐次第記、神名秘書、勢陽群談等の諸書を、纂輯して此に載せたり。中にも冒頭より、此れ伊勢神宮の始めなりと云へるまでは、要と崇神天皇紀、垂仁天皇紀、並に古事記等を、參考して之れを撰び、斯くて大御神を五十鈴川上に、遷し奉るの後と云へるより、是れ伊勢の齋宮群行の始めなりと云へるまでは、倭姫命世紀、神名秘書、又は御鎭坐次第記等に因て記し、是より數多の年所を經てと云へるより、自ら退きて尾上山の峰に登りて、石隠坐ぬと云へるまでは、是亦多く倭姫命世紀と、豊受大神宮御鎮座本紀等に因て之れを書き、御行方無く陰り給ふと申し傳ふと云へるより、昔より敬ひけるとぞと云へるまでは、全く勢陽群談に依り、其以下は、即ち余が前後の傳を集めて、結びたる文と知るべし。斯くて此倭姫命は、生ましながらにして神仙にて御座しか、修めて道を得給ひしか、今より窺ひ知る由無れど、矢張生ましながらに、道を得て御座しゝものなるべし。其は次に擧たる、日本武尊も、全く生ましながらに、道を得て御座し御方なるをも思ひ合すべし。但當昔は儒佛の二教も、未だ渡來せざる以前なれば、若も修めて道を得給ひしものとすれば、全く我古傳の鎮魂の法を修め給ひしものなるべし。此鎮魂の法のことは、上の饒速日命と、可美眞手命と、二神の傳の下に、委しく説たるを參考して、其大要を知るべし。

松不改色　ときはなる松のみどりにくらふれは花も紅葉も色なかりけり

竹林　かくれつる人ものこらす世に出てゝ空しくしける竹林かな

●日本武尊

日本武尊は、一名は小碓尊、亦日本童男と申す。景行天皇の皇子なり。母は皇后播磨稻日太郎姫なり。同天皇の十二年大碓皇子と、一日に同胞にして、雙生に生れ給ふ。天皇異みて碓の上に誥び給へり。故に二皇子を大碓小碓と名け給ふ。中にも日本武尊特に勝れさせ給ひ、幼して雄略の氣有せられ、壯に及びて、容貌魁偉れ、身の長一丈在せられ、力能鼎を扛給ひしと云ふ。此御世の二十七年、御年十六にして、熊襲を撃ち、翌廿八年遂に魁師川上梟師を誅戮し、熊襲を平げ、大功を立て凱旋し給ふ。其後十三年を經て、同天皇の四十年、日本武尊、再び勅を受け、東夷を征伐し給ふ。其勅の中に、今朕汝の人となりを察るに、身體長大く、容姿端正くして、力能鼎を扛ぐ、猛きこと雷電の如し。向ふ所前無く、攻る所は必ず勝つ。即ち知る汝は形は則ち我子なれども、實は則ち神人なることを。是寔に天神朕が不叡且國の平らがざることを愍給ひて、天業を經綸め、宗廟を絶ざらしめんが爲に、降し給へることを、亦是天下は、則ち汝の天下なり、是位は即ち汝の位なり。願くば、深く謀り遠く慮りて、姦を探り、變を伺ひて、示すに威を以てし、懷くるに德を以てし、兵甲を煩さずして、自ら臣順はしめ、卽ち言を巧にして暴神を調へ、武を振ひて姦鬼を攘へと宣らせ給ふ。是に於て、日本武尊、乃ち斧鉞を受けて、再拜して奏しあげ給ふには、前に西國を征し年、皇靈の威に賴り、三尺の劔を提げて、熊襲國を撃ち、未浹辰も經ずして、賊首罪に伏ぬ。今又神祇の靈に賴、天皇の威を借、往て其境に臨み、示すに德教を以てし、猶服はざる者有らば、卽ち兵を擧て撃むと、重ねて再拜し奉り、是より打立せ給ひて、先伊勢國に至り、大神宮を拜み奉り、又御叔母倭姬命に見えて、御東征の由を告させ給ふ。倭姬命神慮を伺ひ、天叢雲劔を取て、日本武尊に授て、努々身を離つことなく愼みて怠給ふなと申させ給ひ、且一の嚢を賜ひて、若急あらば斯嚢の口を解くべしと敎給ふ。日本武尊は是より進みて尾張國愛知郡に至り、數日淹留りて、稻種公の妹宮酸媛を寵幸給ひしが、御歸途再び會せ給はんことを約りて、駿河國に到り給ひしに、此所の賊陽りて從ひ、欺て狩を進め奉り、野中に入れ奉り、四方より火を縱て燒殺し奉らむとせり。此時日本武尊の御劔、自然に抽出で四面の草を薙ぐ。又彼賜はりし、嚢を開き給へば、中に燧あり、因て火を打出して、向ひ火を付給ひしかば、其火燒返りて、賊黨悉く焚滅されたり。故に其所を燒津と云ふ。夫より相摸に至り、又海を渡りて上總に入り、更に轉じて陸奧に進み、蝦夷の境に至り、賊首島津神國津神等を服從しめ、日高見國より還りて、常陸を經て、甲斐の國に至りて、酒折宮に居ます。是に於て日本武尊蝦夷の凶首は咸其辜に伏ぬれども、唯信濃國と越國と未だ王化に從はずと宣はせ給ひて、吉備武彦を越國に遣はし、日本武尊は、武藏上野を轉歴て、信濃國に進入給ひ、此國の山中にて、山神の白鹿に化て、苦め奉らむとせしを、蒜を以て其眼を擊ちて之を殺し給ひしが、忽ち道を失ひて、山中に迷はむとし給ひし時、白狗自ら出來りて、導き奉れるに因て、美濃國に出ることを得給ひしが、吉備武彦も、越國より還り來りて、爰にて出遇給ふ。斯くて日本武尊は、東北の國々を悉く平げ給ひて、更に尾張國に還らせ給ひ、始め約り置き給ひし如く、即ち尾張氏の女、宮簀媛を娶り、淹留て月を踰給ひぬ。爰に近江國なる膽吹山に、荒振神ありと聞食て草薙劔を解て、宮簀媛の家に置き、徒より行て膽吹山に至り給ふ。時に山神大蛇と化て道に當れり日本武尊其大蛇を山神の化れるものなりと知看さず。此は必ず荒振神の使ならむ。荒振神をだに殺さむには、使者の如きは云ふに足らずと思召て、大蛇を跨えて猶も進ませ給ふ。時に山神雲を興し、雨を零し、峰霧深く谷曀くして行べきの路無し。然れども強ちに行給ひて、僅に麓に出ることを得給ひしが、失意て醉し心地したまふ。因て山下の泉の側に居て、其水を飲て御心醒給ひぬ。故に其泉を居醒泉とは號けしとなむ。斯くて日本武尊は、是より御身痛ませ給ひ、尾張に還らむとして、伊勢に移り、尾津より能褒野に到りて、御病甚重らせ給ふ。因て俘にせる蝦夷等をば、伊勢の神宮に献り又吉備武彦を帝都に上せて、大命の隨に、東夷を平げしも、面のあたり復命し奉ることを得ずて、身亡むとすることを、愁ひ給ふよしを奏上奉らしめて、終に能褒野にて崩させ給ふ。時に御年三十にて御座ましき。天皇甚く歎かせ給ひ、今より後誰と共にか、鴻業を經綸むと宣せ給ひ、群卿に詔し、百寮に命せて、伊勢國の能褒野の陵に葬り奉る。時に日本武尊、白鳥に化て、陵より出て倭國を指て飛び給ふ。群臣等其御棺槨を開きて視奉りしに、唯明衣のみ空しく留りて、屍骨は無りしとぞ。是に於て使者を遣はして、白鳥を追ひ尋ね奉りしに、倭の琴彈原に停りしかば、其處に陵を造りしに、白鳥更に飛て、河内國舊市邑に至りて留りしかば、亦其處にも陵を作り給ふ。仍て時の人是三の陵を白鳥の陵と云ふ。然れども、白鳥は遂に高く翔りて天上に昇りしかば陵には徒に御衣冠のみを、葬り奉りしとなむ。又其功名を錄へむと思食て、武部を定め給ひしと云ふ。

嚴夫云本傳は、景行天皇紀と、熱田大神宮緣起とを、參輯して爰に載せたり。中に就て、日本武尊の降誕の年を、景行天皇の十二年と書たるは、熊襲を征服し給ひし廿七年、此尊の御年十六にて在せ給ひしと有るより、十六年溯りて數ふれば、即ち十二年に當るを以てなり。又馳水の海にて、弟橘媛の海に入りしこと、又蝦夷の賊首等が、日本武尊は、若くは神ならむかと云ひて、自ら服從ひ奉りしこと、又酒折宮にての御歌、又碓日坂にて、吾嬬はやと宣ひしことなど、猶此外にも、載まほしきこと多かれど、冗長に流るゝの嫌あるを以て皆省きぬ。是に於て熟考ふるに、日本武尊は、生ましながらに、神仙の道を得て御座しを以て、此時仙去して、昇天せられたること明白なり。其元より道を得て在せられしことは、父天皇の勅の中にも、汝は形は則ち朕が子なれども、實は則ち神人なり云々と宣はせ給ひ、又蝦夷の賊首等も、日本武尊は、若くは神ならむかと云ひて、自ら服從ひ奉りしこともありて、御年十六歳にて、熊襲の川上梟師を誅戮し給ひ、また伊勢大神宮に詣でさせ給ひては、御叔母倭姫命より、三種の神器の一種と坐ます、天叢雲劍を授からせ給ひ、また燒津にて向ひ火を燒て、賊を滅し給へるが如き、信濃山中にて、山神の化れる白鹿を、蒜を以て撃殺し給へるが如き、其他總ての御經歷、甚だ靈異に在せらるゝは、即ち得道の御方にて在せられしを證するに足るべく、また其仙去し昇天せられたることは、崩御の後に至りて、白鳥となりて、陵より出て、天上高く翔り去り給ひしより、御棺槨を開き視奉りしに、唯明衣のみ空しく留りて、屍骨は無りしとあるにて、仙去し昇天せられたるの、大要を知るべし。然るに此事に就ては、夙く大壑翁の玉襷五の卷、熱田神宮を拜み奉る詞の講義の中に、日本武尊の御靈の、白鳥と化りて天に昇り坐りと有るは、暫くさる御形を現示し給へるにて、穴かしこ眞にさる物に生を轉じ給へるに非ず。彼大名牟遲、少名牟遲神の、赤縣州に傳へませる、玄道の謂ゆる尸解の道を得給へるなり。其は御棺を開き見るに、御屍は無りしと有るにて知べし。西土には彼黃帝玉子を始め、此道を以て、仙去せる人數ふるに遑あらず。其はみな靈劔を身代として、永く世を渉る神術なるを、此王の昇去はし、自然に其道に符へり。最も奇靈に畏き御事なりかしとありて、其註に然れど此を尸解なりとは、人の知ざる事をし、己が始めて言ふ說なれば、今忽に信ふ人も有まじく覺ゆれど、神典の學を精究せる上にて、彼玄道の奧義を探り、彼道の我古道より出たる由を明らめたらむに、少かも己が今云ふ說に疑ひ無るべくぞ覺ゆる。哀れ其域までに悟り至らむ人もがな。なほ尸解と云ふ事の大要は、赤縣太古傳及び志都能石屋に說たるを見るべしと云はれ、また矢野翁も、皇國神仙記に、師說に曰くとて、此皇子尊の、白鳥となりて飛給へりと有るを　其物に生を轉じ給へりと勿思ひぞよ、此は幽に入ませる故に、姑く其形を成して、上天し給へるなり。其大物主神の小蛇と化給へる、事代主神の熊鰐と化給へる、健角見命の八咫烏と化給へるなど、皆暫し化給へるなるに、思ひ合せて辨ふべし。鮑太玄の仙去せる後に、燕に化りて、葛仙翁が往來せるも此例なり凡て神と成り仙と成ては、其形を變ずる事もいと容易くぞ有ける。猶いまだ仙去せぬ、凡人なるすら神仙の方術をよく得たるは、變化思ひのまゝなるを、況て神仙となれる人をや。又仙去に三品の別ありとて、抱朴子論仙卷なる、漢李少君、費長房等が、尸解せる事をあげ、さて仙經云　上士は形を擧げて虚に昇る。之れを天仙と謂ひ、中士は名山に遊ぶ、之を地仙と謂ひ、下士は先死て後蛻す、之れを尸解仙と謂ふと有るを委く説きて、此三品を巨細に區別せば、十品にも分つべし。此仙經の趣にては、其徳の下劣れるが、尸解仙を得ると云る如く聞ゆれど、熟思へば、此は仙去の相を、姑く三段に立たる耳にて、其徳の議には非ず。實には形を擧たるにも、地仙となれる有り、尸解せるにも天仙となれる有りとて、陰長生は、形を擧て去りたるも地仙と成り、黄帝は尸解したるも、天仙と成たるを引て證とせられ、形を擧ると尸解するとの、その徳に依らざる事は、彼黄帝の上徳なるも。孝先太玄の如き、徳の高きもともに尸解し、陰長生などさしも上徳とは聞えざる人なれど、形を擧たるが、多きを以ても、悟るべし。かく思ひ合せば、尸解必ずしも下ならず。形を擧る必ずしも上ならず。其仙去する期に至りては、既に神仙境の幽に屬すれば。凡人の顯より、形を擧ると、山に遊ぶと、尸を解くとの別を見て、其徳の段など論ずべきに非ず。實は形を擧るも。尸を解くも、これ皆仙去の相にて、去りての後に、天上に住むも有を天仙と稱し、名山に遊ぶを地仙と稱し。並ては神仙と云ふにぞ有ける。熟々思ふに、右の仙經の説は、其徳の上中下を云へるに非ずして、凡より見たる仙去の相を、姑く段せる説なることを思ひ定むべしと謂れたり。實に此説の如くなれば、日本武尊の、白鳥と見えて昇天したまへるは、即ち天仙と成給ひしを証し奉るものと云ふべし。また上に引ける玉襷に、西土には、彼黄帝玉子を始め、此道を以て仙去せる人、數ふるに遑あらずと云はれたる、此黄帝玉子の事は。雲笈七籤の尸解の部に、軒轅自ら首山の銅を採て鼎を鑄、鼎成るを見て、軒轅疾て崩ず。橋山に葬る、五百年の發山崩れて空室屍無し、惟寶劍と赤舄と在り。一旦又所在を失ふ、玉子は帝嚳なり、曾て鍾山に詣でゝ九化十變經を獲て、日月に隱遯し、星辰に遊行す、後疾て崩ず、塚を營みて渤海山に在り、夏の中ごろ衰へたる時、玉子の墓を發きたるものあり。室中有る所無し。惟一劍在るを見る。人遂に敢て近くもの無し、後亦所在を失ふ。既に墓を發く時、亦五百年の間に當る、とある軒轅は黄帝のことなれば、即ち此れを云はれたるものなり。尙同書には此文の續きに、王子喬の墓京陵に在り、戰國の時復其墓を發くもの有り惟一劍室に在るを見る、人適て取視むと欲すれば。劍忽然として飛て天中に入る、案ずるに神劍として身に代らしむれば、五百年の後、劍自ら其處に歸る云々と有りて。其れより尸解に用ふる神劍及び神杖等を造る法並に祝文等を擧げ、猶其尸解にも種々の異同ありて、水に入て形を隱すを、水解と云ひ、火に入て身を化するを火解と云ひ、兵難に遭ひて世を去るを兵解と云ひ、只疾死して終りを示すを尸解と云ふ、此れ皆既に神仙得道の身にて在りながら、其仙去の相を奇異に現はさず尋常の狀に裝ひて、去るの法と見えたり、是等の尸解仙は凡より見たらむには、病死の如く、溺死の如く、焚死の如く、戮死の如く見ゆれども、其實は然らずして、仙居し居るを以て、葬られて後も、要ある時には、依然たる舊の身を現はし來りて、人に遇ふこと等あるは往々少からず、其は本書に載せたる、次々の傳を見て知るべし、既に雲笈の尸解の部には、前の黄帝玉子。王子喬の外に辛玄子、段季正、王進賢の水解、甯封の火解、欒巴、王嘉の兵解を始めとして、淸平吉、司馬季主鮑叔陽、徐巒、董仲君、龍述、王方平、趙素臺、程偉妻、劉憺、張玄賓、鮑靚、折象、吳猛、左慈、王延、王叟、靈壽光、趙成子、許玉斧、張魯、許道育、范豺、喬順等の數十人は、皆尸解仙なることを詳にせり。參考の爲め讀むべし、今此れ等の硏究を盡して、熟考ふるに本書に擧たる本朝の神仙等は云ふも更なり、西土の諸仙傳に載せたるも、皆仙去に方りて奇異を現はし、若くは尸解の後人に遇ひなどして、何かの奇蹟を示して、得道仙去の事實著明なるものをこそ擧たれ、猶此外にも、世には積善陰德の功に依て、現世に在りては、普通の人と見られ、また其最後も尋常の病死、若くは非業の死の如く、傳へられたる中にも、其實は尸解して、神仙得道の身と成てある類ひも無しとは定むべからず、後の識者猶能く硏究あらむことを希望す

水郷春曙　　　　咲つゝくきしの櫻のみえそめて明わたりゆく小金井の里

◉印南別嬢

印南別嬢は、また播磨大郎姫とも稱す、景行天皇の皇后にして、日本武尊の御母に座ます、印南別嬢、同天皇の五十二年五月四日、播磨國高宮にて、薨せさせ給ふ、即ち墓を日岡に作りて、之れを葬り奉らむとし、其屍を舉て印南川を渡れる時、大飄川下より吹來りて、其屍を川中に纏入れ畢りぬ、依りて之れを川中に求覓しかども、遂に得ること能はずして、但一の匣と褶とを得しかば、即ち此の二つの物を彼墓に葬りて、其墓を褶墓とは號けけるとぞ、然るに日本武尊の崩せさせ給へるは、景行天皇の三十三年にて在せられしを、其御母と座ます、此別嬢の薨去は、同天皇の五十二年なれば、皇子尊の崩御よりは、二十二年後の薨去なり。斯くて皇子尊は、崩御の後白鳥と化りて、遂に昇天し給へるを、御母命は、印南川にて、大飄の爲に其屍を川中に纏入られて、行方知らず成給ひ。また皇子尊の御陵には、空しき御衣のみありて、御遺骸は無りしとあるを、御母命は、尸失たるを以て。匣と褶とをのみ。其墓に葬りたりとありて、其御有狀の自らに甚能く相似たるは、御母命も謂ゆる水解を得て、仙去し給へるものならむと云へり、

嚴夫云本傳は、播磨風土記と景行天皇紀とを參輯し、皇國神仙記を以て其欠を補ひ、爰に之れを載

せたり、中にも冒頭より其墓を褶墓とは號けゝるとぞと云へるまでは、専ら播磨風土記の、賀古郡日岡なる、褶墓の條を採て記したるが、其中に、また播磨太郎姫とも稱すと云ひ、景行天皇の皇后にして、日本武尊の御母に座ますと云ひ、同天皇の五十二年五月四日に、薨せさせ給ふと云へるが如きは、皆景行天皇紀に因て記せる所なり、また日本武尊の崩ぜさせ給へるはと云へるより以下は、前の日本武尊の御傳と、對照して余が補へる文と知るべし、斯くて尸解のことは、日本武尊の御傳の下に於て、委しく說き明したれど、水解のことに就ては、尙盡さざる所あり、仍て爰に之を一言すべし。其は雲笈七籤の尸解の部に、水解せしもの數人の傳を載せたり。今其一二を擧むに、先王進賢と云ふは、琅琊王衍と云へる人の女にて有りけるとぞ、進賢石勒が侵略に遭へる時、其侍女名六と云へる者と、與に出て黄河に赴き、自ら誓ひて辱を受ずと、即ち身を河中に投じて死せり。時に嵩山の女仙韓西華の出て遊ぶに遇ふ、見て之れを愍み二人を撫接し、救ふて之れを度し、外には沈沒の如くに示せりとあり。即ち此れなり。今一人は段季正と云ふ卽ち道跡靈仙記を引て、代郡の段季正は隱士なり。晩く司馬季主に從ひて道を學べり、秦川を渡り水に溺れて死せり蓋水解なり。今委羽山中に在りと見ゆ、即ち此れなり。此れ等の傳に徵して考ふるに、王進賢及び其侍女名六の如きは、難に遭ふて黄河に身を投じたるを、嵩山の女仙が見て之れを愍み、二人を救ひて仙去させたれど、外面には沈沒して死せるものゝ如くに示したりと見え、また段季正は唯秦川を渡るとて、溺れて死したるが、彼は水解をしたものである、其故は今にも委羽山に居るで知れると云ふの意と聞ゆ、然れは段季正も、王進賢の如く、或仙人に救はれたるか、若くは司馬季主に學びて、自ら尸解の道を得たるか、其は孰れとも之れを知る由無れど、確に尸解したるに違ひ無きは溺死の後も、委羽山に居るにて明かなりと云ふべし、此等に依て推量るに、印南別嬢も、自ら其道を得て在せられて、水解せられたるか、或は王進賢の如く、他の神仙より水解させ參らせたるか其は今より何とも知る由無れど、印南河にて、俄なる大飄のために、其尸を川中に纏入られ給へるまゝにて、遂に得ること能はざりしは、實に矢野翁の說の如く、水解せられたるは、今更に云ふをも待ざることとなるべし。

水邊藤　谷かけの清水わき出る岩かねにかゝりてさけり藤浪の花

松間花　ひろにはの松のみどりにつゝまれて匂ふさくらのおもしろきかな

●白鳥陵守目杵

白鳥陵守目杵は、其姓を詳にせず、仁徳天皇の六十年冬十月、白鳥陵守等を差遣はして、役丁に充しめ給ふ、時に天皇も其役所に臨ませ給ひぬ、爰に陵守目杵、其身忽白鹿に化て、何處ともなく逃去りけり、是に於て、天皇詔したまはく、此陵は元より空しき陵なれば、其陵守を除かむと思食給ふが故に、甫めて役丁をも差遣はされたるに、計らずも、今斯る怪しきことを視たるは甚懼きことなり、仍て陵守は動かすべからずと宣はせ給ひて、則ち土師連等に命せて、此陵を守らしめ給ふことゝはなし給ひしとなむ。

嚴夫云本傳は、全く仁徳天皇紀より採りて、爰に載せたり、此天皇の詔に、白鳥の陵を元より空しき陵なればと宣給ひしは、同陵は日本武尊の陵にして、此尊は始め葬られ給ひし時、白鳥に化て陵墓より出て飛去らせ給ひしかば、群の臣等、其棺槨を開きて之を視奉りしに、唯明衣のみ空しく遺りて、御體骨見えざりしと有るより、此陵は空しき陵ならむと思召給ひしものなるべし、然るに其陵守目杵が、忽ち今度は白鹿に化りて、逃失たる奇怪を見給ひ、斯くては、此陵には御遺體こそ御座ざれ日本武尊の御威靈の、赫々として嚴存し給ふこと申すまでも、無れば甚も懼き事なりと思召つかせ給ひて、始めには陵守をも止させ給はんとの叡慮なりしを飜して更に土師連等に命せて、陵を守らせ給ふ事とはなし給へるなるべし、其は土師連は垂仁天皇の御世より、陵戸の者を主る事となり居るが故なり。然るに日本武尊は白鳥と化りて飛去給ひ、又其陵守目杵は、白鹿に化りて逃去りたるは、共に深き幽縁のあることにて、所謂神仙の變化自在なる靈異を示したるものなるべし、其巨細きことは、上の日本武尊の記傳と參照すべし、

雨後蛙　雨晴しのちも霞みて月影の小くらす池に蛙なくなり

谷早蕨　折よくもとりなし谷のはつ蕨けふの花みの家つとにせむ

◉武内宿禰

武内宿禰は孝元天皇五世の孫なり、父は武緒心命にして、母は紀伊國造等が祖、菟道彦の女、山下の影媛なり、景行天皇の三年に生る、此御代の二十五年、宿禰北陸及び東方の諸國を監察せられしこと、國史に見えたるを思ふに、其年二十三歳の時に當り、斯くて又其御代の五十一年、宿禰棟梁の臣

と為りしより、景行天皇、成務天皇　仲哀天皇、神功皇后、應神天皇、仁德天皇の御六代の御代々々に事へ奉りて、其間專ら棟梁の臣として、朝政を取られ、中にも神功皇后の三韓御征服を扶け奉りしを始め、數へも盡されぬ程の、大功有りしことの如きは、今更に云ふを待ざる所なり、斯くて應神天皇の九年、紀姓を賜はりて、是より紀大臣と稱せり、又此宿禰には、六人の男子と二人の女子あり、其男子の姓は、紀朝臣と云ひ、巨勢朝臣と云ひ、蘇我朝臣と云ひ、八多の朝臣と云ひ、八木朝臣と云ひ、葛木朝臣と云ふ、又其女子の姓は、田中朝臣と云ひ、林朝臣と云へり、宿禰此世に在ること、凡三百十八年、仁德天皇の七十八年、東夷を平げて歸るの後、遂に因幡國法美郡龜金山に至り、雙履のみ遺しおきて、其身を隱し行方知らずに成たれば、即ち其日を薨去の日となし、遺し置れたる沓を納めて、墓所と崇めたりとぞ、即ち同郡宇倍山の麓に神社あり、宇倍神社と稱へ奉る、武內宿禰命を祭る、當國の一宮なり、然るに一說には、宿禰東夷を擊平げて還る時、我身若ゆと云ひて、甲斐國に入りて、死る所を知らずとも、又美濃國不破山に入て、死る所を知らずとも傳へしは、兎にも角にも、此宿禰の終る所の定かならざるより、甲斐と云ひ、美濃と云ひ、孰れも宿禰が、東夷を擊平げて還られし道にて、經歷したる跡有るより、其跡に因て、斯くは傳へしものなるべし。

嚴夫云本傳は、諸書を參輯して爰に載せたり、先武內宿禰はと云ふより、山下の影媛なりと云へるまでは、公卿補任に、或本云、武内宿禰は、孝元天皇の玄孫、彦大忍信命の曾孫、屋主忍命の孫、武緒心命の子なり、母は紀伊國造等の祖菟道彦の女山下影媛なりとあるを採て記し、景行天皇の三年に生ると云へるは、紀氏系譜に、武内宿禰は、景行天皇三年、紀伊國に於て、誕生とも、紀伊國名草郡宇治鄕に誕生ともあるを採て、かく記せり、この御代の二十五年宿禰北陸及び東方の諸國を云々と云ひしは、全く景行天皇紀に依て記し、又五十一年棟梁臣となると云へるは、是亦公卿補任に、五十一年八月、稚足彦尊を立て皇太子と爲す、是を以て武内宿禰命を棟梁之臣と爲す、臣と稱する名初めて此時より起るとあるに依て記せり、景行天皇より、仁德天皇まで、御六代に仕へ奉りて、棟梁の臣たりしこと、及び此大臣の功績の多かりしことなどは、普く世人の知る所なれば、今更に擧るを要せず、又應神天皇の九年、紀姓を賜はりたりと書るは、紀氏傳に、應神天皇の九年、紀姓を賜ひて紀大臣と號くと有るを取り、又宿禰には、六人の男子と、二人の女子とありと云へるより、林朝臣と云へりと書るまでは、皇國神仙記に引れたる中に、一書云勅討二東夷一還來、大和國葛下郡薨室破賀墓是也、大臣子男六人、女二人、是謂二大臣八腹一男子姓紀朝臣、巨勢朝臣、蘇我朝臣、八多朝臣、八木朝臣。女子姓は田中朝臣、林朝臣等也。今八幡武内明神是大臣也とある中より、本傳に要と有る所を、摘出て記せり、又宿禰の在世を、凡三百十八年としたるは、此年數には、異說頗る多くして先公卿補任の別本には、壽三百十二歲とし、宇佐託宣集には、三百六十とし、帝王編年記の一說には、三百十二歲とし、水鏡と王代記とには、二百八十とし、神皇正統錄と神社考と帳比保古との三書には、共に壽三百十餘年とし、皇年代略記には、春秋二百八十二歲とし、八幡愚童訓と大臣傳に引る因幡風土記とには、共に三百六十餘歲とし、紀氏傳には三百八十歲とも、三百三十歲とも記し十訓抄と仁壽鏡とは、二百八十二とし、歷代皇記には、春秋二百九十五年とし、東寺王代記には、年二百九十とし、漢土の書にても、宋史の日本傳、及び宛委餘篇五雜俎等には、皆紀武三百七歲と記したるを始め、猶此外にも異說多かるべし、斯の如くにして、其年數は定め難きが如くなれど、本傳に擧たる如く、景行天皇紀に二十五年七月遣二武內宿禰一令三察北陸及東方諸國之地形、且百姓之消息一也と有るに依るに宿禰の誕生の年にも亦種々の異說有りて、或は景行天皇の三年と書き又は九年とし中には二十九年と記したるの類、猶多けれど、二十五年に監察に出られし宿禰の、二十九年に生れらるべき謂れなく、又九年の生れとすれば、二十五年には、十七歲なれば、或は其命を奉ぜられしかも計られざれど、猶若きに過るの疑ひなきこと能はず、然らば三年の、生れと見るときは、前にも云へる如く、二十三歲の時に當れば、稍其實に適するに似たり、故に紀氏系譜に、三年と有るを採て斷定せり、斯くて其誕生の日を景行天皇の三年と定めて、扨其世を去られしと云ふ年を求むるに、是亦異説紛々たれば、何れとも定め難けれど、其中に就て、帳比保古に引る、因幡風土記に、其壽殆三百十余歳、仁徳天皇の七十八年薨ずと云ひ、神社考にも、其壽殆三百十余年云々仁徳天皇の七十八年薨ずと載せ、神皇正統錄にも、仁徳天皇七十八年庚寅薨、景行天皇十六年丙戌歳誕生而以來、至是三百十余歳と有るを、合せ考ふるに、景行天皇の十六年誕生と有るは誤なれども、仁徳天皇の七十八年と云へるは、三書ともに同一なれば、先之れを宿禰の世を去られたる年と定め、其誕生の年と定めたる景行天皇の三年より、仁徳天皇の七十八年までは、全く三百十八年となるなり、然れば三百十余年と有る余年とは、此八年を指したるものと云ふべし、此れにて粗吻合する所有るに似たり、故に斷定して、凡三百十八年とは載せたり、又因幡國法美郡龜金山に至りと云へるより、武内宿禰命を祭ると云へるまでは、大臣傳に引る、因幡風土記に、武内宿。御歳三百六十余歳、當國御下向、於龜金雙履殘御、陰所不知。蓋聞因幡法美郡宇倍山麓有神社也。曰宇倍神社。是武内宿禰之靈也、昔武内宿禰平東夷。遂入宇倍と云ひ、又八幡宮愚童訓にも、御年三百六十余歳を經て、因幡國上穴の山中に、衣冠を正して、入給ふ、御沓計を留置殘云々と有りし日を、薨じ給へる日と名て、御沓を墓所と崇め奉ると有るを參輯して載せたり、但二書共に、御年三百六十余歲と有れども、在世の年數は、前に說明せる如くなれば取らず、又一說には云へるより不破山に入て死る所を知らずと云へるまでは、紀朝臣氏文の一書に、擊二平東夷一還時。稱二身若由一。入二甲斐國一也、不レ知二其死所一と云ひ、又の一書にも、討二滅東夷賊一返給時。稱二身若由一。入二美濃國不破山一、不レ知二其死所一と有るを、此二說は、宇佐託宣集にも、同じく記したれば、即ち取て如斯は載せたり、此以下は全く余が補ひたる文なり、爰に聊辨じ置べきことあり、其は日本書紀、古事記共に、此大臣の終りたることは、記されざれど、水鏡、十訓抄、皇年代略記、歷代皇記、仁壽鏡、神皇正統錄、帳比保古を始め、猶諸書に、武內宿禰の薨去の事を載せたるのみならず、紀朝臣氏文の一書には、大和國葛下郡薨、室破賀墓是也と云ひ、又異本公卿補任の書入の中にも、又曰征二東夷賊一平還薨、葬二於大和國葛下郡一、今室墓是也と有りて、薨去の傳有のみならず、墓さへ有るを、爭でか仙去せられしと云ふべきとの、疑ひを起すものも、無きに非ざるべけれども、其は幽理を知らざる人の常なれば、奇むに足らず、元來生たる人の死ると云ふは、普通のことにて、仙去するとか、尸解するとか云ふ者は、古今數千歲の間に於て、然も幾千億萬人中 僅に數ふる程も無きばかりの少數にて、所謂希有の者なれば、之を目擊せざる者に在ては、然る者無しと信ずるも、謂れ無きに非ず、かくて筆を執る者も、亦多くは普通の識者に過ざれば、其自己の信ずる所を以て、人の世を去ると云ふは、即ち死る事の外には無きものなりと思ひて、去りしと云ふべきを、薨ずとは書しものなるべし、さては此大臣を薨ずと書し諸書の著者の如き、皆此類の人にやありけむ、然れども此宿禰の如きは、實に其幾千億萬人の中なる希有の一人にて、本傳に載たる如く、因幡國の宇倍の山にて、其沓ばかりを遺して、形を幽冥の中に隱し、所謂仙去したるを以て疇昔より其事實を世に傳へたるものなり、扨こそ前に擧たる外にも、紀朝臣氏文には、六代帝爲㆓大臣㆒也、遂不㆑知㆓其死所㆒と云ひ、異本公卿補任には、不㆑知㆑所㆑終とも、入㆓不破山㆒而弗㆑見とも云ひ、歴代皇記には薨ずと書ながら、其末に至りて、薨次第人不㆑知㆑之と云ひ、遊方名所略には、法美郡龜金山、武内大臣倏爾化去所也と云ひ、神明帳頭註には宇倍一宮、風土記云御陰所不知云々、當國宇倍山、大和國葛城堺、美濃國不破關、是三箇國、同日同時顯座などと云ひて、其仙去の趣を傳へたり、此諸書に薨去のことを載せたるも、其書に拘はらず、本書に擧たる所以なり、かくの如くなれば、假令大和國葛下郡の室墓を大臣の墓と傳へたるも、此墓を以て、必しも薨去ありし證とは見る可らず、如何となれば、前に擧たる、八幡宮愚童訓にも因幡國の宇倍山にては、遺し置れし沓を墓所と崇めたりと有るを思へば、大和國の室墓も、亦此類にて大臣の高徳を慕ふ余り、何か大臣の遺物を納めて、墓と崇めたるかも知可らず、斯の如くなれば、墓も薨去の証とするに足ざるを知るべし、

兼好法師　經典にかき集めたる言の葉も敎草とはなりにけるかな

春　　磯　磯山のまつにかゝれる白雲とみえしは花のさけるなりけり

●水江浦島子

水江浦島子は、亦筒川島子とも云ふ、日下部首等の祖にして、丹後國與謝郡日量里筒川村の人なり其姿容秀美にして風流類ひ無し、雄略天皇の二十二年、島子獨小舟に乘り、海上に出て釣を垂る、一魚をだも得ず、乃ち靈龜を得たり、心に奇異の思ひを爲し、舟中に留め置けるに、島子頻に眠を催ほす間に彼龜忽化して女娘となりぬ、其容貌美麗にして、更に比すべきものなし、島子問けるやう爰は海上にして人の居るべき所にあらず、且人家に隔たること遙に遠し、然も乘來れる舟も見えざるに、女娘は何處に住みて、如何にしてか忽ちに我舟に來れる、女娘答けらく、妾は是れ蓬萊山の女に

して、金闕の主なり、不死の金庭、長生の玉殿は妾が居所なり、父母兄弟も亦彼仙房に在り、妾在世の時子と夫婦の儀を結べり、然るに我は天仙と成て、蓬萊宮に樂み、子は地仙と作て澄江の浪上に遊ぶ、今宿昔の因に感じ、俗境の緣に隨ひ、子を蓬萊に迎へて、曩時の志願を遂げ、羽客の上仙と爲しめんとすと、島子仙女の語に隨ふ、仙女島子に敎へて暫く目を眠らしむ、須臾にして蓬萊山に到る、其地玉を敷るが如し、臺閣晻映として、樓堂玲瓏たり 是に於て仙女島子と相携へて仙宮に至る、島子を門外に立しめ、仙女先金闕に入り、父母に告て後共に入る、仙女の父母共に相迎へて殿中座定まり、人間仙都の別を說き、人神偶會の嘉を祝し、乃ち百品の芳味を列ね、兄弟姉妹等 杯を擧て献酬をなし、仙樂寥亮として、神舞逶迤たり。其歡樂を極むること人間に万陪し 日の暮るを知らず、興最も酣なりしが、黃昏に及びて、群仙漸次に退散して。即ち仙女獨留る、是に於て、島子仙女と玉房に入り、眉を雙べ袖を接へて、始めて夫婦の理をなす。薰風寶衣を飜して、羅帳香を添へ。紅嵐翡翠を卷て、容惟玉を鳴し、金窓斜に見えて、素月幌を射、珠簾微く動きて、松風琴を調ぶ朝には金丹石髓を服し、夕には、玉醴瓊漿を飲む、何の歡樂か之れに如む、時に島子鄕里を遺れ。仙境に遊ぶこと、既に三歲になりぬ、然れども、猶俗情や盡ざりけむ、忽舊土を懷ふの心を發し、二親を慕ふの情禁ずべからざるに至りしかども、逌がに口には出しかねしが、吟哀繁く發り、嗟歎日に益して、眼色容貌に呈はれければ、仙女島子に問けるは、比來夫君の容貌を觀るに、昔日に異なり願くば其故を示し給へと、島子答ふるやう、古人の言に少人は土を懷ひ、死狐は丘を首にすと云へることのあるを信とも思はざりしが、今に至りて思ひ知りぬと云ひければ、仙女然らば君には故國に歸らんと思ひ給ふかと云ふ、島子答て我故郷を離れて、遠く神仙の堺に入りたり。何の幸か之に過ん進退左右に在りて、素より旨に逆ふの心なし、然れども、夢常に結ばず、魂故郷に浮ぶ、願くば吾暫く舊里に歸り、今一たび二親を拜して後、又仙室に來らんと思ふと云へば、仙女深く別れを惜みて仙境のならひ、一たび去て再び來り難く、縱令故郷に歸り給ふとも、定めし往日の如くには非ざるべし、寧ろ爰に留り給ふに如ずと、懇に留ると雖も、島子强て歸らんと云ふにぞ、今は其留むべからざるを知り、玉匣を取出して、島子に授けて云ひけるやう、君若妾を忘れず、再び逢ふの期を見んと思はば、必ず此玉匣の緘を開き給ふなと誡め、遂に相分れて辞し去りける。島子船に乘れば、自ら眠るが如くにして忽ち故郷澄江の浦に至り、筒川郷に歸りぬ、是に於て熟村邑の光景を瞻るに、人物共に遷易りて、更に昔の跡形も無し　余りに不思儀に思ひ、郷人に向ひ、水江浦島子が家人は、今何處に住めるやと問へば、郷人呆然たる體にて、君は如何なる人ぞ遠き昔の跡を問ひ給ふものかな古老等傳へて云ふ、先世に水江浦島子と云ふ人あり。獨小舟に乘り釣に出て還り來らずと、今は早三百余歳を經たり、何ぞ新らしく其人の家族を問ひ給へると云ふにぞ、島子彼所に居りしは、僅に三歳に過ざるに、然る謂れの有るべきやうなしと、疑ひ更に解らず　數日鄕里を廻り見れども、一人の知りたる者にだに遇はざるより、始て鄕人の我を欺かざるを知り、且仙女の歸りても、往日の如くには非ざるべしと云へりしを、思ひ出て、忽ち後悔の心を起し、急に仙女の所に歸らむと思ひて、海に向へども、何れの許に在りと云ふことを知らず、島子惘然として憂ひ措く所を知らず、遂に仙女の誡をも打忘れて、少く玉匣を開きしかば、中より紫色の雲の如きもの出て、海の方に靉きければ、島子大いに悔れども及ばず、其皃俄に衰へ忽ち老翁となりて遂に空しく死けるとぞ、時に淳和天皇の天長二年にして雄略天皇の二十二年よりは凡三百四十八年を經たりと云へり。

嚴夫云本傳は、雄略天皇紀、淳和天皇紀を始め、丹後風土記及び浦島子傳を主とし、本朝神社考、神社考啓蒙、編年紀略、本朝列仙傳等を以て其缺を補ひ、參輯して爰に載せたり、中にも冒頭より女娘は何處に住みて、如何にしてか忽ちに我舟に來れると云へるまでは、多く神社考啓蒙に因て記したるが、同書には丹後風土記を引て、五色の龜を得たりとあれど、他書に、多く大龜とか靈龜とか書きたるを以て、本傳には、靈龜と載せたり、また妾は是れ蓬萊山の女にして、金闕の主なりと云へるより、須臾にして蓬萊山に到ると云へるまでは、浦島子傳の煩文を省きて取り、其以下も

要と浦島子傳と、神社考啓蒙とを交取り、前に擧たる諸書に因て、其缺を補ひ以て文を成したり
然るに此傳中浦島子が、仙境に居たる間は僅に三年間と思ひしに、顯界に歸りて見れば早くも三百四十八年を經て居たりとあるにつき、一言すべきことあり、其は此の浦島子に限らず、本書の中に載せたる、大口山の女仙の許に誘はれたる壯士も、彼界に居りしは、僅に宵より深更に及べる、數時間に過ざりしと思ひの外に、一周間を經て居たりと見え、また同傳の下に引きたる、天臺山の二女仙の許に行きたる漢の劉郎阮郎の二人も、彼界に居りしは、僅に半年ばかりの間と思ひしに、顯界に還りて見れば、七世の後と成て居て、其間に二百三十二年を經てありしと見え、また晋の王質が、石室山の石室にて、童子の棋を圍むを見て居る内に、斧の柯の朽たるに驚き家に歸りて見れば、數百年を經て居りしとあるの類、猶多し、此は全く仙境の一日は顯界の一日より大に永くして其實顯界の數十日を以て、彼界の一日となすものゝ如し、其は前に云へる大口山に入れる壯士や、浦島子の如き即ち此れなり、また之れに反對て、魔界の一日は、此顯界の一日より甚だ短くして、顯界の一日を以て、魔界の數十日と爲すものゝ如く思ふ由あり、其は大壑翁の古今妖魅考に引れたる、比叡山天狗之沙汰と云ふ書に、櫻町天皇の元文五年、比叡山の西塔釋迦堂修理の時、其奉行を勤めし、大津の代官石原清左衛門といふ人の家頼、木内兵左衛門と云ふ、三十余歳の人が、其年の

三月七日の申の時に、ふと行方知れず成しが、方々と尋ぬれども居らざるより、天狗の業と心得て山内の寺々にて、祈りを始めけるに、其夜丑刻前に、釋迦堂の箱棟の所まで皈り來れるを、四郎兵衛と云ふ働人迎へに上りて、棟より兵左衛門を背負て下りける、始めは夢中になりて、能く寢ねたりしが、三日ありて本性に皈りて、天狗に連れ行れたる時、彼界にて、有りしことゞもを委しく語れる中に、叡山より秋葉山へ行き、また妙義山、彦山、鹿島などへ行き、其外何國ともなく諸方見物して、既に十日余も經ぬらむと思ひ、何卒暇給はれかしと云ひければ、然らば一生安樂に暮すやうなる、秘密の藥法行法を傳授すべしとて、其藥法の書付等を給はり、高山の峯におろさるゝ如く覺えしが、本堂の棟にてありしを働人の四郎兵衛が、棟に上り來りて、某を捕へんとまでは覺えしが、其後は夢中に成ぬと語れりとあり。然れば此兵左衛門が、妖魔に誘はれて、彼界に入てありし間は、申の時より丑の刻前までにてありきと云へば、僅に六時間なり、然るに其間を、十日余の如く思ひしとあるに因れば、顯界の一日を以て、魔界にては、數十日と爲すものなるを知るべし但し此は爰に要無き文は、皆省きて引たり、委しくは、妖魅考に就て見るべし、然るに大壑翁は、此れに說を加へられて、大かた幽界に伴はれたるは、多くの日數をも、暫しの間なりと思ふ事なるに、兵左衛門は、申より丑までの六時の間を十日余りを經たりと思へるは、甚いぶかしき事なり。

仍て思ふに、神仙の幽界に入たるは、久しき年月をも短かしとし、妖魅の界へ伴はれたるは暫時の間をも、長しと思へるにや、此は猶考ふべしと云はれたり、嚴夫云此事たる極めて見易き道理にて顯界の上に準へても能く知らるゝことなり、其人若し自己が意に適へる歡樂を極むることに遭はむには、日の暮るゝも知らず、夜の明るも覺えずして、十日や二十日は云ふも更なり、一月や二月を過さむも、瞬く間の如く思ひて、其長きを覺えざるものなり、此れ神仙界に入りたるものゝ、暫時と思ふ間に、多數の歲月を經るに思ひ合すべく、また此れに反對て、人若し我意に反ける、苦痛を極むる災厄困難に陷りし時には、何時かは此の苦痛を脫るゝことを得むと、暫時の間をも數日の如く長く思ひて、實に堪かぬるものなり、此れ魔界に行きたるものゝ、暫くの間を數十日の如く、長く覺ゆるに思ひ合すべし、然れば顯界に在りても、極めて歡樂を感じたる時は、神仙の境界に入りたるに均しく、また甚しく苦痛を感じたる時は、魔界に墜りたるに異ならざれば、人若過ちて魔界に墜むには、未來永劫一日を數十日の如く感ずる、苦界を脫るゝの期あるべからず、また仙境に入むには、之れに反對て永世無窮に數十日をも一日の如く感ずる樂境を失はざるべし。此れ則ち神仙の求むべく、妖魔の避くべくして、善を修めざるべからず、惡の爲すべからざる所以とす、然れば此れ等の事實に徵する時は、仙境の歲月の長き、魔界の歲月の短き譯も、極めて平易く了解するこことを得べし、さてまた本傳中に今一の云ふべきことあり、其は浦島子が仙境より皈る時、女仙より授り來たる、玉匣のことなり、島子若女仙の誡を守りて、此玉匣を開かざりせば、元の仙境に皈りて、女仙に再び逢ふべかりしならむを、恍惚けて開きしかば、中より紫の雲の如きもの出て、海の方に靉き、忽ち老て死けりとあり。然れば此玉匣の中には、島子の壽命を保つものを封じ籠てありしこと、固より云ふを待ざるべし、（玉匣のことに就て、元亨釋書の如意尼の傳に云へることは、信け難き説なり、其は本書の中に載せたる、如意尼の傳の下に云ふを見るべし）さて其の壽命を保つものは、如何なるものなるか、固より之を知るよし無れど、或は太玄生符とも、太上玄生籙とも稱するものあり、其れにては無かりしかと思ふよしあり、仍て左に此れを述ふべし、先此の太玄生符のことは、彼關令伊喜が傳に、老君即ち老子が徐甲と云へるものに、太玄生符を與へて之れを使傭せること、二百余年に及びけるに、老君が關に至るに及びて、徐甲吉祥草と云ふものゝ化したる美人に惑ひ、前約に負きて、關令に老君を訟へて傭錢を索めしかば、老君、甲を責めて、吾汝に太玄生符を與へたればこそ生きて今日にまで至ることを得たれ、然るに汝何ぞ此を念はずして、吾を訟へたるやと言ひ訖りければ、生符忽ち甲が口中より飛出たるに丹篆宛ら新るが如くなりしが、甲は即ち一聚の白骨と成けるとぞ、伊喜乃ち甲が爲に頭を叩きて之れを謝し、其罪を赦して更生しめんことを請ひければ、老君復太玄生符を以て、甲に投じたるに、甲立處に蘇生たるを以て、喜乃ち錢を甲に償ひ、禮して之れを遣りたりとあり、此れ則ち太玄生符は、人の壽命を保つ不老不死の靈符たるを、証するものと云ふべし、然るに此の靈符のことに就ては、東方朔の十洲記に、方丈州は、東海の中心に在り、西南東北岸正等、方丈方面各九千里、上は專ら是れ群龍の聚る所なり、金玉瑠璃の宮有り、三天司命所治の處なり、群仙の未だ昇天することを欲せざるものは、皆此州に往て、太上玄生籙を受くとあり、此れに因るときは、此符は、元彼の史記の封禪書、または始皇本紀、淮南王傳などに見えて、三神山と稱する、蓬萊、瀛州、方丈と云ふ三州の內なる、方丈州の瑠璃の宮に於て、三天司命の職に在る神眞の司る所と見えたり、因に云ふ、此の方丈州は我神典に在る、淡路島のことにて、仙家にて三天太上大道君と稱し奉るは、即ち我神典なる伊弉諾尊に坐まし、其三天太上大道君の命を承て、三天司命の職に在の神眞は、青眞小童君と稱して此れ亦我神典なる、少彥名神にて坐まし、一には泰一小子とも稱し奉り、早く太上天皇太帝、即ち三天太上大道君の上相司直の職を賜はり、扶廣山の東華方諸宮に常住して、太玄生籙を掌り、方丈州の太上幽宮を預り始め、天皇太帝の御手に代りて、後聖の眞人と爲るべき者に、彼玄生籙を賜ふ御職なること、及び特り方丈州が我淡路島なるのみならず、蓬萊、瀛州の二州も、亦皆本邦域内の海中にある仙境なること等、大壑翁の、赤縣太古傳の三皇紀及び三神山余考等に委しく考証せられたれば、必ず見るべし、然れば、太玄生符は靑眞小童君即ち我少彦名命の、方丈州即ち我淡路島の幽宮に於て、後々の神仙に成るべき者に授け給ふ所なるが、此の靈符にも、上中下の三品ありと云ふ、即ち雲笈七籤の左乙東蒙錄と云へる條に東海靑華小童の曰く、余曩に恭しく太上の嘉命を承て、靑華宮を守り、衆仙玉女妙行の眞人、左右に侍衞して、學生の人を統攝す、東殿の金房に寶經の玉訣あり、此内の要は左乙を端とす、太上余に勅して導誘休むこと勿らしむ、茲を念ひて心に在り、天寶禁重し、輕しく傳ふることを得ず、之を傳ふれば、必ず先太上に啓告して乃ち施行ふことを得る、學者多しと雖も眞を會する者少し、之を出さば懼くは寶を泄すの災を招かむ、之れを閉れば道を絕の咎めを慮る、積感時を淹し、齋思年を累ぬとある、東華小童は、靑眞小童君のこと、太上は三天太上大道君のこと、左乙東蒙錄は、太玄生錄の別名と見えたり斯くて此文の續きに、上相靑童君の、寶經の題目は、左乙東蒙錄と云ふ又三天不死の章と名づけ長生の妙訣と名づけ又上聖接生寶篇と名づく中に三品あり總てを簿錄と名く其上品を不死の錄と名く、一に紫字靑文と名け、一に靑錄紫章と名け、一に紫書錄文と名く、一に玉簡靑符と名く次に中品あり、長生の錄と名く、一に黃錄白簡と名け、一に玉牒金篇と名け、一に玉書金字と名け、一に金文玉符と名く、次に下品あり、死籍の錄と名く、一に丹章玄牒と名け、一に黑簡朱文と名け、一に赤目石記と名け、一に勒退幽符と名く、下品錄の名を知れば、中品に進入ることを得、中品錄の名を知れば、即ち上品に昇る名題を知識するすら、尚能く品を進む、況や乃ち解了して、修行する者をやとあり、此れ謂ゆる太玄生籙の品例にして、此の勒退幽符と云ひ、金文玉符と云ひ、玉簡青符と云ふもの即ち太玄生符の三品なるべし、而して老君の此符を徐甲に授けたるに就き、大壑翁の說あり、其は赤縣太古傳の三皇紀に、葛洪枕中書を引て、同書に方丈は群仙の未だ昇天せざる者此に在り、會稽の岸を去ること六萬里、大清仙伯と、太上丈人との治る所なりと有るに、伊喜の傳を參考に供し、大清仙伯は、青童君のこと、又太上丈人は、老子の內號なることを說明され、老子も亦此方丈州に往來して、青童君の行ふ、司命生籙の事を、補助する仙職に有るを以て、徐甲にも此符を與へて、二百年が間使ひしものなる由を謂れたり、延て考ふるに、浦島子が、女仙に誘はれて行きたるも、蓬萊にて有りきと聞ゆれば、固より方丈州とも相通ふこと云ふまでも無ければ　女仙は島子の爲に、此の太玄生符を受得て、此符の靈德に因て　三百四十餘年も、彼界に留め置たるを、島子が塵緣の盡ざる所ありて、是非とも一たび、皈らむと云ふを留めかねしより、其太玄生符を、彼玉匣に緘じ籠めて、之れを開かず持たらむには、壽命はいつまでも保つべきを以て、其中には再び仙境に還り來るの期もやあらむと、必ず緘を開き給ふなと、誡め置たりけむを、島子が仙緣深からずして終に其誡めを忘れ、玉匣を開きしに、其中より紫色の雲の如きもの出て、海の方に靉き去りたりとあるは、此の時彼生符は取返されしものなるべし、さてこそ島子は忽ち老翁となりて、死たりとある狀の、彼老君が徐甲を譴し時、太玄生符甲が口中より飛出たれば。甲は即ち一聚の白骨と成しとあるに、最能く似たるを思ふべし、然れば彼玉匣には、太玄生符を緘じ籠て有りしには非ざるかとの考も、其理無きに非ざるを知るべし、畢竟浦島子は、三神山考にも云はれたる如く、元より自ら修し得たる道骨なく、唯仙風に牽れて、彼界に長生したるに過ずして、忽ち仙緣を失ひたるは。實に惜むべきことにこそ、また大壑翁は浦島子が海中の蓬萊山に到りたるは、正しく風土記に見えたる傳への如くなるべきも、此は彼州なる神仙の本宮に至れるにはあらで、海中の仙境何處にまれ數萬の列仙家あれば。其中の一仙民の家に到れるならむ。其は事の狀を以て、思ひ辨ふべしと云はれしも。實に然ることなるべし。

秋花夏開　　未た秋をまちかねかほに此夕にほひそめたる月くさの花

◉若狭八百姫

若狭八百姫は、また八百比丘尼とも、白比丘尼とも云ふ。其姓氏及び父母を詳にせず、若狭國小松原の人なり。小松原は、小濱城の東の海畔に在り、八百姫の父一日海に釣して魚を得たり、其貌奇怪なりしを以て、棄て食はず、八百姫年猶若かりしかば。拾ひて此れを食ひたりしとぞ。然るに其魚は人魚と云へるものにて。仙藥なりしを以て、其後數多の歳月を經れども、老衰することなく、遂に八百歳の壽を保ちしかば、八百姫とも　八百比丘尼とも稱し。また其肌膚面體ともに、白かりければ、白比丘尼とも云ひしとかや、八百姫人に語りて云ひけらく、我れ目のあたり源平二家の盛衰を見たりまた源　義經修驗僧の形と爲り、數人相伴ひて此地を過ぎ、奥州に赴くを見たりと、人之れを聞て怪み、彼漢土の西王母や麻姑の類ひならむと云ひあへりとぞ、八百姫、後花園天皇の、寶徳元年五月、京都に來れるに、此時東國の比丘尼も京都に來りて在りければ、偶　共に相會して物語りしとなむ、また此時洛中の人々、八百歳の老尼を珍らしがり、爭ひて觀んとして押かけ來りけれども、其居る所の門戸を堅く閉ぢて、容易く人をして看せしめざりければ、貴者は百錢を出し、賤者と雖も二十錢を出して、漸くにして之れを見ることを得たりしが。然らざる者は、其門内にだも入ることを得ざりしとぞ、其狀況想ひやるべし。また八百姬は隱岐島にも行けるにや、島後の岩津と云へる所に、周七抱に余る大杉あり。傳へて此杉は昔若狹國人にて、人魚を喰しと云ふ尼來りて植置き、八百年の後又來りて見るべしと云へる杉なりとて、八百比丘尼の杉と呼ぶとぞ、また八百姬は會津にも行けるか會津の金川村と云へる所に、金川寺と云ふ寺あり。此寺は八百比丘尼の建る所にして、本尊は八百尼の自ら刻みて、安置せる彌陀の像なりと云ふ、寺の前に淵あり。鶴淵と云へり、其側に二つの石あり形馬に似たり、此石を詠る八百姬の歌あり。其歌は。

會津やま麓のさとの阿彌陀でら。かすみかくれの鶴淵のこま　とありけるとぞ、されば會津にも行たるものゝ如し　斯くて八百姬八百歲を經る間には、猶此他の諸國をも經廻りて、世に普く知られたるなるべし、八百姬後には其身の死せざるを悔ひ、常に蟄居して人に遭はず、成る限り世事を避けるとなむ。而して其入定の洞と云ひ傳ふる所は、若狹國後瀨山の南の麓なる、空因寺と云ふ寺の內にありて、巨巖を方丈ばかり、穿ちたる洞なりとぞ、此洞の口より數十步の所に小き石矼あり。之れを古呂美橋と名く。俗に傳へて云ふ、白尼此石矼を渡らむとして、蹶き顚びて地に倒れ、起こと無くして世を去りたる故に斯くは名づけたると、されば橋の名の古呂美は、轉倒の義ならむと云へり、八百姬雄略天皇の御世に生れ、無病長生して、殆ど一千歲の壽を保てりと云ふ。始め人に對して其年齡を云はず、是を以て其年を知るものなし、八百歳に至るに及びて始て其年を云ふ、故に八百姫を以て呼ばれたりと云ふ、また其空因寺のある地を白椿山と云ふ。即ち八百姫の歌あり。其歌は、

若狭路や白玉椿八千代へて、またも越なむ矢田邊坂かは、と詠けるとぞ、扨その入定の洞と傳ふる巖窟の前に華表あり、またその山の上に三社あり。一は八百姫大明神と云ふ、即ち白尼を祭る二は大神宮にして、三は龍宮なりと云ふ、二種の寶物あり。馬鞍と太刀となり、此は八百姫の父、龍宮より得たる所の神物なるを以て、封じて神體となし、納めて社壇に在りと云ふ、また別に社家に傳ふる遺物四種あり、一は八百姫の鞠なり、二は龍宮の鏡なり、三は八百姫の畫像なり。四は人魚の圖なり、此四種は今猶現存すと云へり、但圖書ともに、筆者詳ならず、また其入定の後には、八百姫が平常好めりし龍鬚草の席を新調し、毎月一度づゝ之れを改め、臥床の料に充けるとぞ、また云ふ青葉山は卽ち小濱山なり。八百比丘尼入定して、地仙となれる舊岳なりと、

巖夫云本傳は、中原康富記、本朝神社考、臥雲日件錄、若邦群談、遊方名所略、隱岐名勝誌、會津風土記、本朝列仙傳等の諸書を參輯して此に載せたり、先冐頭に、若狹八百姫はと云へるより、人之れを聞て怪み、西王母や痲姑の類ひならむと、云ひあへりとぞと云へるまでは、多く若邦群談に因て記し、但し同書には、白比丘尼と有るを、八百姫と書きたるは、塩尻と遊方名所略とに因て正

しつ、寳德元年京都に來りて、東國の比丘尼と偶相會したることを云へるは、全く中原康富記より採て書きたるが、此東國の比丘尼と云へるは、如何なる者の事なるか、他に見合すべきもの無きを以て、之れを知るに由なし、また此時洛中の人々が珍らしがり、錢を出して之れを見たることを云へるは、臥雲日件錄に、寳德元年七月廿六日、菴主曰、近時八百歲老尼、自二若州一入洛。洛中爭觀堅閉二所レ居門戶一不レ使二人容易看一、故貴者出二百錢一、賤者出二廿錢一、不レ然則不レ得レ入レ門也と有るを採て記せり、また八百姬の隱岐島に行けることを云へるは、隱岐名勝志に依り、會津に行けることを記せるは、會津風土記の、金川寺の下に載せたるを採り、八白姬が後には身の死せざることを悔ひ、常に蟄居して世事を避けたることを云へるは　遊方名所略に、俗說云といひて擧たるを採り、其入定の洞のことより、古呂美橋のことを云へるは、また若邦群談を採れり中に就て、同書には空印寺と書きたれど、遊方名所略に、白椿山下精舍を號二空因寺一と有る方、穩かなる如く思はるゝを以て、印を因に改めて擧たり、然れども、此れは實地に就て正さざれば、孰れを是なりとも定め難し、唯假に定めたるのみ、また其空因寺のある地を、白椿山と云ふと云へるより、若狹路や云々の歌を擧たるは、塩尻に、八百比丘尼とは、八百姬明神とて。祠若州小濱にあり。媛の歌にと云ひて、此歌を載せたるを、今云へる遊方名所略に、白椿山下精舍を云々と有ると、參考して之れを記せり、また其入定の洞と傳ふる巖窟の前に華表ありと云へるより以下は、總て遊方名所略に依て記しぬ、但同書に、八百姬を、宣化天皇の二年の生れにて、光嚴天皇の建武二年に死すと書きたれど、前にも擧たる如く、康富記及び臥雲日件錄等に依るに、此建武二年よりは、尙百十五年後なる、寶德元年に、正しく京都に登りたる事實あるに合ざれば、其訛傳なること云ふまでも無きを以て、之れを採らず、また八百姬が喰ひたりと云ふ人魚の事は、嘉元記に或日記を引て、人魚出現の事は、孝謙天皇の天平勝寶八年五月二日。出雲國ヤスキの浦へ出づ、また光仁天皇の寶龜九年四月三日、能登國スヽノミサキに出づ、また一條院の正應五年十一月七日伊與國ハシラの海に出づ、また後鳥羽院の文治五年八月十四日、安岐國のイエツの浦に出づ、また持明院新院の御代、延慶三年四月十一日。若狹國ヲハマの津に引出す、國土目出タカリキ。また延文二年丁酉卯月三日、伊勢國フタミの浦に出づ、長久なるべし。已上六箇度出づと云へることを載せたり。抑此或日記と云へるは、如何なる人の日記か知らざれど、能く人魚出現のことを調べて擧げたり、然るに此日記には、延慶三年四月に、若狹國ヲハマの津に引出すとあれば、此れ即ち八百姬の喰へる人魚の事ならむかと思ふに、延慶三年より、八百姬が京都に出たりと云ふ、寶德元年までは、僅かに百四十年間に過ざれば、八百歲の老尼と云へるに、年數合ざるを以て、延慶三年にはあらざること明白なり。さては此或日記には、八百姫の喰へる人魚のことは、調べ漏したるものと知るべし。是に於て寶徳元年より、八百年を遡り數ふるに、孝徳天皇の白雉元年に當るを、假に八百姫の生れたる年とし、彼人魚を喰たるを、其十八九歳の頃の事なりと見る時は、天智天皇の元年頃に當るべし。然るに此或日記に載せたる人魚は、中にはヲハマの津に引出すなど有るを思ふに、殆ど人間の大さ位もあるべき、ものゝ如く聞ゆるに、八百姫の父の釣て棄たるを、八百姫が拾ひて喰ひたりとあるは、小さき魚の如く聞ゆるのみならず、神社考に據る時は、其父山に入りて異人に遇ふ、同伴はれて一處に到るに、殆ど一天地をなしたる別の世界なり。其人一物を與へて云へるには、此は人魚と云ふものなり。人之れを食ふ時は、年を延べて老いずと、父携へて家に皈る、其女子歡び迎へて、父の衣帶を取り、袖の裡より人魚を得て之れを食ひしに、女子其後老いず。壽四百歲に至る。謂ゆる白比丘尼と云ふもの是れなり、又其人魚と云へるものは、蓋肉芝の類ひかとあり、此傳にても人魚を袖の裡より得しとあるを思ふに、小さき魚なること疑ひなし、然れば嘉元記に引る、或の日記の人魚と、白比丘尼の食ひし人魚とは、同名にて異物なるか。若くば人魚の全身にあらずして、其肉の幾分を食ひしものなるか、今よりは何とも定めがたし、此は人の必ず疑ひを起すべき所なれば、聊か辨じおくなり、今思ふに八百姫は小さき人魚の全身を食ひたりとするも、又大なる人魚の肉片を食ひたりとするも、其如何に拘はらず、人魚を食ひて長壽を保ちたるは、事實と見えたり、但神社考には、四百余歳と記せるは異なる傳へなり。然れども、他書皆八百姫と云ひ八百比丘尼と云ふ、故に本傳は八百歳說を採れるなる。然るに野史には、國史實錄及び若狹守護代年數舊記を引て、若狹國遠敷郡根來の鵜瀨川と云ふ所の傍に職工あり。其名を道滿と云ふ、一人の女子あり。殊に之れを寵愛せり、道滿日々人に傭はれてゆくに、其先にて貰ふ所の魚菓の類、自らは總て之れを食はず、持皈りて其愛女に與ふるを常とす、一日深山に入り異人に遇ひ、奇菌を與へられければ袂にして皈りしかど、非常の物なるを以て、愛女にも與へざりしに、女は父の他へ出たる跡にて之れを見つけ、竊に取て喰ひけるを、父皈りて之を聞き、太だ後悔しけるが、其奇菌は、芝草の類にてやありけむ、此女夫より長壽にして、八百の齡を保てりと有りて、其他は前に擧たると粗同じさまに記せり、此はまた一種の傳へなり、但し此書には、其父の名及び住所の郡名地名等明白に記し、其父の職人なりしことをも云ひて、委しきが如く思ゆれば、或は此れを以て正しとすべきかとも考へしかど、此傳にては、其父奇菌を得たるを、其女の食ひしを以て、長生の元因としたるが、前に擧たる傳と異る所なり。飯田氏は、人魚の肉を食ひたると云ふは、怪談に似たりとて信せずして斥け、此傳を採りたれど、人魚も肉芝の類ひと見れば、芝草と何の分つことの之れ有らむ。故に余は之れを奇まず。固より今に於て、孰れを是孰れを非とも定め難けれど、八百姫が長生したるは、人魚を食したるに因ると云へることは、普く世にも云ひ傳へたる所なれば、暫く若邦群談を主として本傳に擧たり。但守護代年數舊記には、八百比丘尼を、雄略天皇の朝に生れて、其死する迄に殆ど一千年を經たりと云へることを載せたり。果して然らば、雄略天皇の御末年の生れとするも、同比丘尼が京都に來れる寶德元年まで、九百七十一年となれば、此後猶二三十年間は、存在したるなるべし。

紅葉滿山　松のみを殘して山をくれなゐにそめつくしけり木々の紅葉

鈴　鈴の金の鈴のひゞきそしき島の倭心をふり興したる

●高麗山樵並眞珠男、白綿女

高麗山樵は、相摸國大磯の在なる山下村の人なり。實は春嶽山中に住む、神仙の子にして、父を眞珠男と云ひ、母を白綿女と云ふ。由ありて山下長者が祖たりし者に養はれて成長し、後再び山に入りて仙去せり。今其大要を叙せむに、始め山下長者が祖たりし者、夫婦の間に子無きを歎き、相共に薪を拾ふに托して、高麗寺山に登り、社前に拜伏して、一兒を授け給へと祈ること久し。或日例の如く相携へて山に登り、社前に祈りけるに、傍なる松の茂れる中に小兒の聲有るを聞き、即ち行きて捜索するに、一小兒あり、毛衣羽褥にして、通常の兒にあらざるを識る。是れ必ず當社の神の我等に授け給ふものなりと信じ、抱持して禮拜し、家に歸りて祖先の靈に告げ、且祝し且慶びて養育し、年既に十三歳になりたり。其愛情素より實子に異なることなし。然るに此兒長ずるに隨ひ、常に山野に遊ぶことを好み、或は七日、或は十日、又は半月、遊行して家に歸らず。父母甚く之を憂ひて、時々誡言すれども用ひずして、遊行止まらざりければ汝山野に出て數日歸らざるは、抑如何なる所にて泊り、又何を爲して時を過すやと問ひしかば、山樵答へて、吾は實父實母に會むが爲に、山に遊びて其許に宿るに過ず、山にて聞しに、御身二人は、吾を養育し給へる御恩淺からずと雖も、實は養父母にして、生の父母には座まさず、因て兩親は膝を進めて、汝如何にして然ることを聞たるかと問へば、山樵更に答へて、吾一日高麗寺山に登れるに、男女の二人ありて語りけらく、汝は予が兒なり。汝は妾が兒なりと云ひて、愛せらるゝに依り、愈々接近きて其由來を聞くに、予が名は眞珠男と云ひ妻が名は白綿女と云ふ、即ち春嶽山中に住むものなり。ある日の夕、山神來りて一種の木實を與ふ、其美味云ふべからず。依りて其木實の所在を問ふに、山神答へて其は汝の行べき地にあらず、然れども強て其所在を知らんと欲せば、汝が妻の胎中なる嬰兒を棄てよ、必ず其所在を知るのみならず、後日極めて快樂を得るに至るべしと。是に於て白綿女に之れを議るに、白綿女云へるやう、夫の爲に兒を棄る何ぞ辭むべき、出產せば必ず之れを棄つべしと。山神諾きて、然らば產後に至り再び來りて、其所在の地に導かんと云ひ終りて、忽ち掻消す如くに失せにけり。斯くて數月の後汝を出產せり。然るに山神前約の如く再び來りて、此れより木實の所在を示すべし。其兒は我此里人をして、養育せしむべし。此れより南方三里計にして、高麗寺山あり、其山に松の葉の甚能く茂れる所あり、即ち其兒を置くに宜し。爰に置かば、里人に命じて養育せしむべし。兒の幸福も亦必ず期すべきなりと。白綿女喜びて山神の言の如くし、而して後夫婦山神に誘はれて、彼の木實の所在の地に行く。行くこと里許にして、古松老杉の下を過ぎ、清明優美なる溪澗に出づ。山神梢上を指して云ひけらく、此樹上に見ゆるは、皆汝等が欲する所の木實なり。取り食ふことは、汝等の意に任すことを許せども、持て他に行くことをば許さずと、云ひ終りて、山神は見えずなりぬ。則ち夫妻共に倶に木實を取りて食ふ。四五個を食へば、腹滿ちて復欲するの意なし。然れども、甚美味にして毎日食へども更に飽くことなし。居ること十有餘年を經たるに、身體漸次に健全にして且輕く、遂に飛行自在の道を得て、快樂極まりなし。然るに今に至りて、汝が實母、汝を慕ふこと切にして、默止がたし。故に今歸り來りて汝に此山上に會しぬ。汝が身上のことは、其實母に聞けと云ふ。是に於て白綿女即ち語りて云ふ。我汝を春嶽山中に孕み、山神の言に基きて、産後僅に數十日にして、携へ來りて此山の松の枝に置きぬ。今に於て愛情禁じ難く、胸邊甚安穩ならず、故に夫に乞ひて爰に會ふことを得たり。汝も亦山野に遊行するを好むと聞く、他日必ず我境の者たるべし、謹て養父養母に仕へ、決めて養育の恩を忘れず、其家門の慶福を計るべしと云ふかと思へば、忽ち其影消えて更に聲音なし。吾暫く驚歎自失して、佇みしかど詮方無ければ、止むことを得ずして、此家に歸る。其後も屢遊行して實父母に會ふことあり。此れ數度の誡言を受しも、止まること能はざりし所以にして、此後も猶斯の如くなるべし依て今日始めて、打明て此事を語るなりと云ひければ、養父母も往年高麗寺山にて松葉の茂れる中より山樵を拾ひ得たる始末を語り、今汝が云ふ所に能く符合するを思ふに、其れ必ず汝が眞實の父母なること疑ひなし。如何にぞ相伴ひて家には歸り來らざりしかと云へば、山樵之れに答へて、其實の父母は、いつも談話の未だ終らざるに、其影音共に絕えて見え給はざれば、詮方なくて歸るを常とす、誠に口惜き事なりと云ふにぞ。養父母も大に心打解て、山野に遊行することを誡めざりければ、山樵も心易く出行けるが、其後は遊行する毎に、實の父母に會見し、其土産なりと云ひて、金塊銀塊なご持歸ること屢なるのみならず、養父母の家運漸次に隆昌に赴き、其家大に立榮えぬ。山樵三十歳の頃、實の父母に會ひけるに、汝既に養父母の家に孝敬を盡し、養育の恩をも報い終りぬ。彼家は今より自然に富貴に至らむ。故に彼家を去りて、吾等が境に入るべし、吾等も彼家をば共に幽助し、汝を養育せし恩に報いむ、吾等月明かなる夜、汝を迎へて、養父母にも逢ひ、禮辭を序して相共に別れむ、故に明月の夕、門の樹の下を淨めて待べし、吾等樹上より養父母を見んと。即ち家に歸り、明月の夜を待て、其言の如くす。果して實の父母來りぬ。樹枝垂れて地に著く。養父母驚きて敬伏するに樹上に聲ありて、影形を見ず。樹枝舊の如く起直ると共に、聲音止にけるが、傍に座したりし山樵も亦形消て見えずなりぬ。養父母淺ましく思ひつゝも、爲ん方なければ、家に入りて寢につきぬ。明朝樹下を見れば、稻種落ち散れる事、凡一升計りなり。之れを拾ひて湯種となし、水田に蒔たるに、世間の稻に似ず、發育葉狀甚美にして、秋去り冬に至りて成熟れるを見るに、收穫特に多く、殆ど常の米に倍せり。是れ全く兒を養育せし冥加なることを知ると云ふ。然れども更に之れを里人に語らざれば、里人其故を知る者なく、唯高麗大明神の靈德と稱せるとぞ。後至大なる富家となりしを以て、世に之れを山下長者と云へり。此長者が家鎌倉時代までは、繁昌せし由なるも、今は其築土樣のもの僅に遺存す。之れを長者屋敷跡と云ひ傳ふるとなむ。

巖夫云本傳は、東雲録と口碑に傳ふる所とを參輯したりとて、逸見仲三郎氏より、寄贈せられたるを、直に爰に載せたり。扨此高麗山樵は、眞珠男、白綿女と云へる神仙の子にして、山下長者が祖たりし、夫婦の者に養はれて、成長したりとあるは、或は如何との疑ひを懷くもの、無きとも云ひ難きところなるが、此は決めて奇むべきことにあらず。其故は、本書の前に擧たる、浦島子の傳にも、卽ち浦島子を海中の仙境に伴ひ行きたる女仙が、浦島子の問に答へて、妾は蓬萊山の女にして父母兄弟も亦彼仙房に在りと云ひしとあるのみならず、女仙が島子と相携へて、仙宮に至れることを記しても、島子を門外に立しめ、女仙先金闕に入り、父母に告て後共に入るなど、云ひてあるを思へば、仙境にても、夫婦ありて子を生むより、父子の倫もあれば、兄弟もあり、姉妹もあるは、固より云ふを待たざる所なり。然れば眞珠男、白綿女の如きも、春嶽山中の仙境に住む神仙にして夫妻共に猶其道を修めつゝある間に、山樵を孕みたるを之れを出產して、直に我手にて養育すべからざる何かの由ありて、彼木實を與へたりとある山神、卽ち上仙の敎に隨ひて、彼山下長者が祖たりし、夫婦の者に養はしめて、十有餘年が間は、之れを顧みること無く、彼美味なる木實の有る所にて、專ら形を練り眞を修めて、遂に其道を成就し、以て再び山樵にも遭ひ、猶二十餘年間之れを其養父母の許に留め、十分に報恩の道を盡さしめ、卽ち本傳に見えたる如く、明月の夜に、眞珠男白綿女と共に、養父母の家に來り、樹上に在りて、影形は見えざりしも、聲音を發して謝辭を述べ此れを限りに、山樵をも仙去せしめて、幽境に伴ひ行しものと見えたり。然るに山樵が猶去らざる前より、實の父母の土產なりとて、屢金銀塊等を授け、且山樵を伴ひ去るに臨みても、收穫特に多き稻種を與へて、其家をして山下長者と稱する大富豪と成しめたるが如きは、最も其幽助に因ることにて、實に意味ある傳へと云ふべし。然れば此山樵が神仙の子にして、人間に養はれしとあることの、毫も奇むに足らざるを知るべし。是に於て熟考ふるに、本書の中に載せたる、柿本人麿の如き、また松室仙童の如き、其父母の知られずして、人に養はれて成長し、後また其終る所の詳ならざる類ひは、皆此の山樵の如く、其實は神仙の子にして、何か由在りて人間に養はれしものなるべし。但山樵は其父母も明かにして、また其養父母に拾はれたるより、仙去の事まで詳なるを、他は總て山樵の如く詳かならざるを以て、推量るの外無きは、實に惜むべきことにこそ。

琴

松風の聲にかよひて聞ゆるはうれしきことの音にこそありけれ

◉宇度濱女仙並漁夫

宇度濱女仙は、何人たるを知らず。又何の代と云ふことを詳にせず。宇度濱に現はれて、漁夫の妻となりしによりて、世に知るゝ事と成たり。今其大要を擧むに、宇度濱は、駿河國宇度郡に在り。即ち三保の松原とて、世に知られたる名所のある所なり。此松原は西より東へ海中にさし出たる事、凡四十餘町にして、北には富士山高く聳え、南には海洋を隔てゝ、久能山嶼しく峙ち、西には清見が關田籠の浦の絶景を見る。實に凡境に非ざるより、古來傳へて仙境なりと云へり。往昔此地に漁夫あり其姓名を知らず或時濱邊に出たるに、天女天降りて羽衣を脱て、此松原の松の枝にかけ置きたるを見つけ、之れを拾ひて返さゞりければ、天女も力なく、遂に此漁夫の妻となりて、數多の年月を經たりける。然るに漁夫も天女の心中をや察したりけむ、後に至りて彼羽衣を還しければ、天女の喜び一方ならずして云へるやう、妻となり夫となるも、さきの世より緣あるが故なり。今は是までなれば、我は天上に歸るべし。されど御身もわらはと夫婦と成りしは、仙緣あればこそ斯くもありたれとて、神仙修練の法を懇切に傳へおきて、自らは彼羽衣を著て、雲路遥に飛去りしとぞ。跡に遺れる漁夫は深く名殘を惜むにつけても、其傳へられし仙道を、只管に精修しゝかば、此れも間なく其道を得て、不老不死の身となり、此世を去りて、仙境に入り、常に富士足柄の間を往來するを、此里人は後の世に至るまで、折々に見かくることのありしとなむ。

嚴夫云本傳は、諸書に引ける駿河風土記を始め、諸社一覽、神社考啓蒙、本朝怪談故事、狗張子、本朝列仙傳等を參輯して爰に載せたり。其中に、宇度濱の風景を云へるは、多く同じさまに記したるが、怪談故事には、三保社は平林の中にあり、羽衣社は、夫より數十歩行て、沙陵の中にありとあるに依れば、彼天女を祭れる社も在ると見えたり。また東海名所記には、羽衣の松又楠の大樹あり。皆神木也とて、柵を結てありとも載せたるを思ふに、幾度殖改めたるかは知らざれど、同書の成りし頃までは、彼羽衣を掛たりと云ひ傳へし松も、存したりしものなるべし。さて此宇度濱は本傳に見えたる如く實に仙境にして、天仙神女の天降れること、往昔に在りては、珍らしからざりしことなるべし。其は續教訓抄にも、東遊の起りのことを載せて、或説に云人皇二十八代、安閑天皇の御宇、丙辰の年、駿河國宇度濱に天人天降りて、歌ひ舞ひ給ひければ、周瑜が腰たをやかにして、海岸の春の柳に同じく、回雪の袂輕くあがりて、江浦の夕の風にひるがへりけるを或翁砂を掘りて其中に隱れ居て、見傳へたりと申せり。今の東遊とて、公家にも諸社への行幸には、必ずこれを用ひらる。神明殊に御納受ある故なり。其翁は即ち道守氏とて、今の世までも傳ふるとかやとあり。然るに神社考啓蒙にも、また怪談故事にも、此れを本傳の天女のことの如くに、相混じて擧たれど、此は全く事實の別なる傳へなり。其は此傳へにては、天女が天降り來て、宇度濱にて、歌ひ舞へるを、道守翁と云ふが、密に濱の砂を掘て、其中に身を隱して、其舞を見傳へて、東遊を始めたりと云ふにあり。本傳は此れと異にして、天女が宇度濱に降りて、羽衣を脱て、松の枝にかけあるを、漁夫が拾ひて返さゞるより、天女も是非なく、漁夫の妻と成しと云ふにあり。殊に東遊の起りと成し天女は、安閑天皇の御宇のことにて、此れを見傳へしは、道守翁と云ひて、時代も其名も傳はりたるに、本傳の天女は、何の世のことなりしか、また其夫と成しも、漁夫とのみこそ云へ、其名だにも傳はらざるは、全く別なる二つの傳へなること明かなり。然れば宇度濱には、往古兩度まで、天女の天降れる事實のありしことは、此の二の傳への證明する所なりと云ふべし。此れより延て考ふるに、書に傳へたるは、此の二度にこそあれ、古代に在りては、宇度濱には、猶屢〱天女の天降りしことのありしかも知るべからず。何となれば、元來此地は仙境なれば、普通の人の眼にこそ見えね、天女神仙の來往遊息するは、言ふまでもなくして、實は仙家も立並びて有るべければ今にも其幽境に在りては、女仙の舞ひ遊ぶことは、常なるべけれど、世俗の凡眼に見えざるは、此れ全く顯幽域を異にせるが故のみ。然れば前の二の傳への如きは、何か由ありて、一は其天女の舞を道守翁に見せしめて、東遊を起さしめ、一は天女を漁夫に妻せて、之れを仙道に導き、斯道も絶て世に無きものに非ざるを示せるにも有らむか。若然りとせば、此兩度は世に傳はるべき、必要あるが爲に傳はりしかど、他にも假令斯ることの有りしとするも、然る必要なきは、皆消滅したるものなるべし。扨斯く古來混じ來れる傳へも、判然二つの傳へなりと分ちて見れば、また自らに混すべからざるものあり。然れば彼能因法師が、

宇度濱に天の羽衣むかしきて、ふりけむ袖や今日の祝子と讀るは、全く道守翁が見し、天女の羽衣を云へるにて、本傳の天女が、松に懸たる羽衣のことに非ず。然るに謠曲の羽衣にも、亦此の二つの傳を混じて、彼漁夫の名をはくれうとし、此はくれうが松の枝より得し羽衣を、天女に返すに就き、天人の舞樂を見せよと乞ひしかば、天女その天の羽衣を著て、霓裳羽衣の曲を舞ひつゝ、天津みそらの霞にまぎれて失にけるとあるが、東遊の起りと成りしものゝ如くに作りたるものなり。此等も今說く所を能く味ふれば、其眞相を知るを得べし。因に一言せん。謠曲の羽衣に、月宮殿のことを云ひ、霓裳羽衣の曲のことを云へるは、唐の故事に、開元年中の中秋の夜、羅公遠と云へる仙人、玄宗が月見の宴に侍し、玄宗に月中に至らんと要するや否やと云ひつゝ、杖を空中に擲しかば、化して大なる橋と爲しが、其色銀の如し。則ち玄宗に請ひて、倶に登りて行くこと數里にし

て、精光目を奪ひ、寒氣人を侵す、遂に大なる城闕に至る。公遠が曰く、此れ月宮なりと。女仙數百素練寛衣を著て、廣庭に舞ふを見る。玄宗問ひけらく、此れ何の曲ぞと。公遠答へて霓裳羽衣の曲なりと云ひしとあり。即ち、上の二傳に猶此故事を取合せて、仕組しものと知るべし。然るに此は唯因に觸て少か云ひしに過ぎざるが、立返りて熟本傳の上を考ふるに、此は前に擧たる浦島子とは反對にて、島子に嫁ぎたる蓬萊州の女仙は、島子を海宮に伴ひ行きたるを、此の天女は却て漁夫が家に入て嫁ぎたるなり。而して島子は彼界にて、三百四十餘年の長壽を保ちしかど強て歸りて其道を失ひ、漁夫は其契を結びしこと、數多の歲月を經しに過ざれど、修練の法を授かり、道を得て地仙となれり。此れ皆其人々の命なるべし。然れども、斯くの如き顯幽に相亘れる事實を呈はさしめて、また此れを長く世に傳へしむるは、深き幽理のあることならむか。思ふに此は彼の浦島子の傳の下に引きたる、左乙東蒙錄の、青華小童君の語中に、之れを出さば、懼くは寶を泄すの災を招かむ。之れを閉れば、道を絕の咎めを慮ると、宣はしゝ意に外ならずして、此れ等の事跡に因て、後の仙緣あるものをして、道に向ふことを忘れざらしめむが爲なるかも知るべからず。

●押坂直

押坂直は、倭國菟田郡の人なり。皇極天皇の三年、一人の童子を將ゐて、雪の降積れる日、菟田山に登りて遊びけるに、紫色なる菌の雪を挺て生たるを見る。高さ六寸餘りにして、凡四町許の間に生ひ滿たり。乃ち童子をして之れを取しめ、持還りて隣家の人等に示けるに、總て斯の如きの菌あるを知れる者なく、且毒物にあらざるかと疑はざるものなし。然れども、押坂直は更に之れを疑はず。童子と與に煮て食ひしに、其氣味特に美味かりしとぞ。明日再び山に往て見るに菌都て見えず。押坂直童子と共に、菌の羹を喫ひしより、身に病なく、壽くして死せざりしとなむ。或人の曰く、俗人芝草と云ふものを知らず。妄に菌と云ひしならむと云へり。芝草は仙藥なり押坂直と童子とは、然るべき故よしありて、神人より此芝草を與へられたるにて、後には二人共に仙境に入たるなるべし。

嚴夫曰。本傳は、即ち皇極天皇紀に擧られたるを採て爰に載たり。然るに此の俗人芝草と云ものを知らず云云とあるに就て辨ずべきことあり。其は抱朴子仙藥巻に五芝とは石芝あり、木芝あり、草芝あり、肉芝あり、菌芝あり、各々百種許りありと云ひて、其各種に就て、或は四五種又は二三種の名と、形狀とを擧げ、五芝各々百二十種づゝ有る由を說き、其菌芝の所に至りて、菌芝は、或は深山の中に生じ、或は大木の下に生じ、或は泉の側に生ず。其狀或は宮室の如く、或は車馬の如く或は龍虎の如く、或は人形の如く、或は飛鳥の如し。五色常無し。亦百二十種あり、自ら圖あり皆當に禹步して往て之を採り、骨刀を以て之れを刻み、陰乾にし末として、方寸匕を服すれば、人人昇仙す。中なる者は數千歲、下なる者も千歲なり。芝草を求めて、名山に入るには、必ず三月九月を以てすべし。此れ山開けて神藥を出すの月なりとあり。然れば本傳に、或人は菌と云へるを妄言となしたれど、五芝の中に、菌芝と云へるものゝ有るを見れば、菌と云へるも必しも妄言にあらず。芝草と稱する仙藥の中には、菌をも含みたるものと知るべし。

伊勢神宮　幾十度伏し拜みても神路山かみのみすへはあらたなりけり

沙月涼　月淸く照すなきさのまさこ地は波のよるこそ涼しかりけれ

新井白石　をり〱に折たく柴をみてそしるかき集めたる心つくしを

●漆部造麿か妻の女僊并七子

漆部造麿が妻は、何氏なるを知らず。大和國宇多郡漆部里の人なり。其性廉潔にして清淨を好み毫も汚點無き風流の好女なり。常に魚肉だに食せず、專ら菜蔬のみを食とせり。七人の子有れども、家貧にして衣服無きを以て、藤蔓を用ひ、物を綴りて、身に纏ひたりと云ふ。然れども日々沐浴を怠らず。身を清潔にして、野に出て菜の類ひを取り來りて羹とし、此れにて飢を凌ぎ、家内を掃ひ清めて、母子共に正しく坐して食事を爲す、其氣調の美はしきこと、宛ら天上の客の如くなりしと云ふ斯くて神仙其節操にや感應坐ましけむ。或年の春野邊に出て菜を取りて常の如く羹とし、母子共に之を食したりしが、不測にも其菜の中に、仙草の交りて有りけるにや、之れを食ひしより、心澄わたり身健かになりて、又老ると云ふことなく、其後數多の歲月を經、母子共に仙人となりて、遂に天上に飛昇し去りけるとかや。母子が其仙藥の羹を食したるは、何の時代なりしや定かならねど、飛昇して仙去したるは、正しく孝德天皇の、白雉五年の事にて有りけるとぞ。

嚴夫云。本傳は日本靈異記に載せたるを採て爰に擧たり。此漆部造麿が妻の野邊に出て採り來れる菜に仙藥の交りて有けるにやとある。仙藥は何なるものにて有りしか、今之れを知る由無けれど此れに思ひ合はすべきは、彼の仙藥卷に、前にも云へる五芝の中の草芝のことを擧げて、獨搖芝、牛角芝　龍仙芝　麻母芝、珠芝、白符芝、朱草芝、五德芝、龍銜芝、等の九種の名を載せ、各其形狀をも說たり。今其一二を云はむに、牛角芝は、虎壽山及び吳坂の上などに生ず。狀ち葱に似て特生す。牛角の如し。長さ三四尺にして青色なり。末にして方寸匕を服すること、日に三たびし、百日に至れば、則ち千歲を得ると云ひ、また麻母芝は、麻に似て莖は赤色　花は紫色と云ひ、また龍仙芝は、狀昇龍の相負ふに似たり。葉を以て鱗と爲す、其根は則ち蟠龍の如し。一枚を服すれば、千歲を得ると云ひ、また龍銜芝は、常に仲春を以て、對して三節十二枚を生ず。其下根坐せる人の如しなど、各細かに之れを說き、其末に、凡此草芝も亦百二十種あり。皆陰乾にす。之れを服すれば、則ち人をして、天地と相畢しむ。或は千歲二千歲を得るとあり。此れに依れば、草芝は、凡百二十種もあるものなれば、其中には、普通の野菜に似たるものも多かるべし。既に余も或る眞形圖の末に、四種の仙藥の圖を、載たるを見しこと有りしが、其中の養神草の如きは、全く普通の野菜に異なること無き形のものなりき。此れも必ず其百二十種中の一種なることを云ふを待ず。扨は造麿が妻の羹として服したるも蓋し此類ひのものにてありしならむ。今按ずるに、神仙得道の法必ずしも一に非ず。還丹修練の効に依て之れを得るものあり。靈芝仙藥を服するに因て之れを得るものあり、積善陰徳の功に因て之れを得るものあり、圖を佩ひ符を服するに因て之れを得るものあり精思純想に因て之れを得るものあり、神章秘文を誦するに因て之れを得るものあり、此他尚種々あり〻雖も、其は唯分け入る門を異にするに過ざるのみにて、要するに至誠の極り、神明の感應を得るの結果に外ならず。而して其孰れの門より入りたるに拘はらず、道を得るものは、修練の力〻か靈藥の力〻か、其他修むる所の何かの力によりて、此凡胎の凡骨肉を變化し、所謂換骨脱體して、神仙の靈胎〻なるに非ざれば、道は得られざるもの〻知るべし。然れば此の漆部造麿が妻並に七子、及び前の押坂直並に童子等は、皆其仙藥の力に因て、道を得たるものなるこ〻、亦云ふを待ざるべし。

交友　さま〴〵の寶はあれ〻誠にて交る友にしくものそなき

寄水視　天津日の影もうつりてくもりなきみよのか〻みと澄める池水

暮村雪　ゆふけふり雪の中より立つみれはこの野末にも里はあるらし

◉駕龍仙人

駕龍仙人は、何人たることを知らず。齊明天皇の元年五月庚午の朔日、龍に駕て虛空を飛行せり。故に稱して駕龍仙人と云へり。此仙人其貌唐人に似て、青き油帛の笠を著、大和國葛城山の嶺より飛出て、生駒山の方に馳行き、暫時の間同山に隱れて見えざりしが、同日の午の時に至りて、また攝津國住吉の松の上に現はれ、更に西方に向ひて飛去り、遂に行方知らずなりけるとぞ。

嚴夫曰。本傳は、齊明天皇紀に載せられたるを本朝列仙傳にも擧たれば今兩書を參輯して爰に載せたり此駕龍仙人の乘たる龍また此第四卷に擧たる長谷川式部太夫が傳に、同人が白き龍に乘て天降り來れると有る。龍のことに就き、記すべきことあり。其は道家の秘法に、乘蹻の法と云ふことあり、神仙得道の人は、此れを用ひて山嶽河海に拘はらず、虛空に駕して天下に周遊すと云ふ。其法稚川内篇に載せて詳なり。即ち雜應卷に、凡乘蹻の道三法あり。一に龍蹻と云ひ、二に虎蹻と云ひ、三に鹿盧蹻と云ふ。或は符を服して精思す。若千里を行んと欲すれば。一時を以て思ふて行くことを得る。則ち一晝夜十二時(大陰曆にては晝を六時とし夜を六時となす故に一晝夜十二時と云ふ)にして、思ふて一萬二千里を行くことを得れども、此れより過ぐること能はず。若亦此れより過て尚行んと欲せば、更に思ふこと前法の

如くすれば　又行くことを得る。或は念を存して、五蛇六龍三牛を作り、交罡して之れに乘り、上四十里に昇る。名づけて太清と云ふ。太清の中は、其氣甚剛くして、能く人を勝ぐ。師の言ばに鳶飛ぶこと轉高き時は、但直に兩翅を舒し了て、復扇搖せずして自ら進むものは、漸く剛光に乘ずるが故なり。龍初め雲に昇る時、上に行くこと四十里に至れば、即ち自らに行くものなりと。此言仙人より出て、世俗に留傳する所にして、實に凡人の知る所にあらずと。又乘蹻せんとするものは、長く齋みして、葷菜血食等を斷つこと、一年の後にして、初めて此三蹻に乘ることを得るとぞ。其中符を服し、五龍を思ひて乘蹻するの法、最も遠きに行くことを得れども、其餘の法にては、千里より遠きに至ることを能はずとなり。又其飛行する、高下にも去留にも、皆自ら法ありて、我意に任すことを得ず。若其禁を守らずして、妄りに乘蹻する時は、墜落の禍に遭ふの虞れあれば、之れを行ふものは、必ず深く愼まざる可からずとあり。今思ふに、此の駕龍仙人、及び長谷川式部太夫の如きは、修練功積りて、神仙の道を得たるのみならず、此乘蹻の法をも修めて、之れを成就せし人なるべし。

朝雪　降つもる雪に朝日のかけさしてまはゆくみゆる庭の松かな

◉吉野山二女仙

吉野山の二女仙は、何人たることを知らず。天武天皇吉野宮に御座し時、日暮る頃、御親ら琴を彈せ給ひ　深く御輿に入らせ給ひし折しも　向ふの高嶺に俄然に雲氣の起ると見えしが、其中より天羽衣著たる二人の神女現れ出、御庭前まで降り來りて、御琴の曲に合せて　歌ひ舞けるとぞ。其歌は

をとめごもをとめさひする唐たまを、たもとにまきてをとめさびすもとありけるとかや。斯くて神女は、天の羽衣の袖を五度飜して、いと面白く舞けるが、間なく雲中に入りて、元の高嶺に歸り昇りけるとぞ。其後宮中に於て、此神女の天の羽衣を　五度飜して舞へるを採りて、五節の舞と云ふを興され、往古に在りては、毎年十一月中の丑日を以て、主上常寧殿の帳臺に出御在せられ、此舞を御覽はせられしが、中世以降朝廷御衰頽の時代より、往古の如く御盛には行はれざりしも、傳へて明治維新の時までは行はれけるを　其後遂に廢れて斷えけるは、いと惜むべきことにこそ。然れば、吉野山の二女仙のことは、傳へて宮中恒例の儀式とまでなりしを思ふに、其事實の著明なること　今更云ふまでもあらずかし。

嚴夫曰。本傳は、政事要略、江談抄、河海抄、公事根源等の諸書を參輯して爰に擧たり。但諸書皆

浄御原天皇と載たれど、公事根源には天武天皇と記したるが普通に解り易きを以て本傳は公事根源に因て擧たり。また女仙のことを、諸書皆天女と書きたれど、天女は佛家の天人と云ふに、紛ひ易き嫌ひ有るを以て、殊に神女とは記せり。又このをとめごも云々の歌も、江談抄には、をとめこがをとめさびしもか江だまを、をとめざひすもそのからだまをとあり、又をとめごもを、をとめ子とも書きたるもあれば、をとめらがとしたるもあれど、今は政事要略と、公事根源とに因て、前の如くに記せり。其他は、諸書大同小異無きにあらざれど、大概同一の記事に過ざれば　別に辨ずるほどのことなし。

社頭鶯　はふり子か朝きよめする廣前の梅の梢に鶯のなく

海上眺望　黒船のゆきかふけふりたへまなくこえこそわたれ大磯の濱

摘若菜　思ふとち心をのへにうかれきて若菜つむこそ嬉しかりけれ

◉鈴鹿翁

鈴鹿翁は、何人たるを詳にせず。天武天皇を佑け奉りしに因て、世に知らるゝことゝなりぬ。抑此翁の現はれしは、天智天皇御位を御弟大海人皇子即ち天武天皇に禪らせ給ひし時、天智天皇の皇子、大友皇子大いに之れを憤り、大軍を起して、大海人皇子の座ます、清見原宮に押し寄せ、きびしく之れを攻給ふ。此時清見原皇子即ち天武天皇は、逃れて吉野山に入り、暫く難を避給ひしに大友皇子又軍兵を率ゐて、攻來りければ、清見原皇子は、爰をも立去らせ給ひて、密に伊賀國を經て鈴鹿山に入らせ給ふ。折節闇の夜にて道更に見えわかず、途方にくれて迷はせ給ふ。此時遙に向の方を御覧はすに、燈火の光かすかに見えければ、彼所には人里こそあれと、甚く御歡び在りて、其所に到り給へば、一つの柴の庵あり、其内を見給ふに、老翁と老嫗と相向ひ居れり。皇子宿を請はせ給ひ且汝等は何故斯る深山の奥に住けるやと問はせ給へば、老翁答へて、此所は凡境にあらずと云ひつゝ熟皇子を見參らせて、此は不思議なる御方の入らせ給ひつるもの哉、君には全く帝王の氣象具はりおはしませば、必ず皇位を履せ給ふべし。我に一の女あり、其容儀賤しからざれば、君に仕へ奉らしむべしとて、出しけるに、世に比ひなき美女なりけり、皇子は殊に愛させられ、深く寵幸在せ給ふ此時皇子、老翁に告て宣ふには、吾は是實に天智帝の弟清見原皇子なり。暫く大友皇子の亂を避て此所には來れるなりと宣へば、老翁大に驚き地に跪き、謹みて申しけるやう、掛卷も恐き天照大御神は、伊勢國五十鈴川の邊に座ます、君今其後裔におはしませば、是より詣で〻御祈あらせらるべし幸ひ大神宮は、此を去ること遠からざれば、老翁が御供事へ奉るべしと奏しければ、皇子げにもと思食、老翁と共に詣で給ふに、俄に大雨降荐り、鈴鹿河水漲りて、渉り給ふこと能はず、時に何處ともなく、大鹿二疋來り遇ふ。皇子と老翁と各其鹿に乘りて河を渡れるによりて、其河を號けて會鹿河とは云ひけるとぞ。斯くて皇子は、皇大神宮に詣で給ひ、御勝利の事を深く祈らせ給ひける。又老翁の謀らひにて、大神宮の後に大なる巖窟のありけるに、皇子を入れ奉り、水を銀の盤に盛り、之を金の鉢にうつし、皇子の御足を以て、其水をふみゆるがして、水音をさせ給ふ。之れ即ち老翁が皇子の爲に行ひし厭術と見えたり。然れども今の人其謂れを知る由なし。斯る所に、大友皇子、清見原皇子の此所に忍ばせ給ふと聞て、又多くの軍兵を遣はし、伊勢國に攻來りて、偏く探し覓むれども、御行方知れざりけり。若や此巖窟の中に隱れ忍び給ふにはあらざるかと、屢來りて探しけれども、遂に皇子を見奉ることを得ず、手を空しくして還りけるとぞ。是即ち老翁が行ひ奉りし、厭術の驗なるべし。既にして老翁再び來りて磐戸を開き、皇子を出し奉りしが、皇子は皇大神宮の神託を得させ給ひて、伊勢より引返して、近江と美濃との境に、城廓を構へ置き、其れより嶺を越え、百濟寺を過て美濃國に入らせ給ひしが、老翁は遂に行方しらずなりけるとぞ。此皇子はほどなく天下を定めて、天武天皇と仰がれ給ひしが、彼老翁は、鈴鹿山の神仙、假りに老翁と現はれ出て、皇子の急難を救ひ奉れるものなるべし。

巖夫曰。此話は、本朝神社考と、本朝列仙傳とを、參輯して此に載せたり。

早春風　雪もまた消ぬ垣根の梅か香をまつかとらせて春風そふく

玉　目かゝやく玉も見えつる人なくは世に知られすてうもれはてなむ

◉箭柄翁

箭柄翁は、其姓名を詳にせず。天武天皇の白鳳年中に、駿河國駿河郡に、一人の樵翁あり、常に粒を絕て芝を食ふ、恰も仙客の如し。齡九旬を歷れども、其步行の速きことと、一日に一百里を行くべし。故に隣國に遊ぶと雖も、往來自在なり。白鳳十二年十月朔日、一原の巖窟に至りて、忽ち形を

隱して、其跡見えずなりしかば、人皆奇異の思ひを爲せしとかや。然るに此翁が右手に携へたりし箭

箭柄のみ、此世に遺りたるを、時の國造其箭を埋めて墳を造れり。之れを箭柄墳と名け、又此翁の事を語るには、箭柄翁と云ひしとなむ。

嚴夫云、本傳は、駿河風土記に有しを採て、爰に載せたり。

春雨　　菅の根の長きひねもす春雨の音のみ聞て暮しけるかな

短艇競爭　　進み行くよのありさまも目にみえて競ふ小舟の面白きかな

●柿本人麿

柿本人麿は、姓は朝臣、其父母及び生國を詳にせず。石見國より大和國に上りたる事蹟あるより石見國の人なりと云ひ、また大和國の皇別に、柿本朝臣の姓あるより、大和國の人なりと云ふもの有れども、確證無ければ、孰れとも定むべからず。人麿天稟能く歌を詠ず。持統天皇の朝、石見國より大和國に上り、則ち敷島の道を以て、持統天皇、文武天皇の兩朝に仕へ奉り、長皇子、新田部皇子

高市皇子、忍坂部皇子、泊瀬部皇女等と、歌道の交りあり。又紀伊、伊勢、雷岳、吉野等へ、行幸に陪従し奉れる歌あり。又近江、石見、筑紫等の諸國を遊歴せる詠あり。皆萬葉集に見えたり。人麿妻あり、石見國に在り、依羅娘子と云ふ。是亦歌をよくす。都にも亦妻あり、其名を知らず、此妻に子あり、其名傳はらず。然るに此妻は、其子を遺して、先に死せりと云ふ。後ち依羅娘子を都に呼び上せたるものゝ如し。斯くて人麿の高吟名詠、孰れも人の能く知る所なれば、今更に贅せず。文武天皇の御代の末に至りて、官を辭して石見に歸り、高角山に住みて、十數年を閲たりしが、聖武天皇の神龜元年甲子三月十八日、終に高角山にて卒せられしとぞ。さて其終に臨みて、辭世の歌あり。其歌は、

石見のや、高角山の木の間より、うき世の月を見はてつる哉とぞ詠れたる。此歌と明石の詠とは、相併せて、有るが中にも世に絶妙なりと稱せられけり。斯の如くにして、人麿は石見國にて卒せられしと傳へたるも、一説には亦其終る所を知らずと云ふ。蓋人麿は、其出生の明かならざるが如く、其終も亦定かならざるぞ事實なるべき。畢竟常人にあらざればなり。即ち大學頭敦光の贊あり。能其德を表はしたるものと云ふべし。故に爰に之れを載す。乃ち其文に曰く、

大夫姓柿本、名人麿、蓋上世之歌人也、仕持統、文武之聖朝遇新田、高市之皇子、吉野山之春風、

從仙駕而獻壽、明石之秋霧思扁舟而綴詞、誠是六義之秀逸、萬代之美談者歟、方今爲重幽玄之古篇聊傳後素之新樣、因有所感即作讃焉、其辭曰、和歌之仙、禀性于天、其才卓爾、其鋒森然、三十一字、詞華露鮮、四百餘歲、來葉風傳、斯道宗匠　我朝先賢、涅而不緇、鑽之彌堅、鳳毛少彙、麟角猶專、既謂獨步、誰敢比肩、

とあり。所謂和歌の仙にして、非凡の人なるを證するに足るべし。又石見國、美濃郡、戸田郷、小野と云へる所に　語家と云ふ家あり、此人麿の成長したる家なりと云へり。此語家は、本姓は綾部氏にして、先祖よりの譜諜故實の書類、今にも多く存するとぞ。此家に人麿の出現せしと云ひ傳ふる柿樹あり。其實細く長くして、末の尖黑く、宛ら筆に墨を染たるが如し。因て筆柿と名く。實あれども核なく、老木になれば、他の柿の木に續木す。然も此家と、高角社の別當眞福寺の庭とに、二本あるのみにて、他所に接木させば、皆常の柿に變ずと云ふ。是等の奇異の有るに因ても、人麿は孩提の時、生の父母に離れて、語家の家に養はれ、官を辭して後再び石見國に歸り、高角山にて世を去りたるものゝ如し。然れども、始め語家の家に來れるも、如何にして來れるか、又終に高角山にて去れるも、如何にして去れるか、共に定かならず、是れ即ち神仙たるが故なるべし。

嚴夫曰。本傳は、萬葉集、本朝神社考、本朝文粹、神社啓蒙、本朝列仙傳等を參輯して此に載たり。其

内神社考には、柿本人麿者、石見國に生れたれど、石見國人也と書れたりとは定め難し。如何とならば人丸秘密抄と云へる書に、石見國小野と云ふ所に、語家命と云ふ民あり、或時後園の柿樹の下に神童まします。立よりて問へば、答て曰く、我父も無く母も無し、風月の主として、敷島の道をしると。夫婦悦びて是を撫育し、後に人丸となりて出仕し、和歌にて才徳を顯はし給へりと見えたり。此説に因るも、語家の家に生れたるにあらざること明けし。然れば石見國の語家の家に養はれたるより、石見國の人の如く傳ふれども、其生の父母の明かならざる限りは、石見の産とは定め難し。又姓氏錄大和の　皇別十八氏の中に、柿本朝臣、孝昭天皇之王子、天足彦國押人命之後也、敏達天皇御世、依家門有柿樹、爲柿本臣民と記し、天武天皇紀には、白鳳十三年十一月、大三輪君、柿本等五十二氏　賜朝臣姓と載せたり。然れば柿本氏は、敏達天皇の御世に始まり、朝臣の姓を賜はりて、柿本朝臣と名のり始めしは、天武天皇の御世のことにて、此柿本朝臣姓の者は、多く大和國に居たること明かなり。然るに萬葉集二卷に、柿本朝臣人麿、從石見國別妻上來時の歌二首、並に短歌と記したるを見れば、人麿は其柿本朝臣姓の人たること云ふまでもなし。故に大和國の人ならむと云へり。然れども此も頗る拘泥したる説にて、いかにも姓氏錄には、柿本氏を、大和國の　皇別に載たれども、此姓の人にして、石見國及び其他の諸國に、移住すまじきにも有ざれば、柿本朝臣姓の人なればとて、必ずしも大和國の人なりとは定むべからず。故に本傳には、確證無れば、孰れとも定むべからずと書きたり。人麿天禀能く歌を詠ずと云へるより、兩朝に仕へ奉りと云へるまでは、本朝文粹を始め、諸書皆同一なり。長皇子、新田部皇子と云へるより、皆萬葉集に見えたりと云へるまでは、萬葉集及び其他の書等を參考して之れを記し、且依羅娘子のこと、及び都にも妻ありて、其妻に子有りしことなども、是亦萬葉集の歌に徵して之れを書き、文武天皇の御世の末に至りて、官を辭して石見國に歸りしことは、人丸事蹟考の說に因て記し、其世を去りし日を、聖武天皇の神龜元年三月としたるは、林道春の、國史實錄に依り、また十八日と云へるは徹書記の清岩茶談に、三月十八日は、人丸の忌日にて、昔は和歌所にて、毎月十八日に歌の會ありとあるに依て記せり。又辭世の歌は、萬葉には載ざるも、人丸家集に出たるを採り、又一說には、其終る所を知らずと云ふと云へるは、本朝列仙傳に據り、敦光の贊は、本朝文粹に依て、全文を出し、人麿の語家の家に成長したること、及び筆柿の謂れなどは、皆石見の人、金丸某の、著はしたる、筆柿記を採りて擧げたり。然るに爰に一言すべきことあり、其は萬葉に、柿本朝臣人麿、在石見國臨死之時、自傷作歌一首とありて、

鴨山の磐根しまける吾をかも、知ずて妹が待つゝ有むと云ふ歌を載せ、また柿本朝臣人麿死

時、妻依羅娘子作歌二首とありて、即ち二首を擧たる内の一首を記さむに、
直にあはゝあひもかねてむ石川に、雲立わたれ見つゝ忍はむとあり、此れに依れば、正しく卒せられたるものゝ如く、また大和國添郡、泊瀬の邊に、人麿の墓あり、土人是を歌塚と呼ぶと云ふこと、鴨長明無名抄に載せ、また顯昭法師の人丸勘文にも、藤原清輔曰、嘗過大和、聞故老言、添郡石上寺傍有祠、號春道社、祠邊寺號柿本寺、是人麿所建也、祠前小塚名人麿墓、清輔往觀之、所謂柿本寺礎石僅存、人麿墓高四尺許、因建率都婆、勒曰柿本朝臣人麿墓、顯昭按、人麿歿于石見、豈移其遺骸於大和耶とあり。此れに依れば、墓も亦顯然と存在せり。斯の如くにして、人麿は死せりと云ふ傳へのあるのみならず、其墓も亦現存せるを、爭でか仙去したりとすることを得むと、云ふものも有るべけれど、本傳に云へる如く、人麿は其出生の明らかならざる如く、其終も定かならざれば、神仙の化身なりとは傳へしならむ。然れば萬葉集に、臨死之時とあるは、撰者か臨去之時と書べきを、普通に臨死之時と、書たるには非ざるか、また大和國に、人麿墓あるは、顯昭の按の如く、石見國にて歿したる人麿の遺骸を大和國に移すが如きは、當昔にありては、實際爲し得べからざることなり。此は本書の前に擧けたる因幡國の宇倍山にて仙去せられたりと云ふ、武内宿彌の墓の、大和國葛下郡に有ると傳ふる類ひ

にして、人麿の德を慕ふ人の、何か其遺物を納めて、後に造れる墓なるべし。然れば、其墓あればとて、人麿の死したる證とは爲すに足らず。唯萬葉集に、臨死之時とあるのみは。一ッの傳へなれば。强ては爭ひ難きも、余は人麿の事蹟の非凡にして。眞正の歌仙たるを信すると共に、萬葉集の說に、隨ふこと能はずして、神社考、百人一首抄等に因て。其終る所を知らすとあるを採るものなり。請ふ之れを諒せらるべし。

古戰場　干潟ともなりし昔のあと遠くおもひそわたる稻村かさき

寄物視　千歲經む物はこと〳〵かきりなく榮えむ君か友とこそなれ

◉久米仙人

久米仙人は、大和國上郡の人なり。始め深山に入りて神仙の道を求め、常に松葉を食とし、薜荔を服しけるとぞ。また大伴仙人、安曇仙人等と、同國吉野郡なる龍門寺に籠りて形を練り眞を修めけるに、他の二仙は夙く道を得て、飛行自在の身となり、上昇しけるが、久米仙人は何かの障りありけるにや、少し後れて、倶に飛昇し得ざりしとぞ。然れども其後功積り行成て、飛行の道を得、虚空に昇りて吉野河の上を通りけるに、窈窕なる女の川中に立ちて、裳裾を褰げ、衣服を踏洗ふを見るに、其脛いと白く美しかりければ、覺へず執着の心を生じ、忽ち通力を失ひて、地に墜ち、遂に其女と契を結びて、此を妻とし、又人間の交りを爲しけるとなむ。然れ共其里人が久米と文書を往復するに、其名を署くには、始め仙人となりて在りしに依り、前の仙人久米と署しと傳へたるが、久米に宛たる文書の後世に遺りたるを見るに、皆然らざるはなしと云ふ。斯くて久米仙人が、其女と夫妻となりてありける間に、天皇同國高市郡に都を造らせ給ふとて、國内の人夫を催して、其役に充られける、然るに久米も催されて、其人夫の内に有りたるに、他の人夫等、久米を仙人々々と呼びける。行事官等是れを問ひて、汝等何に依て彼れを仙人とは呼ふぞと問ひければ、人夫等之に答へて、彼は云々の由ありて、仙人とは呼ばるゝなりとて、前に擧げたるが如く、久米が來歴を申しければ、行事官等此れを聞きて、さては止事無き者にこそあれ、既に仙人にも成りてありきと云へば、定めて其行も足りてありしならむ。然れば此材木自ら持運ばむより、仙術の力を以て、空より飛ばしめよかしと、戯れて云ひ合ひけるを、久米聞きて、我仙道を忘れて年來に成り、今は凡人と異なること無ければ、迚も然計の靈驗は現はし難かるべしと云ひしが、又心の内に思ひ返して、我既に仙法を行ひ得て、一たび其道成就したれども、凡夫の愛欲に牽れて、女人に心動き、仙人に成得ざりしにこそあれ、年來行ひたる法なれば、今にても至誠を凝さむには、本尊爭でか助け給はざるべきと思ひ直して、行事官等に向ひ然か宣はゞ、若や驗無しとも定め難ければ、祈り試むべしとぞ云ひ改めける。行事官等是れを聞ひて鳴呼の事を云ふ奴かなと思ひながらも、極めて貴かりなむと、答へけるとぞ。斯くて久米は、其れより一の靜なる道場に籠りて、身心を清淨にし、食を斷て、七日七夜が間、禮拜恭敬して、心を凝し誠を至して、此事を祈る間に、既に七日も過ぎにける、行事官等其後久米が見へざるに依りて、且は笑ひ、且は疑ひ居たるに、八日と云ふ日の朝に至り、俄に空掻陰りて暗夜の如くになり、電光閃めき迅雷轟き、大雨降荐りて咫尺を分かたす物凄まじかりければ、人々奇異の思ひをなしけるが、暫くありて雷雨止み、空晴わたりて見れば、南の山邊の杣にありし、大中小若干の材木、いつのまにか空を飛て、都を造らせ給ふ所に、移り來て有りけるにぞ。多くの行事官の輩、是を見て太く驚き、久米をまことの仙人なりと云ひて、貴び敬ひける。斯くて其後此事を天皇に奏しければ、天皇も貴き事に思召され、忽に免田三十町を、久米に施し給ひけるとぞ。是に於て、久米仙人は、其免田三十町を元として、大和國高市郡に、一寺を建立し、一丈六尺の金銅の藥師の像並に日光月光の二像をも、造りて安置しけるが、此即ち今の久米寺なりと云へり。斯の如くにして久米仙人は、中ごろ暫く人間に墮たりしも、其後更に功を積み行を累ねて、再び得道の身となり、空を凌ぎて飛昇し去りきと云へり。

嚴夫云本傳は、扶桑略記、元亨釋書　本朝神社考　今昔物語、本朝列仙傳等を　參輯して爰に載せたり。（中略）

然るに本傳に就て、人の疑ひを懷くべきは、久米仙人が女の脛を見て、執著心を起し、墮落して其女と夫妻となり、人間の交をなしけるが、後更に道を修めて、仙を得たりとあるは、如何あらむと云ふこと此れなり。抑斯の如きの疑を起すは、佛家と道家と差別あるを知らず、混じて同一視する誤謬に外ならず、彼、女を惡魔の如くに說き立て、甚く此を擯斥するは、全く佛家の事なり。道家に於ては決めて然らず、其不義の邪婬を許さゞるは、固より云ふを待ざれども、正しき夫妻に在りては、男女の交りを斷ざるのみならず、修煉の秘旨却て此間に存するものあり、即ち萬壽丹書に引ける、老子の譯言に曰く、人若し長生せむと欲せば、當に須らく自ら生くべし、房中の事能く人を生し能く人を殺す、故に知りて能く用ふる者は、以て命を養ふべし、況や兼て藥を服するものをや。男は女無かるべからず、女は男無かるべからず、强て之れを閉づべからず、若し强て之れを閉れば即意動かざること能はず、意動けば則ち神勞す、神勞すれば則ち壽を損す、夢に鬼と交はりて、其精自ら泄れば、則ち一洩十洩に當るとあり、最も其恐るべく愼むべきものたるを知るべし。故に仙經に云へることあり、曰く人を以て人を補ふは、眞其眞を得るものなりと。又曰く、竹器破るれば、則ち竹を以て之れを補ふ、人損すれば則ち人を以て之れを補ふと、其要皆此間に存するものとす、深く翫味せざるべからず。然れば久米仙人の妻を娶りたるも、其得道を妨げざるは、更に奇むに足らずと知るべし。尙神仙は夫妻道を倶にすることを得る由は、内外に於いて其例乏しからず、本朝にての、例は本書の前に載せたる、水江浦島子の傳及び高麗山樵の傳等の下に云へるを見るべし。また漢土にての一二の事實を擧れば、仙傳に見へたる、黃仁覽は字を紫庭と云ふ、南城の人なり。許遜君を師として、盡く其道を得たり。許君女を以て之れに妻あはす、仁覽青州の從事と爲て、單り官に赴き、妻を留めて父母に侍らしむ。然るに、毎夜暗に歸りて妻と同宿す、人之れを知るものなし。一夕家人許氏の房中に笑話の聲あるを聞て、其父母に告ぐ。姑怪みて之れを訊すに、許氏之れに答へて、黃郞なりと云へり。姑曰く吾子は官に赴きて、數千里の外に在り何ぞ此に至ることを得むと、許氏の曰く、黃郞は已に仙道を得て、千里も頃刻にして能く來れり。然れ共語る事勿れと戒められたり故に姑にも知らしめざりきと、姑之れを聞きて若し然らば、當に我をして吾子を見せしむべしと、此夕仁覽歸り來れり。許氏事の由を告ぐ、明る頃ほひ仁覽已むことを得ずして出て父母に謁して云ひけらく、仁覽官遠しと雖も、然も夜さ毎に家に還る、但仙道の秘密にして、輕しく泄さば、譴累を招かむことを恐る、故に敢て大人にも見えざりしなりと言ひ訖りて、竹枝を化して青龍と爲し、復之れに乘りて飛去れりとあり、また呉彩鸞は、仙人呉猛の女なり。唐の太和の末に、鍾陵の紫極宮に寓せる書生文簫を誘ひて夫妻となり、偕に修煉して道を得、遂に新興の越王山に往て、二人各一虎に跨り、峯巒に陟りたりとあり、此類猶多し。仙家に男女の交りを斷つの法なきを知るべし。(下略)

旅中看花　道すから野へに山へに花をみてうきことしらぬ春の旅かな

閑居烟　世はなれてすめるいほりの夕烟心ほそくや人のみるらむ

雨中の花　雨ふれは野にも山にも出すしてひねもす庭の花を見るかな

●養老仙人幷草野某

養老仙人は。其姓名を詳にせず。美濃國多藝郡の樵夫にして。母に仕へて至孝なり。元正天皇の靈龜三年。此樵夫の孝感に因て。同郡多度山より醴泉を出せり。故に改元ありて。靈龜の年號を改めて養老とせらる。是を以て、此樵夫の孝名普く世に知られたり。然れども、此樵夫が道を得て神仙となりたることは。未だ之れを知るものなかりき。然るに後陽成院天皇の、天正年間に至りて、美濃國本巣郡に。草野何某と云ふもの有り。元は官祿ある武家の末族なりしが。四歳の時父を失ひ。家甚衰へ困窮しければ。生長の後。京都に上りて西園寺殿に奉公し居たりける。或時故郷の母の方より。病み煩ひ居れば。急ぎ歸國すべしと告越たるにぞ、主君に暇を乞ひ、故郷に趣く所に、此時豊臣秀吉信孝勝家等を責られ。美濃尾張の間。合戰鬪諍止とき無き折ふしなれば。草野僅に携へたるもの。皆盜賊に奪はれ。漸々危き命のみ助かりて。家に歸る。老母の歡び一方ならず。先つ頃より胸痛み食進まず。賴み少く覺えしより。呼び下せしなりと云ふ。草野疾く歸るべきを。道中兵亂の爲め、往來心に任せず。遲はりぬとて。懷中より藥を出して母に與へ、此れより晝夜看病し、孝行を盡しける。家貧しければ。麁飯野菜のみにて。美味を進むる便なきを歎き。母の病間ある時は。近郷に出て人に雇はれ、其賃を取り。聊か魚肉など調へ進めける。斯くて三年餘り。少も怠りなく勞はりけるが。終に死ける。草野大いに歎き悲み。飲食口に入らず痩衰へ。只明暮伏沈みて泣居たり。程經て。後、或日當國の國司と覺しき貴人。衣服太刀等花やかに出立。月毛の馬に乘り。供人二十人ばかり引ぐし。草野が門に來り。馬より下りて內に入り。泣悲める草野に向ひ。汝孝行の誠ありて。親の死を哀むこと至れり。然れども哀傷の心偏にして。其限りを知らざれば。父母の遺體を損ひて。却て不孝にやなりなむいざ此方へ來るべし。敎ふべき事ありとて。伴ひ出給ひ。遙に東の方二里ばかり行て。瀧壺の傍なる奇麗なる亭に入給へば。家人扈從の者ども。門外に出迎ふ。草野恐れかゞみて。進みかねたるを貴人推して坐上に居へ。銚子土器數の佳肴を列て、饗應し給ふ。草野いとゞ奇みて。貴人に向ひ。君は此國の國司と見ゆ。某は元來邊鄙の土民なり。何故かゝる高堂に、上らしめ給ふらむと云ふ。貴人答へて。汝誠に匹夫にして賤しと雖も。孝行の德冥慮に通じ。今此の瀧の下に連れ來れり。爰は元より靈場にして。神仙鎭護の名瀧なり。我亦尋常の人にあらず。いでや其由來を語り聞すべし。昔人皇四十四代元正天皇の御宇に。當國多藝郡に、一人の民あり。極めて老母に孝行なり。老母常に酒を好めり。民日ごとに薪を樵、酒にかへて老母に進む。或年の冬大雪降りて。山に入り薪を樵こと能はず。酒を買べき便無し。民憂ひ歎きて。此瀧の流れに望むに。酒の馥りあり。奇みながら飲試みるに正しく酒にてぞ有りける。大に悦び汲運びて。心の儘に母に進め養ひしかば。此酒即ち長生不死の仙藥にて。母須臾の間に。老を變じて、若やぎ。白髮忽ち黑くなりたる。終に汲ども盡ぬ。酒の泉を保ちて、一家富榮えぬ。國人例なき祥瑞なりとて。朝廷に奏聞せしかば。靈龜三年九月。天皇美濃國に行幸在せられ。御親ら此泉に臨ませ給ひ。此瀧の水能く老母を養ひしとて。養老の瀧と號せられ、同年十一月には。靈龜の年號をさへ養老と改められ。彼民をば厚く賞し給ひける。然れば、彼民といふは即ち我こそなり。此れ全く我孝行の德に因て。神仙の冥助を蒙り。斯の如きに至りたるものなれば我世を去てより此降。永く此養老の瀧の下に住て。當國守護の神となり。國中の人の善惡を鑑み賞罰を行ふ。汝既に親に孝行なること。我昔の孝行に近し。此故に同聲相應じ。同氣相求めて。斯く招待せるなり。何か苦しかるべき。唯打解て酒を飲み。精神を養ふべしとて。家臣扈從に命じて。舞樂を奏し。今樣を歌はしむ。興に乘し酒闌はにして。面白さ限り無し。時に山廻りの奉行此所を過り。遙に酒宴舞樂の聲を聞き、かゝる人倫絕たる深山に。酒宴有べきやうなし、いかさま此は山賊どもの集來て。密に宴を張ものならむ。急に討取べしと、物具固め手配して。先四方より鐵砲を數十挺打かけ、近よりて見れば何もなし。唯草野一人忙然として座し居たり。山廻共呆れて。子細を問へば、草野斯く斯くの次第にて有りきと。語りしに依て。彼養老の昔の孝子が。神仙となりて。今も猶此所の幽境に在ることを。世人も知る事とはなりしとぞ。斯くて。草野は。此後も常々此瀧の下に通ひて彼神仙に出逢ひ。種々の法術を授かり。修錬効積りて。仙道を成就し。遂に飛行自在の身となりて。行方知らずなりしと云へり。

嚴夫曰。本傳は。玉櫛笥に載たるを續日本紀、十訓鈔、古今著聞集等を參考して爰に擧たり。抑此事蹟に就ては。續日本紀に見えたる養老元年の改元の詔に。朕以今年九月到美濃國不破行宮留連數日、因覽當耆郡多度山美泉、自盥手面、皮膚如滑、亦洗痛處、無不除愈、在朕之躬、甚有其驗、又就而飲浴之者、或白髮反黑、或頽髮更生、或闇目如明、自餘痼疾、咸皆平愈、云々符瑞書曰、醴泉者美泉、可以養老、蓋水之精也、寔惟美泉即合大瑞、朕雖庸虛何違天貺、可大赦天下改靈龜三年、爲養老元年、天下老人。年八十已上、授位一階、と有りて。百歳以上の者。九十歳以上の者。八十歳以上の者に。各差を定めて絁綿布粟等を賜はりし事を載られたり。此詔を一應讀む時は。專醴泉の出たる事のみを宣はせ給ひて。別に孝子の事を宣はせ給はざるは如何との疑を起すもの尠からずして。諸書に彼孝子の説を取ざるものの無きに非ざれども。其は此の詔を翫味せざるが故なるべし。今熟之れを奉讀するに。朕が躬に在て。甚其驗あり。又就て之れを飲浴する者は。或は白髮黑に反り。或は頽髮更に生じ。或は闇目明なるが如く。自餘の痼疾咸く皆平愈すと宣らせ給へるを思へば。正しく其驗を得たる者有りしことは自らに明かなり。斯くて符瑞書を引せ給ひて。養老の文字の出所を示され。天下の老人。年八十巳上の者には。位及び多くの物を賜はりし事などを。合せ考ふるに。元此醴泉を發見したるは。彼十訓鈔。著聞集などに傳へたる。孝子の其父に飲せたるに白髮は黑に反り。頽髮も更に生し。闇目なりしも明らかに成たるを始め、自餘の痼疾咸平愈すと、宣はし〻如き。著明なる事實の驗あらはれたるが始めにて。是より天皇の行幸在らせらる〻こと〻も成りしを以て詔にも斯くは宣はせ給ひ且養老の文字を選びて。改元在せられしのみならず。前にも擧し如く。八十歳以上の者に。位及び物を賜はりし等の事は。行はれしものならむ。若然らずとせば。醴泉を發見したるに因て。特に天下の老人に。恩典を施し給へる理由の解し難きものとなるに非ずや。然れば此詔に孝子の事を宣はせ給はずと雖も。續紀の前後の記事を參考して。疇昔の事蹟を翫味すれば。彼孝子の傳の。虛構の者に非ざること明白なれば。余は毫も疑ひを容れず。即ち採て本書に載せたり。但玉櫛笥には。樵夫が仕へたるは母とし。十訓鈔。著聞集には父とし、謠曲の養老には、父母としたれども神仙自らが、老母に仕へたりと云ひしと有れば、玉櫛笥に隨ひて老母とせり。また養老寺の緣起と。謠曲とには。之れを雄略天皇の御代の事とし。特に緣起には。其名を源亟内と云ひしと記し。此は新選美濃志にも辨し有る如く。元より云ふにも足らぬ非説なり。又大日本史にも。父に仕へて至孝なりと載せたるは、是亦專ら十訓鈔、著聞集に從ひしと有れば。今更に辨ずるを要せず是に於て、熟按ずるに。神仙の語中に。彼養老の醴泉たる酒。即ち長生不死の仙藥にて。云々と云へるは、誠に然ることゝ思はる。其は彼漢の東方朔が著に係る。十洲記に。瀛洲は東海の中に在り、地方四千里。大抵是れ會稽に對す。西岸を去ること七十萬里。上に神芝仙草を生す。又玉石あり。高さ千丈。泉を出す。酒の如くにして味ひ甘し。之れを名づけて玉醴泉と爲す。之れを飲むこと數升なれば。即ち醉ふて人をして長生せしむとあり。此の瀛洲は。彼蓬萊、方丈と共に。三神山と稱せらるゝ仙境なり。然るに其瀛洲に有る玉醴泉も。人をして長生せしむと有りて。仙藥なれば養老の醴泉も。之れと均しき仙藥なること。固より云ふを待ず。然れば、彼の孝子も。只老母に飲せたるのみならず。自も。汲みて此れを飲しを以て。不老不死の神仙とは成れるなるべし。但し醴とは甘酒一名一夜酒と云ふものゝ事なり。其は釋名に。醴は禮なり。之れを釀して一宿にして醴と成る。酒の味有るのみと云ひ。また前漢書の楚の元王の傳にも。元王置酒する每に。常に穆生の爲に。醴を設くと有る所の。師古の註に。醴は甘酒なり。麴を少くし。米を多くして。一宿にして熟すとあり。醴の所謂甘酒即ち一夜酒なること明かなり。而して彼の泉を醴泉と名づけたる由は。廣

韻に。醴泉は美泉なり。狀醴酒の如し。老を養ふへしとあれば。其泉の水の能く醴酒に似たるによ
り。斯くは名づけしものと知るべし。

夕　雲　雀　夕月の影みゆるまて八方の空にあかりて鳴く比はりかな
水邊山吹　春深き心をみせて川きしにさきみたれけり山吹の花

◉菊　女　仙

菊女仙は。何許の人と云ふことを知らず。又其姓氏を詳にせず。夏秋の間。里人女仙を白山の水
晶溪の瀧の下に見る。常に菊を採て。其花と葉とを食とし。火の入りたるものを絶てり。其容貌顔色
宛ら處女の如し。人菊女と稱し。又阿菊と呼べり。後其神靈なることを知て。遂に仙女と稱す。養老
元年。釋泰澄白山に登りて。遙に北方を望むに。雲氣あり。泰澄臥行者と云へる者を呼て。云ひ
たるやうは。雲氣の下には、必ず得道の人居ると聞けり。汝行て見て來るべしと。行者之を諾きて。
其雲氣を目的とし。水晶溪に溯りて其瀧下に至るに。果して一女子の石上に坐せるあり。容姿泰然

として動かず。行者進みて聲をかけ。女は此所に居らるゝ事幾年ほどなるやと問ひければ。女之れに答へて知らずと云へり。行者又何の道をか修むるやと云ふに。女は唯知らずと答へたり。行者還りて其由を泰澄に報じければ。泰澄嘆じて云ひけるやう。夫筋骨を導く者は。則ち形全く。愛慾を剪る者は。則ち神全し。形と神との二ツ全き者は。物之れを害すること能はずと。思ふに、彼は是の道を修めて。既に之れを得たる者なり。而して知る者は云はず。言者は知らず、彼女の如きは。正に茲に至れる者なりと。行者之れを聞て、然らば大徳も亦往て一たび彼を見給ひては如何と云ひければ。泰澄は之に答へて。さればとよ。彼は長生久視を以て。極意とし。我は無上正覺を以て。期する所とす。道同じからざれば。相爲に謀らずと云へり。我行も彼に益なく。又我にも得る所なし。己に如ずとて。遂に行こと無りしとなむ。女仙溪に居ること二十餘年。其邊十里の間には。疾風暴雨の憂無くして。毎年五穀も豊熟なりしかば。人民深く其徳に感じたりしと云ふ。女仙此溪を去るに臨みて。吾將に此所を去て、天下の名山に遊ばんとすとて。手づから菊數十種を。水涯に植置き。之れを指して云へるは。此後若し病者有る時は。此菊の英又は葉を取て之を服すべし。病多くは愈なむと敎て去たるとぞ。後人民祠を建て之を祭り。菊仙祠と號けしとなむ。高倉天皇の安元年間に至りて。實相坊と云ふ者あり。國司に乞ひて。女仙溪を。白山祠の隷屬となし。溪間に往て耕耘もの。又菊を採る者には。人ごとに百錢を出さしむることゝせり。然るに此より幾ばくもなく。菊悉く枯果て復芽を生ぜざることゝなり。其祠も亦修めずなりて。遂に廢れたるは惜むべし。然れども其祠の跡には。今猶礎などを存すと云へり。

嚴夫云。本傳は。白山志小說譜に擧たるを採て爰に載せたり此菊の仙藥なるに因て記すべきことあり其は抱朴子仙藥卷に南陽酈縣の山中に。甘谷水と云へる所あり。谷水の甘き所以のものは。谷上の左右皆甘菊を生ず。菊花其中に墜つ。世を歷ること彌久しき故に。水の味爲に變す。此谷中に臨める居民皆井を穿らず。悉く甘谷水を食む、之れを飲む者は老壽ならざることなし。高き者は百四五十歲、下る者も八九十を失はず。夭年の人あることなし。此れ菊の力を得るを以てなり。故の司空王暢。太尉劉寛 太傳袁隗皆南陽の太守と爲り。官に到る毎に、常に酈縣をして。月に甘谷水四十斛を送らしめて飲食を爲す。此の諸公多く風痺及び眩冒を患る者にして。皆愈ることを得たり。但大に其益を得ること。甘谷の居民の如くなること能はざるは。此水を飲食すること少きが爲めのみ。菊花薏花と相似たり。直ちに甘苦を以て之れを別つ。菊は甘くして薏は苦し。諺に苦きこと薏の如しと云へるにて知るべし。薏は多くして眞菊は少し。率ね多く水の側に生ず。緱氏山と酈縣とに最も多し。仙方に日精と云ひ更生と云ひ陰成と云ひ周盈と云へるは。皆一の菊にして。莖と花と實と名を異にす。其說甚美にして。近來之れを服する者略効無きは。眞菊を得ざるに由てなり。夫れ甘谷水は、菊の氣味を得る。亦何ぞ言を要せむ。其地の居民皆年を延ぶ、況てや好藥安んぞ益無きことを得むやとあり。彼藤原俊基卿の最期の頌に。昔ハ南陽縣菊水、汲二下流一而延レ齡、今ハ東海道菊河、宿二西岸一而終レ命と云はれたるも。此酈縣の甘谷水を指れたるにて。名高き勝地と知られたり。然れば菊女仙の。白山の水晶溪に植置しも。此眞菊にて。後には我國の甘谷水とも成べかりしを。俗僧の汚行に因て。跡を絕に至れるは。實に惜むべし。

春風　いましはしちらすもかなとみる花をあたらさそひて春風の吹く
花落猶薰　木のもとにちりつもりてもなつかしと匂ふは庭のさくらなりけり

●願覺仙人

願覺は。何人たることを詳にせず。大和國葛上郡に。高宮止寺と云ふ梵刹あり。此寺に四勢法師と云へる百濟國の僧我國に渡り來りて住けり。智識の勝れたる僧にてありたるとぞ。時に何處の者とも知らず。願覺と云へる僧また來りて此房に住ぬ。然るに此願覺晨に出て里に往き、暮に及びて房に歸る、或は魚を求めて食ひ、又酒を飲みて戒を守らず。円勢が弟子の優婆塞之れを見て。円勢に斯くと告るに、円勢更に驚かず。我思ふ處あり。汝漫りに言ふことなかれと云ひけるとぞ。或時彼優婆塞、願覺が住む坊の壁を穿ちて窺ひみれば。其室の內宛ら白日の如く光耀けり。能々見るに。全く願覺が身より光を放てるなり。優婆塞驚き。又師に告げるに。師云ひけらく、さもありなむ。此故に我れ汝を戒めたるなり。以後益言を愼むべしとて。猶深く戒めけるとぞ。其後願覺病に嬰りて空しくなりける故、即ち火葬になし畢りぬ。斯くて數日を經て。彼優婆塞近江國に往けるに。願覺近江に在りて。正しく對面し。此頃久しく打絶て面話せず。懷かしかりしなど。細々と物語して別れぬ。優婆塞特に奇異の思ひをなし。急ぎて寺に歸り。師の円勢を始め。人々にも其由物語りければ。扨こそ願覺は仙人にてありたれ。聖の化現にてありけれとて。感ぜぬものは無りしとぞ。

嚴夫云。本傳は。日本靈異記にありしを採て。爰に載せたり。此願覺が身の光。白日の如く。一室の內に。光耀きたりとあるに。思ひ合すべき事あり。其は列仙全傳、消搖墟等を見るに。唐の開元年中。司馬承禎字は子微と云へる仙人あり。文靖天師と共に。千秋節の齋に赴き。長生殿に直れり中夜行道畢りて。雲屛を隔てゝ各枕に就けり。天師目を覺したるに。微に小兒の經を誦む如きの聲聞ゆ。天師起上りて裳を褰げ歩を躡めて之れを窺ふに。承禎が額の上に。一の小き日の象せる。錢の大さの如くなるもの有りて。光り一席に耀けるを見る。逼りて之れに近づくに。彼小兒の經を誦む如く聞えしは。即ち承禎が腦中の聲なりき。天師還りて其徒に此事を語りて。黄庭經に。泥丸九眞皆房有り。方圓一寸。此中に處すとあるは。先生の謂ひ乎とて。甚く感歎したりとあり。承禎は。此後一日其弟子共に告て曰ひけるは。吾今東華君に召されたれば。必ず往ざるを得ずとて。俄に蟬の脫たるが如くに化し去りければ。弟子共是非なく其衣冠を納めて。葬りたる由見えたり。また承禎が著せる書あり。修眞秘旨と云ひ。坐忘論と云ふ。世に行はるともあり。思ふに願覺は。承禎と同じ道を得たるものにて。彼優婆塞が。文靖天師の承禎を見たる如く。願覺を視たらむには。其額に錢の大さの如き。日の象せるものゝ有りて。其光の一室に耀きたるを認めしなるべし。また此天師の語に。黄庭經を引て。泥丸九眞云々と云へる泥丸は。人の頭腦の中に在る宮の名なり。此泥丸宮を中央として。周圍に天庭宮、明堂宮、極眞宮　洞房宮、玄丹宮、太皇宮、流珠宮　玉帝宮と稱する諸宮あり。之れを九宮と云ふ。此九宮に各神あり。之れを九眞と云ふ。黄庭經及び九眞行事には。其九眞の名字服色等をも之れを記し。また之れを守るの法をも說き。黄庭經には。其註に。九眞を存思するは、不死の道なりと云へり。天師の語は。即ち之れを指せるものなり。又承禎の著に。天隱子八章あり。坐忘論は。其七章に在り。簡約にして意を盡せり。修眞に志あるものは。必ず讀むべし。

江舟　漕人の聲はかりして難波江のあしまかくれにゆく小舟かな

社頭松　榮え行いかきの松の木高くも仰くは神のみいつなりけり

◉飛龍士韓志和

飛龍士韓志和は。本邦の人なり。然れども。其生國及び本姓實名等を詳にせす。唐の憲宗の時。彼國に出て其名を現はせり。仍て世人の知る所となれり。韓志和善く木を雕て。鸞、鶴、鴉、鵲の形を作るに。其水を飲み餌を啄むより。音を揚げ聲を發するに至るまで。眞と異なること無く。關捩を其腹内に設けて。之を發つ時は。翼を奮ひ空を淩ぎて。百尺の高きに飛び。一二百步の外に至りて方に始めて却り下れるとぞ。また木にて猫兒を刻みて。雀、鼠の類ひを捕しむるに、正しく生ける猫の如くなりしと云ふ。飛龍士其機巧を用ひて。種々の物を作り。之れを憲宗に捧げしに。憲宗之れを覩て深く悦びけるか。或時志和更に意匠を凝して。一の踏牀即ち椅子の如きものを造れり。高さ數尺にして。之れを飾るに。金銀繪具を用ひて。奇麗に綵色を加へ、名づけて見龍牀と呼ぶ。之れを置く時は。常の踏牀に異なることなくして。龍の形を見ずといへども。一たび之れを踏む時は。鱗鬣爪角倶に出て。忽ち龍の形となる。則ち之れを捧げたるに。憲宗の喜び一方ならず。即ち履みて其上に就むとせしに。踏牀忽ち形を變じて。龍の夭矯として。雲雨を得たるが如き形となりしかば。憲宗恐れ慄き直ちに飛下りて。速に撤去せしめけるとぞ。是に於て志和は。憲宗の前に平伏し。臣愚昧にして。圖らずも甚しく驚怍せ參らせたり。誠に恐懼の至りに堪へず。依て別に一の薄伎を進めて御耳目を娯しめ、以て死罪を贖ふべしと申しければ。憲宗笑ひて更に解せんとするは。抑何の伎なるか。兎にも角にも、試みに我爲に出せと有りければ。志和懷中より。桐木の筥の數寸なるを取出し。其中より。凡二百ばかりの蠅虎子を出したるが。其形皆赤きを奇しみ。如何なる故に赤きかと問へば。之れに啗しむるに丹砂を以てするが故に赤しと答へ。其蠅虎子を分ちて五隊と爲し。梁州の曲を舞はしむ。憲宗樂人を召て。其曲を奏せしむるに。虎子其樂に合せて舞ふ狀、盤廻宛轉して。節に中らずと云ふこと無く。詞を致すべき處に遇ふ毎に。隱々として蠅の聲の如き聲を爲し。曲の終るに及んでは。蠅虎子累々として。志和が手許に退くに。尊卑の等級あるが如くに見えて。毫も其次第を亂さざりしとぞ。志和また其虎子の一つを指の上に置き。數歩の所に居る。蠅を獵しむるに。鵠の雀を擒るが如くにして。獲ざるもの有ること罕なりしと云ふ。憲宗いたく其技を嘉し。小にして觀るべきものありとて。厚く之れを褒めて。賜ふに雜彩銀器等を以てせしに。志和は之れを受けて辭し去りけるが。宮門を出るに及びて。悉く之れを人に施し、一も我手に留めざりしとぞ。斯くて其後一年をだも踰ざるに。志和。竟に蹟を隱して。行方知らずなりしとかや。

嚴夫云。本傳は。仙傳拾遺、杜陽編、太平廣記等の諸書を參輯して。爰に載せたり。中にも此文は要と杜陽編に依て記したるが。同書には。此事を唐の穆宗が時のことゝし。仙傳拾遺には。憲宗が時の事とせり。憲宗は。唐の高祖より。十一代目に當りて。唐の元和元年より。十五年間位に居たれば。我平城天皇の大同元年より。嵯峨天皇の弘仁十一年までに當る彼國の王なり。また穆宗は。其次にて、唐の長慶元年より。四年間位に居たれば。我嵯峨天皇の。弘仁十二年より。淳和天皇の天長二年までに當る王にて。憲宗穆宗の二代を合せて。前後十九年間なり。然れば、今より孰れを是なりとも定め難けれども。本書には、仙傳拾遺に依て。假りに定めて。憲宗が時の事に記せり。此れを憲宗が末年の事としても。此明治三十九年よりは、凡一千八十七年前のことなり。また記事中にも。仙傳拾遺には。鸞、鶴、鴉、鵲の飛びたる事を記して。則ち高さ三二百尺に飛び。數百歩の外に至りて。方に始めて却り下ると書き。また蠅虎千の數をも、五六十頭を出すと書きて。多少の差異無きに非るも。大體は本傳に擧たる所と。異なることなし。また蠅虎子は。本草藥名考の波行虫之部に。ハイトリグモ蠅虎とあり。蠅を捕る小さき蛛のことなり。また松下見林の異稱日本傳に。此の韓志和の事を論して。見林曰く、昔本朝飛騨國に。匠氏多し。巧に宮殿寺院を作る。又木偶人を作るに。其動容周旋生けるが如きもの有り。今に至るまでも。稱して飛騨工と曰ふ。此韓志和の如き。蓋亦飛騨國の人ならむか。道術有りて廉なるものなりとあり。實に然るべし。唐土に於て。斯の如きの名を成したるもの。我朝の誰たるを知る由無きは。最も惜むべきことゝす。因に云ふ。彼後世の左甚五郎の如きも。此の韓志和の類ひなるべし。

社頭梅　都より心つくしに飛梅の名にも立枝の花さきにけり

夏夜惜月　涼しくも見えつるものを山のはにあたらかくれぬ夏の夜の月

新樹回庵　咲花の中にこもりし吾庵は又も若葉につゝまれにけり

◉武庫山女仙

武庫山女仙は。其父母及び姓氏を詳にせず。淳和天皇の第二の妃、如意尼に事へし女官にして、此山に入て仙を得たりと云ふ。而して此女仙の世に知られたるは。正親町天皇の天正年中。京都七條のわたりに。小野民部少輔とて。もとは然るべき人の末なりしが。世に零落れて。今は京の住居も物うく、津の國冠の里に。親しきもの丶ありしを頼み。彼處に下りて往けり。淋しき田舎の住居とて。我と均しき友もなく。春の日の長閑なるに誘はれて立出。心に任せて。武庫の山本に至り。見渡せばすみの江遠しむこ山の。浦づたいして出る舟人と打詠じて。谷一つわたりて。彼方の茂みにさし入けれぱ。年の程廿歳あまりの女。只獨り立てあり。花を尋ねて。遊ぶにもあらず。妻木を拾ふ賤の女とも見えず。身には綴りたる木葉を纏ひながらも。卑しからぬ有さま。民部奇しく思ひて。近く歩み寄つ丶。君は如何なる人なれば。斯る山中に只獨おはすらむと問ければ。女うち笑みて。我は固より此山に數多の歳月を重ねしものなり。いでや昔を語りて聞せ參らせむ。古へ神功皇后は。高麗、百濟、新羅の三韓を撃隨へ、此日本に凱陣あり、弓、箭、鉾、劔、鎧、甲あらゆる武具を。此山に埋め給ひしに依て、武庫の山とは名づけられけり、其後天長の帝の御時に、第二の妃此山に入給ひ如意輪観音の法を行ひ給ふ。故に如意の尼とぞ申奉りける。此妃山に入給ひし時。二人の女官を召連給ふ。一人はこれ從四位上和氣眞綱の女にて。如一と云ひ今一人は如圓と云ふ。今の我身これなり。如意尼に仕へ奉れること露ばかりも怠りなし。我は常に瀧の水を汲て閼伽の供へとす。或時例の如く水を汲に行けるに。瀧のもとに幼き兒のいまだ二歳にも足ざるやうにて。色白く美しきが匍出て我を見て、嬉しげに笑ひけるを、いとをしく愛しみて。時の移るを忘れ。遅く歸りしかば。いかに今日は遅かりしと咎め給ふ。斯う〳〵の事侍りと申す。其兒抱き來て見せよと仰せける故。又瀧のもとに行ければ。いたひげらしく匍出て笑ひけるを。かき抱きて歸るに。門に入しころ、此兒空しくなりて、枯木の根の如くにて。重く覺えしを、其儘持参りて、如意尼に御覧に入れしかば。熟御覧じて、此は幾世を經たりとも知らぬ。大なる茯苓と云ふものなり。此はそのかみ聞及びし仙人の靈藥にて。是れを食すれば。白晝に天に昇るとかや。限りなき命を延る藥なり。飯に蒸て奉れとあり。柴三束を燒盡してすゝめ奉る。自らもきこしめし。二人の女官にも賜はり。皆殘りなく喰ひつくしけり。是より心はれやかに。身も涼しく。日を重ねて如意尼と如一とは。諸ともに天に昇り給ふ。其時我はすこし心おくれて。つれても昇り得ず。此山に留まり。松の葉を食とし。幾百年を經るとも知らで。世を送りけるが。夏迚て熱からず。冬も亦寒からず。谷峯をわたれども苦しくもなし。身は輕く形衰へず。深山の奥に生ながらへてこそ侍るなれ。さるにても今は如何なる君の御代なるや。承はらまほしと云ふに。民部は斯る奇特の物語。又例なき御事なり。天長の昔よりこのかた。世變り人改まり。夥しき歳月を隔る間に。人王は百七代にあたらせ給ひ。年號は今天正と申すなり。世の中亂れて暫くも靜ならず。國騒ぎ民苦み。上下共に穩ならねば。只浮雲のごとし。あな浦山しの有さま、眞の地仙にておはしけりとて、首を地につけて拜みける間に、女仙は行方しらず失にけり民部不思議に思ひ。麓の里に歸りて。只今此山中にて。斯る人に逢ひけり。年ごろも此人に行逢たるためしや有ると尋ねければ。あるじ大に驚きて。然れば此家の祖父八十有餘なりしが。昔わかゝりし時に、柴苅むとて山に入りしかば、何とは知らず。廿歳あまりの女のうるはしく艶やかなるが、身には木葉を綴り重ね、岩の上に立てありしを、あれはと云ふ聲を聞て、飛ともなく走るともなく、嶺に登りて失せ去ぬと語られ。狐狸の化たるにやと云はれしを聞たること侍りしが。それより後には見たる人も侍らずとぞ云ひける。民部は奇特の事をみつる物かなと、思ひつゞけて歸りしとぞ。

巖夫曰。本傳は。元亨釋書、本朝神社考。狗張子等の諸書を參考して、擧たり、中にも此女仙に關することは。多く釋了意の著に係る。狗張子を採たるが、同書には、此女仙を相馬將門の女將子と云へる人にて。有りし如く記したれど。將門は朱雀天皇の天慶頃の人なれば。其女とする時は、淳和天皇の天長年間よりは。凡百年餘り後の人なり。其誤なる事云はずして明なり。然るに元亨釋書には、此二人の女官の事を擧て、二女同時薙染、一曰如一二曰如圓云云承和二年正月。帝幸山中、如意對御演說、皇情大悅、扈從甚盛、大中大夫和眞綱在焉、如一者眞綱之女也、出宮後未相見、到此父子始遇悲喜交合と有れば、如一の和氣眞綱の女たることは、今更に云ふを待ず。如圓の誰が子たると云ふことは、釋書にも見えざれば、知るに由なきも、女仙自らが其父の事を云ひしは、實に幸にて、正しく聞得たらんには、明かに知り得べかりしを、民部が忽卒の間に、女仙の語るを聞し事とて。聞誤りたるを。了意が筆を取る時傳へしまゝを記せるにて、斯くは訛り傳へしなるべし。然れども女仙の言に眞綱の女如一は、如意尼と共に昇天しつれども、我は少し心おくれて。つれても得昇らざりきとあるを見れば、此女仙は彼如圓なること疑ひ無し、故に本傳には。狗張子に將子とあるを如圓と訂して擧たり。見む人奇むこと勿れ。又此如意尼の傳は、別に擧たり。故に爰には省きぬ、扨此女仙が服したりと云ふ茯苓につきて、記すべきことあり其は抱朴子仙藥卷に、任子季茯苓を服すること十八年。仙人玉女之れに從ふ、能く隱れ能く彰る、復穀を食はず、灸の瘢皆滅え、面體玉の如く光るとあり。此は普通の茯苓を、服したるものゝ如くなるも、猶斯の如し。况てや如意尼及び此如圓等が服したるは、更に特効ある茯苓と見ゆれば。其効驗の著かりしこと思ふべし。同書に亦松脂淪て地に入ること、千歳にして化して茯苓となる。茯苓萬歳にして、其上に小木を生す。狀蓮花に似たり。名けて木威喜芝と云ふ。夜見るに光あり。之れを持すれば、甚滑なり。之れを燒に燃えず、之れを帶れば兵を辟く。以て一羽の雞に之れを帶しめ、他の雞十一羽に雜へて、十二羽となし。十二箭を以て之れを射るに、他の雞は皆傷らるゝも、威喜芝を帶ぶる者は、終に傷られずと云ふ。また之れを採り、蔭乾にして末と爲し、方寸匕を服すること日に三たびし、一枚を盡せば、三千歳を得ると云ふ。また千歳の柏木、其の下根坐せる人の如し。長さ七寸ばかり、之れを刻むに血あり。其血を足下に塗れば、水上を歩行して沒すること無く、又身に塗れば形を隱し、見せんと思へば、之れを拭ふべし。之れを刮て巨勝に雜て、燭と爲せば、夜遍く地下を照すと、又之れを末とし服して十斤を盡せば、壽千歳とあり。然れば茯苓に、小兒の形の如きもの有りとは見えねど。此千歳の柏木の下根、坐せる人の如しと有るを思へば、如圓が採て、如意尼に捧げし、茯苓の、兒の如くに見えしとあるも、蓋し其類のものなるべし。扨は此三人の尼の、武庫山に籠りて修めし德の、神仙の道に適ひたるより、皇天上帝即ち我天神より、此の仙藥の茯苓を授けて、登遐得道の身とは、成し給へるものなるべし。

桐花　　夏ふかく茂れる桐の葉かくれにかつ〳〵みえて花咲にけり

◉蟬丸

蟬丸は。何地の人と云ふことを知らず、自ら草盧を會坂の關に結びて獨住し、食を往來の人に乞ふ。時々琴を彈き、また歌をうたひて自ら樂しむ。頭は童髮の如くにして、形は僧に類す。時人稱して道人なりとし、或は名けて仙人なりと云へり。性能く和歌を得たり。又和琴を善くす。仁明天皇、良岑少將宗貞に勅して、草盧に就て和琴を學ばしめ給ふ。久を經て漸く髣髴たることを得たりと云ふ。世に傳へて、蟬丸は延喜帝第四の皇子なりと云ひ、或は蟬丸は嘗て式部卿敦實親王に事へて雜色たり。親王は寛平の皇子なり。親王管絃を好み給ふ。琵琶に於て特に妙なり。自ら流泉啄木の曲を愛して、肯て之れを人に傳へず。獨蟬丸聽て自ら得たり。後に會坂に隱れ、時ありて之れを弄す。三位源博雅、蟬丸を訪ひて之れを學び、其調を得たりと、此說皆然らず。何となれば、仁明帝は、延喜帝より御七代以前の帝に坐ませば。時代の上に於て、別人なること明なり。又蟬丸は盲目となりて、世を遯れたりと傳ふるも誤れり、何となれば、彼これやこの行も歸るも別れては、知もしらぬも會坂のせきと詠し歌の序に、相坂の關にて往來の人を見てよめるとあれば、其盲目にあらざること明かなり。沙門不可思議の贊あり。其文に云はく、

蟬翁高臥關山之頂、而將鳶尾之曲坐授帝使、可見其催乎不起矣、於平六絃之琴、五句之吟、時皷時弄、自爲知音、我尋翁之跡也尚不多見、况翁之心哉、

とあり。盡せりと云ふべし。蟬丸後仙去して行處を知らず。今相坂に在る關の明神は、即ち蟬丸を祭ると云へり。

嚴夫曰。本傳は、扶桑隱逸傳、鴨長明無名抄、百人一首抄、神社啓蒙等の諸書を纂輯して擧たり、中にも蟬丸は何地の人と云ふことを知らずと云へるより、久きを經て漸く髣髴たることを得たりと云へるまでは、多く扶桑隱逸傳に因て記せり、但し蟬丸を仙人なりと云へるは、佐國目錄に蟬丸は仙人なりと云ひ、又百人一首抄にも、會坂蟬丸は仁明の御時の人にて道心者なり、常に髮を剃ず世人號するに翁を以てし、或は仙人とも云へりとあり、是等をも參考に供したり。又蟬丸を以て、醍醐天皇の皇子とするの誤なるを辨したるは、神社啓蒙に、世俗以蟬丸、爲醍醐帝皇子、其說曰。帝貶菅右丞相於宰府、其寃枉之憤、令帝子喪明、即蟬丸也。帝棄置之王坂、蟬丸善彈琵琶、云々蟬丸之爲皇子未考、或曰彈琵琶之人非蟬丸云、予謂當時有德之士、屛迹於逢坂、寓懷於和歌自晦其光者也、彼信皇子之說者以四宮川原也、帝王第四之宮所流離之地也、仍以逢坂爲王坂、與蟬丸相附說、不可信之甚也。と云へり、此說の如く、仁明天皇の御世

に、蟬丸ありて、琴を善くし、會坂に住たる後、又醍醐天皇の御世に至りて、琵琶を善くする盲目の一隱者ありて。是れも亦會坂に住たるより、後世其隱者の跡をも混じて蟬丸の事とし、殊に當時菅丞相宰府に於て薨ぜられ、京都に於て、種々の御祟の事ともありし折ふしなりしかば、其盲目の隱者を醍醐帝の第四の皇子なりと、臆測して妄信し、遂に昔の蟬丸が事とし、併せて蟬丸をも盲目にて在しと云ふに至れるなるべし。然れは三位博雅の訪ひて、流泉啄木の調を得たりと傳ふるも蟬丸より得しに非ずして、此盲目の隱者より傳へたるかも知べからず。百人一首抄には、博雅依不随身琵琶只以譜請歸とあり。然れば譜ばかりを請得られしものなるべし。斯の如くにして、延喜の御世に在し會坂の隱者を、蟬丸にあらざる別人と見る時は、此隱者未だ明を喪はざる以前、敦實親王に仕へて、雜色たりしかも知べからず。兎に角に醍醐帝の御世に在し隱者は、琵琶を善くし、仁明帝の御世に在し蟬丸は、琴を善せるにて、其混ずべからざること明白なり。又沙門不可思議の賛は、扶桑隱逸傳より採て、全文を擧げ、後仙去して行處を知らずと去へるは、本朝列仙傳に採り、今相坂に在る關明神は、蟬丸を祭ると云へりと書るは、無明抄に、相坂の關の明神と申すは、昔の蟬丸なり。彼わら屋の跡を失なはずして、そこに神となりて住給ふなるべし。昔深草の帝の御使に良岑宗貞の良少將とて通はれける。昔の事まで、面影に浮びて、いみじくこそ侍れなど有るを、參考して載せたり。

月夜越山　まかみ鳴聲も聞えてもの凄き月に越ゆく木曾の山道

浦鶴鳴月　ひるかとも思ふはかりに照る月のあかしの浦にたつそ鳴なる

◉小野篁

小野篁は。敏達天皇八代の後裔、小野岑守の子なり。身の長六尺二寸有り。家素より清貧なれども、母に事へて至孝なり。始め學業を事とせず。嵯峨天皇之れを聞食て、既に其人の子たるもの、何ぞ還て弓馬の士と爲むやと、難ぜさせ給ひし由を聞き、篁大いに慚愧ひ、之より學に志ざしたりとかや。嵯峨天皇の天長元年、巡察彈正に拜せられしより、歷任して刑部大輔になり、進て參議に至る仁明天皇の承和年中、參議藤原常嗣等と共に、遣唐使を命ぜらる。常嗣は大使となり、篁は副使たり。同五年將に發せんとするに方りて、船四艘を以て渡航の用に供す、第一の船を大使常嗣の船とし第二を副使篁の船とす而して大使の船損傷あり。詔有りて副使の船と交替せしむ。篁之れを論じて屈せず。遂に病と稱して渡航を辭す。翌六年、遂に詔を捍むを以て、除きて庶人となし、隱岐國に配流せらる。篁幽憤を懷きて、西道の謠を作り、以て遣唐の役を刺れり。其詞牽ひて多く忌諱を犯せるものあり。嵯峨上皇之れを御覽はして、大いに怒らせ給ふ。故に此竄謫の事あり、路に在て謫行の吟七十韻を賦す。文章奇麗にして興味優遠なりしかば、文を知るの輩吟誦せざるもの無りしと云ふ。また彼小倉百首に載せて、能く人の知れる、和田原八十島かけて漕出ぬと、人には告よ海士の釣舟とよめるも、此時の詠なり。篁博學洽聞にして、能く詩文を作り、歌を詠ず。此頃太宰の鴻臚館に、唐人沈道古と云ふもの有り、篁の才識有ることを聞き、數詩賦を以て之れを唱して、其和するを視て、常に其艶藻なるを美めしと云ふ。凡當時の文章、天下無双にして、草隸の工は、古より二三の倫なりしかば、後世之れを習ふ者は、皆師摸と爲したりとなむ。篁配所に在ること三年承和七年夏四月、詔ありて特に徵還さる。翌八年本位に叙し、刑部大輔に任ぜられしより、更に歷任して、官は左大辨と爲り、位は從三位に叙せらる。文德天皇の仁壽二年、病を以て官を辭し、家に歸る。天皇深く哀矜し給ひ、數使を遣して、病根を趁視し錢米を賚し賜ふ。其年の十月、病困篤なるに及び、諸子に命じて、我氣絶なば、即ち殮めよ、人をして知らしむること莫れと云ひしとぞ。篁在世中、其身朝廷に在りながら、其神常に幽冥に通ひて、神靈に接はる。或時琰王の宮に遊ぶ、琰王戒を受むと欲すれども、冥府に戒師無きと聞き、篁其友金剛山寺の滿慶と云ふ者あり、淨行の人なり。即ち其任に當るものなりと告ぐ。琰王然らば其滿慶を呼び來れと云ふにぞ、篁歸りて金剛山寺に詣で、滿慶に告げ、共に冥府に至りしかば、琰王大いに悦び、慶を請じて戒を受く。慶が歸るに方りて、琰王冥使をして、一の漆篋を送らしめしが、慶歸りて開き見るに、中には白米を滿たり。其米取るに隨ひてまた自らに盈ち、慶が終身盡ること無りし故に、時の人滿慶を改めて滿米と呼びしとぞ。斯くて小野篁は、其實死せるにあらずして、八阪の鄕六道と稱する處に於て、形を隱して何地とも無く失たりと云ひ、又篁は、地下の修文郎となれるならむと傳へ、或は破軍星の精なりと云ふ。是を以て、篁は得道神仙の人なりとは云ひ傳へたるなり。

嚴夫云、本傳は、續日本後紀、文德實錄、三代實錄、元亨釋書、神社考、神社啓蒙・本朝列仙傳等の諸書を參輯して、爰に載せたり。中にも篁の、其身朝廷に在ながら、其神常に冥府に通ひたりと云へることは、元亨釋書の、金剛山寺の滿米が傳中より採て之れを記し、また八阪の鄕六道と云ふ處にて、形を隱して失せ去りたりと云ひ、また破軍星の化身なりと云へるは神社考、列仙傳に因て載せたるが、此の篁の我身官に在ながら、其神常に幽冥に通ひしとあるに就ては、或は疑を懷くもの無きにあらざるべけれど、此は道學を修むるものに在りては、別に奇しむ事に非ず。其は神仙の道を修むるの要は、性を以て情を制し、魂を以て魄を錬り、陰を消して陽を長じ、其極無陰純陽の胎と成り、不老不死の大神仙と成らむと欲するに外ならず、其修行の順序として、稍陰少く陽多くなるに隨ひ　靜坐して定に入り、我身猶塵世の凡俗中に在ながら、其神を出して幽境に至り、神界に遊ぶことを得、之れを脱胎神化と云ひ、また調神出殼とも、出神景現とも陽神出演とも云ふ。即ち令義解に、鎭魂の儀を解て、鎭魂とは、離遊の運魂を招きて、身體の中府に鎭むるの儀なりとある。其魂を身體の中府に、鎭め得たる結果とす。また胎息經に、胎は從て氣中に伏して結ぶとある。幻眞の註に、道を修むる者、嘗て其氣を臍下に伏し、其神を身内に守れば、神氣相ひ合て玄胎を生ず。玄胎既に結べば、乃ち自ら身を生かす。即ち内丹不死の道と爲すとあるも、亦是れにて、此玄胎と指すもの、則ち定中に在りて、我軀殼を放れて、幽冥に遊ぶに至る、此れを出神とは云ふなり。思ふに 篁 は在官の時より、既に其田地に至りてありしを以て、其神 屢 冥府にも通ひしなるべし。延て考ふるに、此は獨 篁 のみに止まらず、此前後に擧たる神仙等も、大抵斯の如き人にて有りしなるべし。如何にとならば、都良香の詩に、羅生門の鬼神や、竹生島の明神の、對句を授け給へるが如き、また菅公の、彼の氷消テ 波洗ニ舊苔ノ 鬚と云へる句を、鬼神の句なりと、識りて居られしが如き、皆其神の幽冥に通へる人なるを證するに足るべし。因に云はむ、此の定中出す所の神に、二種の區別あり、其は陽神と陰神と此れなり。先陰神とは、道術修錬の功に因て、既に定中神を出すことを得ると雖も、性猶情を制し盡すこと能はず、魂猶魄を錬り極むること能はずして、陽稍長じたるも、陰未だ消ざる所ありて出す所の神を陰神と云ふ。陰神は鬼たるを免るゝこと能はず。また陽神とは、其陰皆消えて、毫末も殘らず、至粹純陽と成て出す所の神を、陽神と云ふ陽神に至りて始めて神仙となるなり。此陽神と陰神とに就て、面白き事蹟あり。其は消搖墟を始め諸仙傳に因るに、宋の熙寧元豊の頃、紫陽眞人張栢端と云へる仙人あり。天台の人なり。少年の時より學を好みしが、後蜀に遊きて、劉海蟾に遇ひ、金液還丹火候の訣を授かり、能く修錬して道を得、我神を出して幽境に遊ぶに至れり。時に一人の禪僧あり。彼れも亦戒定慧を修め、能く定に入りて神を出し、冥府に遊ぶことを得る、紫陽と僧と、雅志契く合ひて、交り殊に深し。一日紫陽僧に向ひ、今日禪師と余と、同じく神を出して、遠く遊ばむと思ふは如何にと云ひければ、僧之れに答へて、願くば倶に楊州に往きて、瓊花を見て來るべしとて、紫陽僧と共に、一の靜室に入り、相對して趺坐し、目を瞑りて神を出す、紫陽至りて見れば、僧も亦巳に至りてあり。是に於て、二人瓊花を遶ること三匝し、紫陽僧に云ひけらく、斯の如く倶に來りて、瓊花を見るはいと珍らし、各〻一枝を折り、持歸りて記と成すべしと。少頃ありて共に欠伸して、神歸り目覺めぬ。紫陽の曰く、禪師の持來れる瓊花は、何こにかあると、僧之れを搜すに、手にも有らず袖にも無し。紫陽は取り歸りし、瓊花を持出して、僧と共に翫びけるとぞ。後に於て、弟子紫陽に向ひて、師と僧と同じく神を出して揚州に遊び、また同じく瓊花を折て持歸れるに、師は取得て有り、僧は取得ずして無きは、抑々、何故なるやと問ひければ、紫陽之れに答へて、我は金丹の大道を全うして、性と命とを兼ね修めぬ、是の故に、聚まれば則ち形となり、散ずれば、則ち氣となる、之れを性命雙修と謂ふ。此の性命を雙修したる者の出す神は、宛ら現身に異なることなし、故に至る所の地、眞神形を見る、之れを陽神と謂ふ。陽神は能く物を動かす、僧が修めし所は、速に功を見んことを欲して、唯性のみを修めて、復命を修めず、之れを性宗と謂ふ。性宗の者の出す神は　恰も夢中の我身の如し、故に至る所の地、形影あること無し、之れを陰神と謂ふ。陰神は物を動かすこと能はず此れ瓊花を取得ると取得ざるとの、差ある所以なりと云ひけるとぞ。此は陰神と陽神との差異を、明かにせる事蹟にして、最も道學を益する談と云ふべし。斯くて張紫陽は、元豐五年の夏九十九歳にて、趺坐して化したるを、弟子火葬に爲しけるが、後七年を經て、劉奉眞と云へるもの、王屋山にて紫陽に遇ひしに、紫陽は詩一張を留めて去りしと云ふ。また紫陽は嘗て自ら謂へるに、己れと黃勉仲及び維揚于先生と三人は、皆紫微星にて九皇眞人と號したりしを、刧運の籍を校勘することを誤りしに因て、人間に謫せられたるものなりと云ひけるとぞ。此は篁を破軍星の精なりと云へるも同じことにて、彼東方朔を歳星なりとするの類ひなるべし。また紫陽の著書あり、悟眞篇と號く。修眞の法を説くこと、叮嚀反覆せり、必ず讀むべし。

和氣廣蟲　なてしこにかけしめくみの露ふかく匂ふやまとの姫百合の花

禁中鶴　天地にひゝきわたりて長閑なり雲井の庭の芦田鶴の聲

◉白箸翁

白箸翁は、何人と云ふことを知らず。又其姓名を得ず。清和天皇の貞觀の末、一人の老夫あり、常に市中に遊びて、白箸を賣るを以て業とす。時人號て白箸翁と云ふ。人皆不潔なるを厭ひて、其箸を買はず。翁も亦自ら之を知て憂とせず。寒暑共に皁色の服を著て變ること無し。其形は枯木に似て、其跡の追ふべからざること浮雲の如し。鬢髮は雪よりも、白く。冠履全からず。人如年を問へば常に自ら七十と云へり。時に市の樓の下に賣卜者あり。年八十ばかりなり。此者密に人に語りて云ひけらく、吾嘗て兒童たりし時より。此翁を路中に見るに、衣服も容貌も今と異なること無しと。聞者恠て百餘歲の人ならんと疑へり。然れども。其性寬仁にして。喜怒の色を見はしたることなし。放誕なる時あり。愼謹める時ありて。言行定まらず。其狀狂人の如し。人或は酒を勸むれば。多少を言はず。醉飽を以て期となし。或は日を涉りて食はざれども、飢たる色なし。滿市の人、其何者たるを量り知ることを得ず。後頓に病て市の門の側に終りぬ。市人其久しく相見たるを哀み、尸を移して東河の東に埋めしめぬ。後二十餘年を經て、一人の老僧あり。人に語りけらく、去年の夏中南山に行たりしに、昔日の白箸翁が石室の中に居て、香を焚て。法華經を誦むを見る、近きて相ひ謁えしかば。居士恙無きやと云ひけるに、翁咲ひて答へずして去りたる故。老僧も相ひ尋て後を追ひしかども。遂に其所在を見失ひたりとぞ。此言を聞けるもの。或は虛誕ならむかと疑ひしかど、梅生は死なず。松子も猶生けりと云へば、古へ旣に此類の者あり。果して然らば、全く責べきにも非ず。且此話の消滅して、世に傳はらざらんことを恐れて、聞けるがまにまに書記して、來葉に貽すと云へり。

嚴夫云、本傳は。本朝文粹に擧たる。紀長谷雄卿の文を取り。尙扶桑隱逸傳、本朝遯史、本朝列仙傳等を參考に供して。爰に擧げたり、其中に、本朝文粹なる長谷雄卿の文に。白箸翁が死たる後二十年を經て。一老僧が南山の石室の中にて、翁を見たりと云へることに就き、此言を聞けるもの或は虚誕ならんかと疑ひしかども。梅生は死なず。松子も猶生けりと云へば、古へ既に此類のものあり。果して然らば。全く責むべきにもあらず。と書れたると因り。本朝遯史には、其賛に、彌く之れを疑ひて、未だ信なりや否やを知らず。故に今其後段を略して之れを取らずと云ひて、此事を省きて載せたれども、此翁は彼八十歳ばかりに見えしと云ふ。賣卜者が、兒童の時より。容貌擧動の少しも變ること無かりきと、云ひしとあるを思ふに、尋常の者に非ずして。其仙人たるを知るに足るべきものあり。既に此れを仙人と知らば、死後二十年を經て、老僧が遇ひしと云ふも、亦怪しむに足ざるべし。如何となれば。本書に擧たる。僧の願覺、また在原業平朝臣を始め、漢士の仙人の中にも。彼張紫陽の如き、孫思邈の如き、其他にも普通の人の如く。死して葬られたるが、其後數年乃至數十年を經て、再びのみかは、幾度も此の世の人に遭へる實例擧て數ふべからず。然れば白箸翁も其類ひの一人と見て。不可無きものゝ如し。然るに、若し强て之れを疑ひ、妄りに斷じて此類ひのこと世に無しとするものあらば。譬へば盲者の明鏡を信せず、聾者の管絃を疑ふが如し明鏡と管絃との無きにはあらずして。其實明鏡を見るの目無く、管絃を聽くの耳なきのみ。然れば無きは彼にあらずして、我れにあり。世人多くは我知らざるものを以て。無しと爲す。白箸翁に遇へるを疑ふが如きも、或は此の類ひにはあらざるか。猶研究を要せざるべからず。扨また本傳に梅生は死なず。松子も猶生く云々とある。梅生とは。梅福字は子眞と云へる人なるべし。此梅福は壽春の人なり。漢に仕へて。南昌の尉たりしが。王莽が政を專にするを見て。嘆じて家を棄て仙を求め、空同仙君に遇ひて。內外の丹法を授かり。飛鴻山に往き。菴を結びて修錬し。丹成て後、雲中に樂を奏し。金童玉女に迎へられ。天詔を拜し、青鸞に乘て飛昇し去りたりと云ふ。また後に至りて。人梅福を會稽にて見しに、姓名を變じて。吳門の市の卒と爲りて居たりとも傳へたる人なり。また松子とは。赤松子のことなるべし。赤松子は。神農の時の人にて、神を錬り氣を服して、能く水に入て濡れず。火に入て焚けば。崑崙山に至りて、常に西王母石室と云へる石室に止まり。風雨に隨ひて上下し、炎帝の少女之れを追ひて。亦仙を得て倶に去る、高辛の時雨師と爲りき、間人間に遊ぶと傳へたる人なり。紀長谷雄卿が、云はれたる所は。古へにも此赤松子の如き。長生して間人間に遊ぶものもあれば。また梅福の如き死なずして居て、吳門の市の卒と成て居たやうなものもあれば。白箸翁が葬られて後、二十年を經て、生て居たりと云ふも、必しも虚誕とのみは決むべからずと云ふの意と知るべし。また本朝列仙傳には、もろこしに藍采和と云へる仙人ありて常に破れたる單物を著、片脚には靴をはき、片脚は跣足にて、城外の市を往來して、物を乞ひ求め拍子木を打て歌ひ舞ひつゝ、獨り樂みて、諸國をも偏歷し居たるが、其後濠梁と云へる處にて、酒家の樓上にて、酒を飲み居たる折しも、虚空に音樂の聲聞えて、雲鶴忽然に降り來りて。藍采和を乘せて、天に昇り去りたる事のあるに。甚能く似たるものありとて。其傳をも委しく擧たるが、彼伴高溪の近世畸人傳に載せたる、金蘭齋と云へるも、能く白箸翁に似たる人なり。此人は元祿正德の頃、京都に在りて。廣く世に知られたるものなり。眞の老莊者にて、心も境界も能く老莊の意にあへり。家素より貧しければ。講義を乞ふ人は、吾其書を求めて持行ざれば、書なし。持行けば直に米に代てなくなす。また衣服なども調へて送れば。直に賣る故、背に圓形を白く大きく染ぬき金蘭齋と書きたるを送れるに、其れを著て平然として歩行き廻り、或時講義の最中に、代神樂と云ふもの、笛を吹き、皷を鳴して。街を過る聲しければ、書生にも謝せず。直に走り出で、片脚には下駄を穿き、片脚には草履を穿きたるまゝ、小兒と共に、彼等の後につきて、終日歩行き廻れるとぞ。其擧動總て斯の如し。此人の著書あり、老子國字解と云ふ。假字を以て書たれども。一家の見識あり。寶暦十一年。浪華に於て上木せり。また讀べきの價値ある書なり。唯惜むらくは。金蘭齋は。其傳の委しからざるを以て、如何なる人にして、其後如何になりしか、之れを知るに由なし。然れども、其擧動の白箸翁や、藍采和などに、いと能く似たるを思へば、此も亦市に隱れたる道士の一人にして。其終の詳ならざるは、或は仙去したるかも知るべからず。

◉貞純親王

貞純親王は。清和天皇第六の皇子なり。母に神祇伯王棟貞の女なり。貞觀十五年四月廿一日に生るやがて親王と成せ給ふ。寛平五年十一月廿三日、右大臣源能有公を文武の師となし。其傳を受らる中務卿兵部卿四品、上總常陸等の大守に任せられしことあり。又昌泰記、延喜錄等の撰ありて。神に通じたる權者と稱せられたり。即ち清和源氏正統の祖とす。延喜十六年五月七日に、薨ぜらる。時に年四十四歲なり。此親王龍神と成て。一條の大宮の桃園の池に住給ふと、諸人の夢に見せて示し給へり。故に桃園親王と號すと傳へたり。

嚴夫云。本傳は。神皇正統錄、源氏系圖等を纂輯して載せたり。母は、神祇伯王棟貞の女と云へるは。三代實錄と尊卑分脉等に依て記し。又薨去の日を。延喜十六年五月七日としたるは。日本紀略神皇正統錄共に、七日と有るに依る。薨去の年には。諸書異同有りて、源氏系圖と尊卑分脉とには六十四と有れど。斯くては文德天皇の仁壽三年の生れと見ざるを得ざれば。清和天皇の御三歲の時の御子となりて。其誤なること明白なれば取らず。又日本紀略には、年四十二と記し。神皇正統錄には。年四十三と載せたれども。貞觀十五年より。延喜十六年までは。其實四十四年なれば。兄弟年歯考に四十四に作りたるに因て、斯くは記せり。扨此親王は、正しく四十四歳にて。薨去と有るを。何故に神仙の中に數へたるかとの。疑ひを起す者も無きに非ざるべけれど。即ち本傳に擧けたる如く。源氏系圖には。此親王の事を記して、諸人龍人と成て。一條大宮の桃園の池に住むと夢みて。桃園親王と號すと記し　正統録にも　此親王一條の大宮の桃園の池に於て。七尺の龍と爲たりと、時の人多く夢みたるに仍て。桃園親王と云ふと書きたるは。此は全く尸解せられて。此靈異を示されたるものとして。矢野玄道翁も。皇國神仙記に載せられたれば。即ち爰に擧げたり。猶尸解のことは。日本武尊の傳に云へるを參攷せば。其意を得るに至るべし。

寒　鷺　月冴えて風吹きすさむ夕まくれ汀に鷺の何あさるらむ

舞　　　傳へまし東遊をみてそとる天津乙女の舞のてふりを

寄石祝　さゝれ石の成らん岩ほに十返へりの松も根さして花のさくまて

◉在原業平朝臣

在原業平朝臣は、平城天皇の御孫、彈正尹阿保親王の五男にして。母は桓武天皇の皇女、伊登内親王なり。業平は、其容貌極めて優美に。其志操最も高尚なる人にして、其官も中將にまで昇りしにより。世には在五中將とも稱せられたるが、後世に至りて。頗る淫佚不法のみの人の如く傳へられたるは。彼の伊勢物語の作物に、猥がはしき行ひ有りし如く。書立られしが故なりと云へり、斯くて其世の盛衰に隨ひて靡かざりし。格別の人品にて有りしことは、是れ亦古今集なる惟喬御子の許に參りて。忘れては云々と云へる歌を、讀るにても知るべし。業平朝臣は、其性極めて閑雅にして。能く和歌を詠て殆ど和歌の神なりと敬はれけるが、一旦芳野の河上に入りて。石窟に籠りたるより。其終る所を知らずなりしとなむ。又一説には、在五中將は 陽成天皇の元慶四年五月九日に、病を發し、同二十八日子刻に、享年五十六歳にて逝去られ。滋春其遺詞に任せ。東山の吉田の奥に送り納めて廟をも立けるが、其年の九月十三日、宇治中納言藤原朝政卿が、熊野詣の時 和泉國大鳥郡を通られしに業平朝臣青き衣を著し。黑き馬の大く逞きに乘り。供奉の者十人ばかりを、前後に從へて見えられたり。朝政卿夢の如く覺えて、いかに今は世に無き人と聞て侍るものをと謂れければ。中將當時は住吉にこそ侍れと答へて。搔消す如く失けるとぞ。兄行平中納言此事を傳へ聞て、若や中將に逢ふを得ることも有らむかとて。態々住吉に行き。此所彼所と歩行かれしかども、岸打浪に松の聲　雲吹風の音ならでは。音信かはす面影もなし。空しく歸らんとせられし夜の夢に、業平來り打笑ひて。思ひ出て神代のことも忘れしな。昔ながらの我身なりとはと詠れしとぞ。其れよりしてこそ。彼中將をば、住吉明神とは思ひけれ、其後村上天皇の天曆元年七月十一日に至りて、左少辨清原光任に仰せて。中將の神靈を。神と崇め給へりとなむ。

嚴夫云。本傳は、始より伊登内親王なりと云へるまでは、大鏡裡書を採り。其以下は。河海抄、神社考、本朝列仙傳等を、參輯して載せたり。其中に業平朝臣の高行ありて。淫佚の人にあらざることを證したるは。石川安貞が。代變雜抄に辨したるを採り。一説にはと云へるよりは、全く本朝語園の文なり。然るに業平朝臣は本傳に擧けたる如く、芳野山の川上に入りて、石窟に籠りて終る所を知らずと云ひ、また一説には、元慶四年五月二十八日。五十六歲にて逝去せられ。東山の吉田の奥に送りて。廟をも立たるが、同年の九月十三日、宇治中納言に。和泉國大鳥郡にて面會せられて言葉まで交され。且兄行平中納言の夢に入りて。思ひ出て神代のことも忘れじな云々の歌を詠るなど、其事蹟頗る奇異にして、村上天皇の御代に至りて、其神靈を神に崇められたるなど、全く神仙得道の人と見えたり。但し本朝語園の說の如く、一端死れたるが、後に宇治中納言に、遭はれたりとあるを、事實とすれば、前に擧たる願覺の類ひにて、尸解せられたるものならむ。また芳野の石窟に籠りて、形を隱したりと有るを事實とすれば、修鍊効積りて、仙去したるならむ。今よりは孰れを是なりとも定め難ければ、兩說を載せて後の識者を待つ。

楠　公　橘のみを捨てゝこそかくはしき臣のかゝみと仰かれにけれ

藤花映水　うかひ出し蓮の若葉のひまくに宿りて匂ふ藤波の花

◉生馬仙人

生馬仙人は、攝津國住吉縣の人なり。河内國高安縣の東山の麓なる、生馬谷の奥に住り、宇多天皇の寛平九年、行脚の僧明達と云へる人有り。或時此東山の絕頂に登りて、深谷を見るに、一の草庵有り。明達奇みて、其谷に下り行き、庵の內を見れば、顏色黃みたる人、頭に白帽子を戴き、身に白衣を著たるが居れり、明達近づきて、君は誰人にて、又何の爲に、此の深山の奥に、獨り住給ふやと問ひければ、此の人答て、我は是れ生馬の仙人なり。汝遙々爰に來りたれば、定めて飢に及びたらむとて、瓜五つを取出して、明達に與へ、此瓜は此の地に生ずるものなり。之れを食して、飢渇を免るべしと云へるにぞ。明達其好意を謝し、之れを受て食するに、其味の美きこと云ふばかりなし、明達重ねて、仙人は此の地に住みて、幾年をか經給へると問へば、仙人答へて、然ればとよ、我此の山谷に入りてより以來、未だ山を下りて麓をだに見たること無ければ、幾年經たりとも知らず、唯長生不死の道を求るのみと云へるとぞ。明達故郷に歸りて人に語れるより、此事普く世に語り傳ふることゝはなりしとなむ。

嚴夫云、本傳は、元亨釋書、神社考、本朝列仙傳等を參輯して、爰に載せたり。但し末文の所元亨釋書には、只菩提を求むるのみとあるを、神社考、本朝列仙傳には、長生不死の道を求むるなりと書り、然るに、菩提は梵語にて、翻譯名義集に依るに、道とも覺とも譯する語なれば、此は只道を求むるのみと云へるに、異なること無し。然るに釋書の撰者師錬は、沙門なるを以て、撰錄の時、梵語を用ひて、斯くは書しものなるべし。既に同書にも、仙人自ら對へて、我は是れ生馬仙人なりと云ひしと有れば、其結局の對へは、必ず只長生不死の道を求むるのみと云ふべきこと固より當然なるを以て、本傳には、其委しきに隨ひ、神社考と列仙傳とに因て、斯くは記せり。此時明達、若し其仙人の修め居たる、長生不死の法をも傳へ來りて、漏しなば世を益することも有りつらむを、其ことの聞えざるは、誠に惜むべし。

岸　竹　　呉竹はけはしき岸に生ひなからすなほにのびて茂りあひける

古寺郭公　　聞く人も住ぬ深山の古寺にたか爲にとなくほとゝきす

●都良香

都宿禰良香は、初名を言道と云へり。主計頭貞繼が子にして、平安京の人なり。官に仕へて文章博士少内記に至る。能く詩文を作りて、才名當時に冠たり。菅丞相も始め良香を師として、文學を學び給へり。良香或時詩を作りて、氣霽風梳新柳髮と云へる一句を得たれども、其對句を案じ出すこと能はず、種々に思ひ煩ひて有りし折しも、羅生門の下を通るとて、何心なく此句を吟じけるに、不意にも羅生門の上にて、高らかに聲を發して、氷消波洗舊苔鬚と云へる其對句をぞ吟じける。良香此の好對句を得て、奇異の思ひを爲し居たりしが、其後大内にて、菅丞相に逢まゐらせ、我此頭新詩を吟じ得たりとて、此の兩句を見せられければ、菅丞相、聞給ひて、此の始の句は最も君の句なるべけれども、對句は正しく君の句に非ず。此は定めて羅生門の鬼神の作れるものならむとぞ云はれける。良香驚きて、始めて菅丞相の神通を得ておはすことを知りて、感歎したりしとぞ。良香又人々に誘はれて、江州竹生島に遊び、明神の社へ詣でけるに、四方見えわたりて、誠に得も云はれぬ、風景なりければ、心に感ずる儘に、三千世界眼前盡と打吟じけるに、俄に神殿鳴動して、特にけだかく爽かなる御聲にて、十二因縁心裏空と云ふ對句を吟じさせ給ふ。其御聲獨良香のみならず、相伴ひし人々の耳にも　あざやかに聞えしは、不測なりし事どもなり。良香常に此句を唱へて、神の感應を忘れざりしとぞ。良香平生其身は官職に在りながら、心には常に神仙の道を慕ひて、修錬怠ること無りしが、遂に仕へを止めて金峯山に入り、其終る所を知らずなりしと云ふ。斯くて百餘年を經たる後、或人大峯山に詣でゝ、岩窟の中に人の居るを見て、誰人にて渡らせ給ふぞと尋ねければ、我は是れ都良香と云ふ者なりと答へしによりて、良香の仙人となり居ること、世にも知らるゝことゝ成けるが、其時の顔色　少しも衰へずて有りけるとかや。

嚴夫云、本傳は、三代實錄　元亨釋書、神社考、江談抄、本朝高僧傳、西行撰集抄　梅城錄、怪談故事、本朝列仙傳等の諸書を參輯して、爰に載せたり。中にも元亨釋書には、菅丞相は、本良香の諸生にて在しに、後官爵日々に陞られて、良香の之れに及ばざる事を成しを怒て、官を棄て山に入て修錬することゝ成し如く記したれど、此は恐らくは、謬傳ならむ。如何にとならば、良香は固より非凡にして、神仙となるべき道骨を具へたる偉人なりしこと云ふを待ず。其は羅生門にて、鬼神より對句を授けられたるのみならず。竹生島に於ても、亦明神より對句を與へられたりとあるを思ふに、此は幸に世に漏れ人に知られたる奇事にこそあれ、尙此外にも、此れに類せる神異の事も、有りたるべくして、其尋常の人に非ざること云はずして明かなり。然れば良香は、必ず天命を知れる人ならむ。既に天命を知らず、窮達榮辱皆人力の奈何ともすること能はざる所なるを辨ぜざる謂れ無し。既に之れを辨じたらむには、菅公の榮進せられしも、良香の發達せざりしも、固より命ならざるは無ければ、良香爭でか菅公に及ばざるを怒るべき。是れ余が謬傳ならむと疑ふ所以なり。然らば良香は何の爲に、官を棄て世を遁れたるかと云はむか、良香は元より仙縁ある人にして、生來仙道の修むべきを、知りたること云ふを待ず。且我天命の、久しく官に居るべからざるを知りて　山に入て、道を修むることゝは成しならむ。尙思ふに、菅公の御傳に、南山即ち金峯山の隱者等が云々といへることの、多く見えたるに、良香も金峯山に入りて、其終る所を知らずと云ひまた百餘年を經て、或人が大峯山の岩窟にて、良香に遭ひしと云へるを併せ考ふるに、良香も菅公の御託宣に、南山の隱者と指れし中の、一人にはあらざるか、尙能く考ふべし。

瀧

谷川の奥にとゝろくいかつちと聞きしはたきのひゝきなりけり

天恩如雨露

天の下ふりにし苔の下にまてめくみの露のかゝるみよかな

◉菅公

菅公は、贈太政大臣菅原道實公なり、公は御小名を阿呼と稱し奉る。參議從三位菅原是善卿の御子にして、御母は大伴氏なり。仁明天皇の承和十二年六月廿五日御誕生在せらる。幼少の御時より御家の學問は云ふに及ばず、文字書くことを好ませ給ひ、博く和漢の書を讀み給ひ、一を聞て十を悟り給ふ御才御座て、歌を讀み詩文章を作り給ふこと雙びなく、父相公の才智にも勝りて御座けるとぞ。淸和天皇の貞觀十二年二十六歳にて對策及第し給ひ、正六位上に叙せられ、翌十三年二十七歳にて玄蕃頭に任せられ給ひしより、歷任昇進せさせ給ひて、醍醐天皇の昌泰二年二月菅公五十五歳にならせ給ひし時、是より菅丞相とは稱し奉られたり。斯くて菅公の神に通じて御座し事は、是より先に都良香朝臣が羅城門にて、『氣霽風梳㆓新柳髮㆒』と云ふ句を思ひ得て、次の句を案じ煩ひたりけるに羅城門の上より、大きなる聲にて、『氷消浪洗㆓舊苔鬚㆒』と云ふ對句を付けるを、其後良香參内ありて大内にて菅公に逢參らせ、試に良香こそ羅城門にて、佳對の句を作り得たれとて、二句を續けて申されければ、菅公打笑はせ給ひて、上句は誠に御自作の詞と覺えたり、下句に於ては、鬼神の續ぎたるにやと仰ければ、良香驚きて、事の實をしかぐ\と述られしが、此より菅公は神に通じ給へりと人々申あへりとぞ。又宇多天皇の寛平六年九月廿五日、菅家の御門人たち、吉祥院と云ふに集りて菅公五十歳の御賀の會を催しけるに、庭の表より一人の翁の、草鞋はゝきしたるが、砂金一包に、文章一通を添て、寂然に歩みよりて、堂前の案上に置て、云ふこと無く立去けり。人々奇みて披き見るに其文に、

傳聞菅家門客共賀㆓知命年㆒、弟子雖㆘削㆓跡人門㆒無㆗名世上㆖、尙數記㆓淳敎之風㆒、多改㆓憃昧之過㆒、古人有㆑言、無㆓德不㆑報、無㆓言不㆑酬、深感㆓彼義㆒、欲㆑罷不㆑能、金以表㆓中誠之不㆒㆑輕、沙以祈㆓上壽之無㆑涯、莫㆑疑㆓其人㆒可㆑求㆓其志㆒、遠居㆓北闕之以北㆒、遙贈㆓南山之以南㆒。

とぞ書たりける。北闕の以北とは、即ち此賀會の場たる吉祥院を云ひ、南山とは、大和國吉野山を云

ふ。其以南は金峯山なり。然れば此は、後の御託宣の御語に見えたる　南山の隱者等が、金峯山なる砂金を奉りて　仙境より菅公の御年賀を祝し奉れるなり。菅公の御德のいと尊く、仰ぐに餘有ることを以て知るべし。其後名望日々に加はり、延喜元年に至りて、五十七歲に成せ給ふ。其正月從二位に敍せられ、威德天下に類ひ無くならせ給ひしが、終に左大臣藤原時平公の嫉視所となり、讒言せられ給ひ、忽ち右大臣の官を止められ、太宰權帥とて筑紫國を治むる司に左遷せられ給ふ。此時菅公御子數多御座せる中に、高視、景行、兼茂、淳茂など申さるゝ方々は、皆諸國に流され、北方其外姬君たちをば都に殘され　五歲に成せ給ふ御幼男と、門生家子たちを少々御供して都を出で筑紫に赴かせ給ふ。斯くて年久しく住馴給ひし、紅梅殿を立出させ給ふとて、常に愛し給へる梅を御覽じて、御名殘を惜み御歌を讀せ給ふ。其歌に

東風ふかば匂ひおこせよ梅の花、あるじなしとて春な忘れそ　とぞ遊ばされける。草木心なしといへども　此御歌に感じけるにや、後に此梅の枝さけ折れて、雲井遙かに飛行て、筑紫の安樂寺へ參り地に立てぞ榮えける。これ所謂飛梅なり。櫻も同所に在けるが、御歌無かりければ、梅櫻同じ籬の內に生たるに、梅は御言にかゝり、我は余所に思召さるらむと思へるにや、一夜の中に枯にけり。然れば源順朝臣も、此梅櫻を、

梅は飛び櫻はかれぬ、菅原や、深くぞたのむ神のちかひを。と詠れたり。斯くて筑紫の太宰府に著かせ給ふ其前後の御詩歌殊に多し。其歌は菅家御集　詩は菅家文草、また太宰府にての御詩歌は、菅家後集等に載られたり。菅公配所に坐ます事既に三年になれど、勅許の沙汰も無かりしかば、讒言に依て流され給へる御恨更に止まず、終に御病の床に伏させ給ふ。年ごろ仕奉れる人々、心を盡して看病し奉ると雖も、日々に重らせ給へりしが、御身に罪なきよし告文を作らせ給ひ、竿にさし挾み沐浴齋戒して、密に忍び出給ひ、この住給へる榎寺の西南に小山あり、其山の頂上によぢ上り、御足を爪立て七日七夜のほど、天帝に祈り訴給ひしかば、御髪鬢みな白くなり給へり。天道その無實の罪を哀れと聞召しけるにや、滿ずる日に一むらの雲たなびき來て、告文をとりて大虚空に捲上げたり　菅公祈願の成就せることを喜び、九拜して退き給ふ。翹立たまへる跡今に在りて、此山を天拜山と云へり。斯くて延喜三年二月廿五日に、遂に薨逝させ給へり。時に御年五十九歳にぞ坐ましける。又其末期に臨みて、葬車の重からむ所に、葬り奉るべしと仰せ置せ給ひしかば、太宰府に近き四堂のほとりに、御墓所を定めて、御尊骸を納め奉らむと、御車を出しけるに、御遺骸輕くして無きが如し。然れども、御遺命の如く、御葬車忽に止まりて動かざれば、其所を占て御墓所とす。今の安樂寺是なり同五年八月十九日、味酒安行と云ふ人、神託によりて、安樂寺の御葬地に神殿を立て、天滿天神と崇め奉る。此御神號は、やがて御神託なりとぞ。菅公は常に梅と松とを愛し給へればとて、御社の邊に多く植參らせける。彼飛梅も今に存れり。建久のころ、或人その枝を折とりけるに、其夜夢に天神見えさせ給ひて、

情なく折る人つらし我宿の、あるじ忘れぬうめの立枝をと宣ひけるとぞ。又壽永のころに、平家の人々御社に至りて、昔飛參りける梅は、何れならむと、口々に云ひて見廻りけるに、何處よりともなく十二三ばかりの童子現はれて、或古木の梅の本にて、

これや此こち吹風にさそはれて、あるじ尋ねし梅の立枝は、と打詠じて失にけりとぞ。其後天變地妖打續きて、上下胆を冷さぬ者無く、同八年十月には、藤原菅根卿神罪を受て身まかり、翌九年には藤原時平公も、奇異の病を發して薨ぜられ、又其子等も相踵で早世して、時平公の子孫は皆亡びにけり。斯くて延喜二十三年四月の始ごろ、右大辨源公忠卿と申す人、病無くして頓死し、三日を經て蘇生して、家中の人々に告げて、奏聞すべき事ありとて騒がれければ、子息信明信孝の二人、扶けて內裡へ參り、此由を奏しければ、天子驚かせ給ひ、何事にかと宣へば、公忠卿戰慄ひて奏じけるは、公忠頓死して、覺えず冥府に至り候ひけるに、長一丈餘なる人の、衣冠正しきが、申文を捧げて訴へ申さるゝを、耳を欹て承りしかば、天子のしわざ安からず、時平が讒言を信じて、罪なき我

を流され候御過ち、尤も重し。早く廳の札に記されて、糺明し給ふべしと、言葉を盡して訴申さるゝにぞ、菅丞相とは悟り侍りける。冥官には、朱や紫の服をまとひたる人々三十人ばかり並び居たるが、皆怒りて、時を移さず計ふべしと有けるを、第二座に居たる人、いさゝか笑を含みて、天子のしわざ頗もて荒涼なれども、若年號を改めて過を謝する事あらば、如何し候べきと云へば、座中皆案じ煩ひたる體に見えて、夢の如く、忽に蘇生し侍りと奏聞せられける。此公忠卿は天子の御從弟にて仁壽殿に夜々出たりし鬼物を蹶倒したる程の心剛なる人なるに、斯く畏れ慄きて申ければ、天皇聞食て、恐れ思召すこと限無し。此に因て、同年四月廿一日に、本の如く右大臣に復し、一階を加へて正二位を贈り給ひ、其日昌泰四年の左遷の宣旨を燒捨られ　國々に流されたる菅家の御子たちも　皆召還し給ひ、前非を悔給ふこと限なく、諸司に仰せて菅大臣を貶せる文章、一葉も隱し持たば、罪せられむと勅せられ、其閏四月十一日に、延長と改元したまひけり。然れど猶天下の怪事は止ざりけり。其後延長七年の秋に至り、比叡山延暦寺の座主法性房、尊意僧正は、菅丞相と師檀の契有ければ、丞相の薨去と聞けるより、常に三密の檀の前に　其冥福を祈りけるに、一日夜更人靜まれる頃、思ひかけずも、房の妻戸を擲く音のしければ、押開て見るに、菅丞相にてぞ御座ましける僧正敬ひ畏まりて誘ひ奉り、先御喉渇かせ給ふらむと柘榴を進め參らせ、筑紫にて隱させ給ひぬと承りて、常に御冥福を祈る所に、元の御形にて入せ給へるは、夢現の間、辨へがたくこそ覺え候へと申されれば、菅丞相兩眼よりこぼるゝ御涙を押拭はせ給ひて、君時平が讒言を信じ給ひ、無實の罪に沈められぬる恨止がたく、形は壞ると雖も、神靈天に在て、天帝の許を蒙りたれば、神祇の諫も有まじ、禁裡に入りて愁を述べ仇をも報ぜむと思ふなり。宣旨ありとも參内有べからずと仰られければ、僧正申されけるは、師檀の義淺からずと雖も、君臣の禮は猶深く、一往辭し申すとも度々に及はゞ、爭か參内仕らで候べきと申されれば、菅丞相の御氣色俄に變らせ給ひ、御前に有たる柘榴を取てかみ摧き、妻戸に颯と吹懸給ふに、其柘榴火むらと成て、燃付たり。法性房急ぎ灑水の術を行ひければ、其火は消にけり。斯くて菅丞相は、席を立て天に昇らせ給ひけり。翌延長八年六月廿六日、雨暴く風烈く、雷電霹靂して、殊に内裡の上に、鳴落鳴騰り、高天も地におち大地も烈るが如し天皇は更なり、百官身を縮め魂を消し給ふ。世中闇の如く、氷交りの大雨車軸を流し家々を漂しければ、京の貴賤男女、斯ては國土世界は、皆流れ失ぬらむと喚き叫ぶ聲夥しく、空飛ぶ鳥も打落され、牛馬犬猫の類ひも、東西に泣惑ひければ、天皇も殊に御心を痛めさせ給ひ、尊意僧正の許へ、宣旨を下して召れけり。僧正はじめは菅丞相の御怒を恐れて、辭退せられけるが、勅使三度に及びしかば、力なく參られけり。然るに鴨川俄に洪水して越ゆべきやうぞ無りける。僧正は菅丞相の所爲よと思はれければ、天に向ひていかに聞召し給へ、外には恨を爲給ふとも、我におきては、何の爲に讎をなし給ふぞや、師檀の契淺からぬ事にて侍るをと、返す〴〵和め申さるれば、洪水やがて流れ退きて、陸地の如くに成しかば、安々と參內して祈られけるに、暫は靜まり給ひしかども、遂には叶はず、清涼殿の坤の柱に雷落て神火燃出て殿中を震動しけるに、大納言清貫卿の狩衣の袖に火燃付て、臥轉び喚き叫べども消ず。右中辨希世朝臣は、心剛なる人なりければ、縱令いかなる天雷なりとも、皇威に怖れざらむやとて、弓に矢を取副て向はれしに、面に火燃懸り、五體痿みて柱の下に倒れ死し　源惟茂朝臣も弓を引て向へるに、立所に蹶殺さる。近衛忠包は鬢髮に火付て燒死し、紀蔭連は火炎にむせて悶絶す。かくて菅丞相清涼殿に化現して、愼て御失りなき由を奏させ給ふ。此時の左大臣は忠平公にて、時平公の御弟なれど、兄の謀計に同意し給はず、天神の御事を常に歎き給ひ左遷の砌も其後も消息を通はし睦び給ひければ、此座におはしけれども、少かの煩ひも無りけり。貞信公と申は是なり。今の攝家方の御先祖なり。此公の御言にも清貫卿希世朝臣などは、常に神信心なかりし故に、斯る災難にあへり。我は信心を怠らざる故に、無難なりけりと見えたり。扨漸くにして神は上らせ給ひけり。斯くて同年九月二十二日に、天皇第九の皇子寬明親王に御位を讓り給ふ。朱雀院天皇と申奉るは是なり。此御代に大和國金峯山に日藏といふ行者あり。三善清行朝臣の弟なり。

承平四年四月十六日より、筆の岩屋に籠りて行ひけるに、八月朔日午刻に頓死して十三日めにぞ蘇生しける。其間に金剛藏王の導にて、天満天神の御住所に至りけり。其御幸の御装ひ御姿など嚴重なること言に述がたし。侍從眷屬異類異形數へ盡すべからず。或は金剛力士の如きあり、或は雷神鬼王の如きあり、各々手に弓矢劔矛等を持たり。御住所の莊嚴美麗なる事光り曜けり。天満天神日藏を召して仰られけるは、我始は流れし涙を湛えて日本國を浸して、大海と成さんと思ひしかども、國々處々に住み給ふ諸神各々力を盡して我を慰め諭し給ふ故に、巨害を致さゞるなり。但し我が眷屬十六萬八千餘の荒神ら、所に從ひて損害を致すことは、我も制め難し。況や餘神をやと宣ふ。日藏畏りて申けるは、日本國には火雷神と申して、尊み重むじ奉るを、何ぞ惡心を持給ふべきと申せば、天神仰せられけるは、火雷神は我名に非ず、我が第三の使者なり。國擧りて我が怨敵とこそ思へ、何の時か此恨を忘るべきや。但し信心ありて我が像を設け我名を唱へて、道理の事を懇に祈り請ふこと有らば、感應を垂るべしとぞ示し給ひける。日藏蘇生りて、此由を天朝に委しく奏聞し、凡そ此まで有し國土の災變は、皆天神の御眷屬の所爲なりとぞ申ける。其のち天慶五年七月十二日に、西京七條坊に住せる、多治比文子と云へる賤女の、夢ともなく現ともなく、衣冠正しき貴人忽然と現はれて託宣ありけるは、我は菅丞相なり。昔世に在し時、右近の馬場に常に至りて遊びしが、都の中に勝れて面白き所この所にしくはなし。其後無實の科を蒙りて西海に流さると雖も、彼處に遊ぶ時ばかりこそ少は恨をも忘れ心をも慰むれば、祠をかまへて、立よる便を得しめよと託宣あり。文子畏りはしつれども、身の賤きに憚りて、社は造り奉らず、唯家の邊に瑞籬ばかりを結びて、五年の間崇め奉りけるに、六十二代村上天皇の、天暦元年三月十二日に、近江國比良宮にて、禰宜三和良種、天神の御像を造り奉れるに、其子の太郎丸とて、七歳なりける童子によりて託宣したまはく、我像に昔我が持たる笏を取しめよと宣ふ。良種畏りて、何處に候ふと申せば、我が物具どもは、老松といふ者に持せたり。是は筑紫より供に來れる者なり。若宮の前に少し高き所に、地下三尺ばかり入て在り。年來は像も無りしかば、告ずて有けり。老松は久しく我に從ひて、是なむ至る所ごとに、松の種は蒔なり。松は我が像の物なるぞ。諸の雷神靈鬼は、皆我が從類となりて十六萬八千に餘れり。信ならざる人どもをば、雷公等に命じて蹈殺さしめむ。疫癘惡瘡災難の事も、天帝一向に任せ給へば、誰の神も我をば押伏せ給はじ。但し信心ありて侘ろひ悲まむ徒を見ては、いかで救はむとのみ思ふぞ。筑紫に在し時常に願へるは、命終りなば、後に我が如く慮の外の禍に遇む人、總て心誠に行ひ正しき人の、侘悲むをば助け救ひ、人を沈め損ぜむ者をば、糺す身と成らむと願ひしに、思の如く成たり。右近の馬場は興ある地なれば我かの邊に移り居らむと思ふ。其邊に松を生すべし。建る所の社をば、天滿大自在天神と崇むべし。又我に志ある徒は、我が家集に載たる離家三四月と云ふ詩と、雁足爾黏良牟將弖、帛平懸多留加止疑布と云ふ詩を誦せよ。振立て誦せむ輩、いかに嬉しからむと宣ひて、童子は覺にけり。其時見聞せる人々、良種をはじめ八人相共に、この御託宣を記しき。斯て良種は右近の馬場に往きて朝日寺の住僧最珍、その外にも此由を語りて、議する所に、一夜の内に北野に小松數千本生て、萬人の植たるが如し。俄に繁りて林をなす。神妙眼前に顯はれ、見る人涙を流す。最珍文子その外とも、力を合せて神殿を造立て、六月九日に遷宮なし奉り、菅家の人々上下勤仕して二季の禮奠祈禱ありければ、靈驗日々に新なり。其後四年を經て、天德三年に、貞信公の御孫九條右大臣師輔公、神殿を增造りて、種々の神寶を献られけり。斯く北野を切にせられし故にや、師輔公の御子孫に、攝政關白たゆることなし。唐土より渡り來る輩も、この御神の御神德を仰ぎて信心し奉る人多く、早く元と云ひし代に、薩天錫と云ふ人の詩に、千里梅一夜松と詠じ、明代の洪序と云ふ人の、天神の賛にも此事を記して、御神德を稱し奉れり。天曆元年に北野へ鎮座なし奉れる前後にも、天變地妖こも〴〵あり。殊に圓融院天皇の貞元元年より、天元五年まで、僅かに七年の間に、内裡三度まで燒にけり。さても有べきに非ねば、内裡造營あるべしとて、番匠うら板をかき磨きて、次の朝參り見れば、上に淺々と虫の喰たる跡あり。是を見るに三十一字ぞありける。

つくりてもまたもやけなんすがはらや、むねのいたまのあはぬかぎりは、此歌によりて、神慮いまだ和み給はずと、上下畏れ惑ふこと限なし。爰に永観二年六月二十九日、太宰府にて、禰宜藤原長子に託宣し給はく、我は攝政の詔を蒙れる、成功の身なり。然るに延喜帝、たゞ一階を贈られたること、大山の上に一塵を加ふるが如し。内裡度々の燒亡は我が伴類の所爲なり。我に隨身の伴黨十六萬八千百餘人あり。總て恨を含みて、世を背ける貴賤の靈鬼みな悉く集來す。但し理なく恨を含むの輩は、相供ならずと。猶種々の事ども託宣ありけり。一條院天皇の永延元年八月五日。勅して、北野聖廟に、始めて官幣を奉り、祭祀を行ひ給ふ。其時の宣命に、掛まくも畏き北野に坐ます天滿天神宮と記されたり。天滿天神宮と申す勅號、また聖廟と申すこと、是より始めて起れり。正暦三年十二月朔日、太宰府にて、夜半ばかりに、雷公大きに鳴て、大雨車軸を流すが如し。然る間に、神殿の戸開けたり。御前に詰たる人々、驚き奇みけるに、寅時ばかりに託宣し給はく、我毎日に、三度天宮に參りて愁訴の後頗る自在の身を得たり。延長元年に左遷の號を停めて本の大臣になし給へり。然れば既に本官たり。何ぞ贈位無るべき。我が左遷の時に、故貞信公、深く歎きて、遙に消息を通じて、懇に結びき。其孫師輔大臣北野社を建たること、甚だ悦ぶ所なり。我が爲に志ある輩を何ぞ守護せざらむやと。猶種々の御託宣ども有けり。同四年に朝議ありて、五月二十一日、正一位左大臣を贈られ、天神第四の御子淳茂朝臣の子、在躬朝臣の子、武藏權守菅原幹正朝臣、勅使として太宰府に下り著き給ふ。是よりさき、此月の十六日の夜の丑の時ばかりに、座主松壽大法師が夢に、知らざる人來りて、神殿に參るべしと告ぐ。誰人の仰にやといへば、一家の君たち集會せられて召れたりといふ。仍て參入すれば、四位五位の人々數多着座せられたり。其中に面を見知たるは三位文時卿、左近中將英明朝臣、勘解由長官在躬朝臣、山城守雅規朝臣、などなり。何れも天神の御子孫たちにて、早く卒去られたる人々なり。告示し給はく、贈官の事に依て勅使下向なり。然れども御本意に叶はず。承引すべからずと宣ふ間に、夢覺たり。宮師淨洞も同夢をぞ見たりける。斯くて同二十日の未時に、勅使幹正朝臣並に府行事權少監源朝臣直政、少典伴宿禰如武など、相共に安樂寺に參りて神事仕奉り、直政に御位記を持たしめ、御前に參り、進みて、勅使これを案上に取置き、宣命を讀終る頃、殿内にて道風々々と召るゝ御聲ありけり。人々畏れ奇みつつ、大宮司安部近忠、件の位記を御殿に納めむとして、案を持て進けるに、殿内より風吹來りて、勅使に左大臣の宣命を返され、朱簾の内より風に隨ひて、青色紙の御書ひらめき出て、案上の函の外に落けり。近忠とりて此書函の外にあり。若函より漏落たるかと云ふ勅使云く、本より然る青色紙なし。奇しき事なりとて、開き見て驚きて、又再拜せらる。正に神作の詩なり。題は示勅使と有りて、

忽驚朝使披二荊棘一　官品高加拜感成

雖レ悦仁恩覃二邃窟一　但羞存沒左遷名

とぞ有ける。寺司および勅使、祇候の人々共に見る所なれば、各連名して解状に記し、言上したりける。件の御詩は、外記局に納められて、後まで在しが、天神の御手跡に非ず。小野道風朝臣の筆に少しも違ふこと無りけるとぞ。道風朝臣は、前に早く世を去られたる人なるが、幽冥にては、天神の伴類となられし故にかくの如し。松壽大法師が十六日の夜の夢に、神殿に四位五位の人々、數多著座し居られしと云へる事と思ひ合せ、又御託宣に、南山の隱者等と、宣へるをも合せ考へて、我に十六萬八千百餘人の隨身あり、世を背ける貴賤の靈鬼、悉く集來すと宣へる、御語の小縁ならざる事を辨ふべし。さて今度の勅答、なほ神慮に快からずと評議ありて、同年閏十月十九日に、正一位太政大臣を贈り奉らるべしとて、幹正の甥輔正の子、散位從五位下菅原朝臣爲理を、勅使として遣はされける然るに、太宰府には、十二月十二日に、禰宜藤原長子を、殿内に召入れられて出されず。官位の使十六日に到着すべきの由、南山の隱者等これを告げたり。其間に仰すべき事ある故に候せしむる所なりと宣ふ。爰に十六日に勅使參到あり。其日の曉に、座首別當相共に、參入るべき由託宣あり。驚き奇み、所司等と共に神前に參れば、先日の勅使は、思ふ所あるに依て我已に快からず、其由を知らしめむ爲に、絶句を示せり。此度の勅使に於ては、南山の隱者ら頗もて相應と云へり。今日の勅使宣命を讀むとき、詩をもて答ふべしと宣ふ。勅使參りて、宣命を讀竟れる時に、神殿鳴動して、空に聲ありて一首の詩に聞えたり。別當松壽法師即ち筆を執て記し奉りける。其御詩に、

昨爲二北闕被レ悲士一　今作二西都雪レ耻尸一
生恨死歡其奈レ我　今須三望足護二皇基一

此事も、各連名の解狀に記して、言上しけるに、上下始て心を安むじけり。此詩は一度詠吟の人をば毎日に七度守護せむと、後に又御託宣ありけりとぞ。扨右の御託宣二首の詩を御集に載たる詩の體に似ざれば、覺束なしとて、儒者なんど天神の御作には非じと云へるも有れど、深く慮ざる言なり。又種々の御祟をも、菅丞相には有まじき事と、論じ奉れるも有れど、悅ぶべきことは悅び、悲むべきことは悲み、怒るべき事は怒り給ふ。神の眞情を伺ひ奉らざる僻說にぞ有らると云へり。此御傳の上を考へ奉るに、薨去の後屢元の御形を現し給へるは更にも云はず。前の我毎日に三度天宮に參りて愁訴の後、頗自在の身を得たりとの、御託宣などを思ひ奉れば、菅公は道を得て、天仙と成らせ給へること、更に疑ひ無し。

嚴夫云。本傳は、平田篤胤翁が、天滿宮の正しき御傳記を著さむとて、其草稿を初められしかど、

他の著書の爲め果敢かねて有ける間に、根岸延貞、高橋正雄、と云へる二人の門人等が其草稿に因て、書著はしたりと云ふ。天滿宮御傳記略を、節略して、爰に擧げたり。其中に御小名を阿呼と稱し奉ると云へるは、梅城錄を、また菅原是善卿の御子にしてと云ふより、父相公の才智にも勝りて御座けるとぞと云へるまでは、政事要略、公卿補任、菅原氏系圖、御傳記、聖廟宗神傳、北野緣起抄を始め、其他の諸書をも、參考に供して記せり。また對策及第して、正六位上に叙せられ、玄蕃頭に任ぜられ給ひし事等は、此れ亦公卿補任、政事要略、三代實錄等を參考し、歷任昇進のことは枚擧に遑あらざるを以て之を略し　昌泰二年右大臣に任ぜられ給ひしことは、前の諸書を始め、猶扶桑略記、歷代編年集成、神皇正統記、北野宮寺緣起取要等を參考して書きたり。また都良香朝臣の、羅城門の鬼神より授けられたる詩の句を、菅公の豫め知て居らせられしを以て、神に通じ給へりと人々に云はれしと云へることは北野緣起、北野天神御緣起、十訓抄、江談抄、選集抄、梅城錄等を參考するに、凡同じ狀に擧たり。蓋此は貞觀十二年の春のことなれば　菅公の御年二十六歲の時のことなり。また寛平六年九月廿五日、菅家の御門人たち、吉祥院に集ひて、公の五十の御賀の會を催されし時の事は北野緣起、天神之緣起、北野宮寺緣起取要、宇多紀略にも見えて、大日本史にも載せられたる事蹟なり。此れを荏柄緣起等に因て、天皇の修し給ひし事のやうに、記したるものもあれど、此は本傳に擧たる如く、南山の隱者等が、金峯山の砂金を捧げて、仙境より御年賀を祝し奉れるなりと云へるぞ正しかるべき。延喜元年正月七日、從二位に敍せられ給ひしを、同月廿五日に至り、左大臣藤原時平公の讒言に因て、忽ち右大臣を止められ、太宰權帥に左遷せられ、踵て同月廿七日、公の御子等高視、景行、兼成、淳茂の四方を始め、其外にも合せて十二人を左遷せられ、諸國に流されたることは、政事要略、御傳記、御緣起聞書等に詳なり。都を立せ給ふ時の御ことは、撰集抄、北野緣起、大鏡　北野八嶋記に委しく記し、また紅梅殿の梅に、御名殘を惜ませ給ひし御詠は、拾遺集に、梅の飛び櫻の枯しことは、北野天神御緣起　十訓抄等にあるを參考に供して記し、また御身に罪なきよしの告文を捧げて天帝に祈り訴へさせ給ひしに、七日七夜に滿ずる日、一村の雲たなびき來て、告文を大虛空に捲上、天滿大自在天神と、成らせ給へる由は天神記、江談抄、太平記、太宰府天滿宮古實等を參考し、延喜三年二月廿五日、御年五十九歲にて薨逝させ給へること、御葬車の忽ち止まりし所を御墓所として、今の安樂寺の地に神殿を立て、天滿天神と崇め奉れること等は、日本紀略、皇年代記、大鏡裏書、政事要略、また北野天神記、天神記、歷代編成集成等を參考に供したり。また情なくをる人つらしの御歌は、つくしへまかりける者の、安樂寺の梅を折て侍りける夜の夢にみえはべりけるとなむと云へる序ありて、新古今集に載せられたり。また藤原菅根卿の、神罰に因て身まかられしことは、天神記と本朝神社考とに載せ、藤原時平公の奇病にて薨ぜられ、又其御子等も皆亡びたることは、大鏡、北野縁起、太平記、浄藏法師傳、愚管抄、扶桑略記、僧綱補任抄出等に見え、また右大辨源公忠卿の頓死し蘇生して、冥府の狀を奏聞せられしに因て、菅公を右大臣に復し奉られ、正二位を贈り給ひ、國々に流されし其御子等をも、皆召還され、昌泰四年を、延長元年と改元まで在せられたることは、江談抄、北野天神記、歴代編年集成、政事要略等に委し。また延長七年、比叡山延曆寺の座主、法性房尊意僧正の許に、菅公の元の御形にて入せ給ひ、柘榴を噬碎かせ給へることは、北野縁起、天神之縁起、梅城錄、本朝神社考等に載す。皆云ふ其柘榴のほむらと成て、燃つきたる痕ある妻戸、今尙本房に存すと。また延長八年六月二十六日、暴雨烈風雷電霹靂して、內裡の上に鳴落鳴騰り、清涼殿の坤の柱に雷火燃つき、清貫卿、希世朝臣を始め、時平公に與せし奸臣等、蹶殺さるゝもあり、燒殺さるゝもありて、皆亡びられたること、及び此時叡山の座主法性房を召されたること等は、愚管抄　皇代記首書　日本新國史　古事談、日本紀略、十訓抄、扶桑略記、歴代編年集成、尊意僧正傳等に見え、また同年九月廿二日、天皇御位を朱雀天皇に讓らせ給へることは、天神記に見ゆ。但し本傳には、第九の皇子とあるを、天神記には第十一の皇子と有れど、暫く元のまゝに隨へり。また日藏と云へる行者が頓死し、十三日めに蘇生して、天滿天神の御住所を拜見し、且種々の仰ごとを承はり來りて、奏聞したることは、十訓抄、北野緣起、天神之緣起、天神記、北野天神緣起繪、太平記、扶桑略記、梅城錄 元亨釋書等にあり。皆此れを參考して記せり。また多治比文子に、御託宣のことは、御傳記、天神緣起、北野天神御記等に見え、近江國比良宮禰宜三和良種が子、太郎丸とて七歲になる童子に因て、託宣し給へること、及び一夜に數千本の松の生じたること等は、天曆元年三月十二日の、天滿天神託宣記、北野天神御記、天神記、北野寺僧最鎭記文、北野宮寺緣起取要等に載せ、天德三年に九條右大臣師輔公の北野の神殿を增造り、神寶を献られたることは、最鎭記文、天神緣起等に記し、また圓融天皇の御代に、內裡三度まで炎上に及びたるを、御造營あらむとて、番匠がかき磨きたるうら板に『つくりてもまたもやけなむ菅原や』の歌の、むしばみあらはれたることは、天神記、大鏡、清輔雜談集、寶物集、諸神社記、本朝續文粹等に載せ、位一階を贈られたるは、大山の上に一塵を加ふるが如し云々の御託宣は、永觀二年六月二十九日、禰宜藤原長子を以ての御託宣にて、其中より僅かに要とある節を擧げしに過ず。また一條天皇の永延元年八月五日勅して北野聖廟に始めて官幣を奉り云々とあるは、御傳記に、外記日記に曰くとて出され、猶同年を以て、北野天滿天神宮の官幣に預り給ふことゝ成し由は、二十二社註式、公事根源、年中行事秘抄等にも見えたり。また我毎日三度天宮に參りて愁訴の後　頗る自在の身を得たりとあるより、正曆四年、正一位左大臣を贈られたる宣命を、殿內より風吹來りて、勅使に返され、且青色紙に、示勅使と題せられたる、忽驚朝使披荊棘云々の神作の詩の御書、朱簾の內よりひらめき出たるが、其は菅公の御書にあらずして、小野道風朝臣の筆に違ひ無りけるを、人々共に連名して解狀に記し言上せられしを以て、なほ神慮に快からずと評議ありて、同年閏十月、更に正一位太政大臣を贈り奉られしに、此度の勅使に於ては、南山の隱者等も頗るもて相應と云へりと宣はせ給ひて勅使宣命を讀畢れる時に、神殿鳴動して空に聲ありて、神作の御詩に聞えしは、即ち昨爲北闕被悲士云々の御詩にして、此事も各々連名の解狀に記して言上し、上下始めて心を安んじけりとあるまでは全く一條天皇の正曆三年十二月、同四年八月、及び同年十一月より十二月に亘れる度々の御託宣に詳なるを、節略して擧たるものなり。其中に正曆四年五月廿日左大臣正一位を贈られたることは、公卿補任、日本紀略、政事要略、御傳記、大日本史等に見えたるが、此の日のことを大日本史には、註を加へて、百練抄には、六月廿五日に係る、今紀略、大鏡裏書、編年記に從ふ。古事談、北野緣起を按ずるに、八月十九日と爲す蓋使至るの日に係ると云へり。然るに正曆四年の御託宣には、宣命の日附は、五月とありて、勅使安樂寺に參向の日は、同年八月廿日なるが如し。然れば五月に贈位贈官の議を定められて勅使は八月十九日に、安樂寺に著し、翌二十日參向せられたるものなるべし。また勅答の青色紙に書れし神筆の御詩の、菅公の御筆に非ずして、小野道風の手跡に違ひ無りしと云へることは、北野緣起、台記、吉部秘訓抄等に委しく記し、また同年閏十月廿日附を以て、更に太政大臣正一位を贈られたることは外記局記、百練抄、二十二社註式本朝論號雜記、大鏡裏書、公卿補任、日本紀略等にあり。右總てを參考して之れを擧たり是に於て熟本傳の上を惟ひ奉るに、菅公は御在世の時より、夙く神仙の道を得給ひ、道經に所謂、形を煉て氣と成り、氣を煉て神となり、神を煉て道に合ひ、胎仙自ら化し、陰盡て純陽となり、身外身有るに至り、形神共に妙なることを得るとある。田地に至りて御座しゝを以て、此の身外の身と云へるは即ち前の小野篁の傳の下に、紫陽眞人張柏端の傳を引て、委しく說明せる陽神のことなれば、菅公は此陽神を出して、常に冥府に通はし給ひ、南山即ち金峯山の神仙等と深く交はりを結びて御座しゝものなるべし。扨こそ五十歲の御賀會の時も、南山の隱者等より金峯山の砂金を捧げて祝詞を奉り、薨逝させ給ひし後、菅公贈位の勅使ありし時の御託宣にも、官位の使十六日に到着すべき由、南山の隱者等これを告たりとも、此度の勅使に於ては、南山の隱者等頗るもて相應と云へりとも宣ひしに依れば、始終南山の隱者等より、何角と告げ奉りてありしが如く聞ゆるのみならず、彼の日藏行者が頓死して冥府に行きし時も、金峯山の金剛藏王の導きにて、天滿天神の御住所に至り其莊嚴美麗より、御行裝の嚴重なる狀等を拜見し、且其仰せごとをも承はり、蘇生りて奏聞したるなどを思ふにも、南山は菅公に、淺からぬ幽緣あるを知るべし。斯の如くにして、菅公は、幽冥に通じて御座しゝを以て、御在世の時より都良香の詩を御覽ぜられても、忽ち此れは鬼神の句なりと斷言し給ひ、また一首の歌を詠せ給へば、常に愛し給へる紅梅殿の梅の枝、さけ折て筑紫に飛び行き、また御身に罪無きよしの告文を捧げて、天帝に訴へ祈り給へば、村雲たなびき來りて、告文を大虛空に捲上て、納受ありしを示し給ふ。此れ皆陽神を得て御座しゝが故なるべし。また薨逝させ給ひし時、御遺骸輕くして、無きが如くなりしと云ひ、また御葬車忽ち止まりて、動かずなりし所を占て、御墓所とすとあるなどを思ふに、若後に至りて、御棺を開き見奉らむには、彼日本武尊の如く、必ず御遺骸は無りしなるべし。然れば、彼飛梅の枝を折るものあれば、忽ち其者の夢に入て、情なく折る人つらしの歌をもて、之を戒め給ひ、また時平公に黨して、菅公を左遷し奉ることを謀りたる者は、一人も殘さず滅亡せしめ給ひ、或は源公忠卿をして、頓死し蘇生らせて、冥府の狀を奏聞し奉らしめられ、または元の御形のまゝにて現はれ來りて法性房と應對をなさせ給ひ、或は清涼殿に化現して、愼て御失りなき由を奏せさせ給ひ、又は多治比文子と云へる賤女、三和太郎丸と云へる童子によりて、神慮のある所を託宣し給ひ、或は一夜の內に數千本の松を生し給ひ又は磨きたるうら板に虫喰の歌を示し給へる類の如き、數へ去り數へ來るに、其の靈異の赫赫たるもの、實に枚擧に遑あらず。中にも左大臣を贈らせ給へる宣命を、勅使に返させ給ひし時、神作勅答の御詩を、小野道風に、青色紙に書しめて、案の上に出させ給へるが如き、また太政大臣正一位を贈らせ給へる時、空より聲を發して、神作の詩を告させ給へるが如きは、實に靈異の極みとも云ふべき事にて、天仙の道を得給へるにあらざれば爭でか斯の如くなるべき。特に菅公太宰府にて、薨逝させ給ひし、延喜三年より、菅公に太政大臣正一位を贈らせ給ひて、今須二望足護二皇基一と神作勅答の御詩ありて、神慮和み鎭まらせ給ひし、一條天皇の正曆四年まで前後九十一年間は、天變地妖絶る時無く、折にふれ事に方りて、我に十六萬八千八百餘人の隨身伴黨あり。信ならざる人どもをば、雷公等に命じて踏殺さしむとも、內裡度々の燒亡は、我伴類の所爲なりとも、託宣し給へるを思ふに此は全く天滿天神の御荒びに因ること、固より云ふまでも無くして、正曆三年十二月朔日の御託宣に、我毎日三度天宮に參りて、愁訴の後、頗る自在の身を得たりと宣はせ給へる、頗る自在の靈異を示させ給へるものと知るべし。然れば、菅公は、本來の御生得に因れるか、修煉の効驗に因れるか、今より之れを伺ふことを得ずといへども、兎にも角にも、御年若き間より、形神倶に妙なる、純陽出神の道を得て御座しゝを以て、御在世の中より、屢奇異を現はし給ひしを彼天拜山に於て、告文を村雲の大虚空に捲上しをある時、更に進ませ給ひて天仙となり、天神の位に昇り給ひしものなるべし。其は天滿大自在天神の神號と云ひ、且此の後最も靈驗著しく成らせ給ひしを以ても知るべし。扨菅公は斯の如く天仙にまで昇らせ給へる御方なるを以て、御託宣にもある如く、十數萬の隨身眷屬をも得させ給へる中には、小野道風朝臣の如き人も有るを思へば、其他の人々をも粗想像に難からざるべし。此れより延て考ふるに、都良香朝臣の如きも、同朝臣の傳に云へる如く、官を止めて金峯山に入り、眞を修めて道を得たりと傳ふれば、此れも其件類とはなれるなるべし。是を以て、我國往古より以來、贈太政大臣正一位に昇れる方も少からねど菅公の如く、天下一般の崇敬を受させ給へるはあることなし。此れ他なし、菅公は功滿ち行ひ足り、所謂至德を全うして、天仙の道を得給へるが故なるべし。

晴天鶴

朝日影さよさかのほる大そらに千代よはふ鶴の聲ののさけさ

朝海

浪風のたゝぬあしたの海原にみゆるはみ代の姿なりけり

◉嵯峨隱君子

嵯峨隱君子は、其姓名を知らず。隱れて西山に棲む、因て隱君子と稱す。貞觀十二年三月廿三日のことゝか、菅公初めて策を献ぜられし時、是善卿橘廣相と共に之れを披閲せり。會〻一事の通ぜざること有りしに依り、廣相馬に策て嵯峨に至り、隱君子に問ひて、事を辨じたりと云ふ。菅家の御父子及橘廣相倶に最も博識洽聞の譽ある人なり。然も猶其知らざる所を問ふ。隱君子の博洽推て知るべし。隱君子好むで常に琴を鼓く。一日偶〻元眞が作れる、不二是花中偏愛一レ菊、此花開後更無レ花と云へる句を歌ひけるに、微之が靈來り人に託して、我自ら此句を愛す、故に感じて來れり但後の字は不可なり。當に開盡てと正して之れを吟ずべしと云ひけるとぞ。其鬼神をも感せしむる非凡の人たるを證すべし。或人の曰く、嵯峨隱君子は、延喜帝の季子に白髮にて童の形せる御方ありて嵯峨に住み給ふ。即ち是ならむと。然れども其皇子とせば廣相等と世を同うすべからずあるを如何にせむ。蓋別人なるべし。而して隱君子は、夫れ斯の如きの大家にして、其出所の詳ならざるのみならず、又其行く所を知らざるは奇と云ふべし。即ち知るこれまた南山の隱者の類にして、正に神仙の一人なることを。

巖夫云、本傳は　天神記、江談抄、本朝遯史、扶桑隱逸傳等を參輯して、爰に載せたり。中にも本朝遯史には其贊に、嵯峨の碧山固より隱君子に負かずして、隱君子が襟懷も亦西山と共に高潔なるか。其一事一語も今に流芳せざるは、遺憾深しと云ひ、また隱逸傳の贊にも、昔太史公李耳を謂て曰く、老子は隱君子なり。其の學以て自ら隱る。無名を務めとすと。今の隱君子も亦無名を以て務めと爲せば、何ぞ其れ名姓を傳へず。文字を遺さゞる、徒に人をして首を搔て追慕せしむるものと云ふべし。噫聃は猶五千言あり。また鄕里姓名あり。今の隱君子に比すれば、則ち露はれたりと云へり。實に此の贊の如く、隱君子は、菅公の爲に、橘廣相が馬を馳せて、問ひに行きたることゝ、其琴に感じて、元稹の靈の來れることゝの外には、一言一行の世に遺せるものなし。所謂無名を務めて、無名を全うしたるものなり。之を老聃に比して、老聃よりも能く隱れたりと爲せるは、最も我が意を得たる論と云ふべし。思ふに此隱君子の如き、大智識大道德を具へながら、毫も世に衒ふこと無く、全く隱れ果せたるは、當時菅公の如き、大高德の御方の世に出時とするを認めて、少も顧るべき所なく、また憾みとすべき所無きが上に、人間以上に於て、極めて高尚にして、極めて快樂なる、神仙の道を求むべきあるを、知りたる人にあらざれば斷行し難き所なるべし。唯惜むらくは、斯の如き至人の金言玉文の世に傳らざることを。

◉藤太主並源太主

藤太主、源太主は、大和國吉野の郊に居る仙人なり。始め五穀を絶ち密咒を持し、鍛錬精修して仙道を得たりと云ふ。常に烏帽子を載き布衣を著たり。醍醐天皇の延喜の頃、淨藏貴所とて、世に隱れ無き行法の人ありけるが、或時大和國に至り、吉野河を渡らむとしけるに、折しも洪水漲りて渡舟無りければ、淨藏惘然として躊躇し、杖を曳て河の側を徘徊し居たるに、何處よりとも無く、二人の仙人忽ちに飛來りて、我等淨藏を渡し參らすべしとて、先藤太主咒文を唱へければ、忽ち神人出來りて、大木を切て淨藏を載せけり。又源太主も咒文を唱へて神人を呼び、其大木を引せて、向の岸に渡してけり。其時淨藏問ひて、君等は抑も誰人にて、何の爲に今斯く我を渡し給ひけるぞと云ひしかば、二人答へて我は是れ吉野山に住る仙人にて、藤太主、源太主と云ふ者なり。君が行德に感じて、殊更に來りて、渡し參らせたるなりと云ひ畢りて、共に相揖して飛去りしとなむ。

嚴夫云、本傳は、元亨釋書、神社考、本朝列仙傳等を參輯して、爰に載せたり。但文は大概本朝列仙傳を採て之れを擧げ、他の二書に因て多少の修正を加へたるに過ず。然るに、此の二仙は、五穀を絶ち密咒を持し　鍛錬精修して、仙を得たりとあり。今雲笈七籤を始め、諸道書に、就て研究するに、穀を絶つの法、殆ど百許りあり。決めて無法にして斷食するものにあらず、或は符水を用ふるあり、或は、藥味を用ふるあり、或は咒文を用ふるあり、其種類最も多し。中に就一二を擧むに、一法に曰く、脾中の神の名を、黄裳子と云ふ。此名を呼び、此神を念じて、內氣を食すれば、饑ずして穀を絶つべしと。內氣を服するとは、口を閉ぢて氣を呑むと云ふ。又甘始が法あり、曰く六甲六丁の玉女の名を召し、水を祝して之れを飮めば、饑ずして穀を斷つべしと。今李淳風の著に係る內秘丁甲大法に因るに、六甲の神の名は、甲子の神を梁丘仲と云ひ、甲戌の神を扶水距と云ひ甲申の神を庭西嶽と云ひ、甲午の神を司天嶽と云ひ、甲辰の神を淵泉姑蘇と云ひ、甲寅の神を陵彭問と云ふ。また六丁の神の名は、丁酉玉女を登赴と云ひ、丁未玉女を浮呋と云ひ、丁巳玉女を嬰三と云ひ、丁卯玉女を開明と云ひ、丁丑玉女を月光と云ひ、丁亥玉女を登姑と云ふ。此れ即ち六甲六丁の神名なり。此神名を召て水を祝し、之れを飮めば饑ること無く、以て穀を斷つべしと。此祝せる水は唯人のみに止まらず、牛馬に用ふれば、牛馬も亦饑ずと云へり。他は擧るに遑あらざるを以て、之れを省きぬ。また此の穀を絶つ者に就て、稚川翁云へることあり。曰く、只符水を用ひ及び氣をのみ服して穀を絶つ者は、皆四十日の中疲れ且瘦るも、此れを過れば健になるものなりと。仙翁數々穀を斷て二年三年を經し者を見たるに、多く皆身輕く色好く、風寒暑濕に堪ゆるも、大慨肥たるものは無く、また之れに其經過を問へるに、初のほどは氣力少くして、後には稍丁健ならざるは無く、月は一月に勝り、歳は一歳に勝りて、正に久しくすべきを知ると答へしとぞ。然れども、此の穀を斷つは、唯食はずても、命は保たるゝものなるを、證するに過ずして、此れを以て壽を益し年を延ぶる効は無きものなり。是を以て長生不死を求めむと欲はゞ、此れと合せて、或は圖を佩び、或は符を服し、若くは丹を煉り、又は藥を飲み、咒を持するの類、別に其法を兼修むるにあらざれば、道は得らるゝものにあらず。即ち一の例を擧げて、呉國に石春と云へる道士あり。常に氣を行ひて、人の病を治す。病者の愈るを期して、或は十日或は百日、自ら食せざることあり。呉の景帝之れを聞て、人を欺くものなりとし、捕へて一室に封鎖し、食を與へずして、人をして之れを守らしむ。春唯二三升の水を求めしのみにして、一年餘を經たれども、顏色更に鮮悅にして、氣力舊に異なることなし、景帝之れに問ひて、猶食せずして幾歳月を堪へ得るやと云ひしに、春之れに答へて、限り有ること無ければ、此上數十年を經るとも、更に饑を憂へず。然れども我老たれば、其間に年命盡て、或は老死するの恐れ無きに非ずと云ひけるとぞ。此の春が言を按ずるに、單に穀を斷つのみにては、壽命を延ることは能はざるを知るべしと云へり。實に然ることなるべし。是を以て此の二仙の如きも、兼るに密咒を持し、以て鍛煉精修せしものならむ。而して其密咒と云へるは、抑如何なる咒文を用ひしか、道家重むずる所のもの甚多くして、固より之を知る由無れど、其一二を擧むに、天靈節榮眞人王甲願得長生太玄之一守二某甲身形五藏君侯一願長安寧また我立勳功願得安寧、我立勳功願得長生、の類の如き頗る多し。孰も信じて常に密に之れを誦すれば、効驗著しき秘咒なり。即ち此類ひの密咒の中にてありしなるべし。また二仙が鬼神を劾召して、使役したるに就きて一言せむに、廣黄帝本行記、軒轅本紀、禮道通鑑、稚川内外篇等の諸書皆云ふ、三皇内文天文大字を以て、萬神を劾召し、群靈を役使するの道あることを、二仙は是等のものまでを得て然りしや否や。また彼の源義經が、鬼一法眼より授かりしものとて、世に傳ふる龍巻、虎巻また玉張陰符經等云ふものあり。此れにも密咒と云ふべきもの少からず。中には鬼神を劾召し、役使するの咒文等あり、或は此種類のものにてありしやも亦知るべからず。二仙は、其何に因りしかは、之を詳にすることを得ざれど、道術精修の効を積みて、飛行自在の身となり、鬼神を役使したることは、本傳の上に於て其事蹟明白なり。然れば二仙は兎にも角にも、地仙以上の道を得しものなること、更に疑ひなし。

◉松木春彦

松木春彦は、姓は度會松木は其氏、俗に白太夫と稱す。伊勢國度會郡山田の人にして、代々豊受大神宮の神官たり。父は同宮の大内人度會高主なり。高主尾上の地に住む。故に尾上の大内人と云ふ。初高主子無きを歎き、丹誠を凝して、嗣子を得んことを神祇に祈る。其妻懷妊して孖を生たり。高主大に歡びて、之を養ひけるに、翌年も孖を得、また其翌年も孖を得て、三年にして六子を得たり。春彦は其季に雙生せる一人にして、同胞の兄を秋並と云ふ。生れし年は定かならねど、月は十一月十八日にてありけるとぞ。春彦成長の後、其兄冬雄の跡を續ぎ、久しく豊受大神宮の權禰宜たりしが、若き頃より頭髮皆白かりければ、人々白太夫とぞ呼びける。春彦屢京都に登りて、菅公の稚く御座しける頃より、深く御知遇を蒙りければ、菅公左遷にあはせ給ひし時も、京都よりは朝廷を憚りて、誰れも訪らひ參らす人無りしかど、春彦のみは七十に餘れる齡ながら、はるばる筑紫まで送り參らせ、いとまめやかに仕へ奉りけるとぞ。後に天滿宮の御末社に白太夫社と稱へて、必ず春彦を祭るはかゝる謂れの有るに因れり。斯くて延喜三年二月、菅公筑紫にて薨逝させ給ひし後、其常に佩かせ給へる御劍並に御鏡を持て、菅公の御長子菅原高視朝臣の坐す、土佐國に行き其御劍御鏡を授け參らせしを、高視朝臣其を御靈代として、齋き奉られしが、今の土佐國土佐郡潮江村に鎭り坐す天滿宮にて、其御神體は、御劔に座し、銘に朱鳥二年八月日神息と見えたるは、即ち春彦の捧げ來れるものなりとぞ云ひ傳へける。春彦は其後伊勢に歸れるにや、延喜十八年に至りて、禰宜に任ぜられ、神主となりしかば、此より尾上長官とぞ稱せられける。其在職の間、勤勞功績少からず。今の豐受大神宮の神事作法は、大概春彦の立る所に由ると云へり。斯くて其後職を男晨晴に讓り、天慶九年正月七日に世を去りけるとぞ。然れども、其墳墓の所在詳ならず。伊勢山田の船江町に金剛寺と云へる寺あり、此寺内に御袖石と稱する石あり。傳て春彦菅公左遷の時、播州袖ヶ浦にて、菅公より賜はりし石にて、年々に其形を變じ、今は大石となれるが、此石のある所乃ち墳墓ならんかと云へり。春彦の靈祠は、岩淵町字松木に在りて、松木神社と稱す。元豐受宮の末社たりしが、明治六年神宮の管轄を離れて、地方廳の所轄となり、無格社の列に入りたるとぞ。又其靈祠の造替は、二十年に一度行はるゝ。豐受宮の式年御遷宮の時、其古材の拂下を乞ひ、子孫に於て之を營むを例とせり。其創立の年月等は詳ならず。度會智彦長官の時、社殿を改造し、區域を擴めて、目今の狀態を爲すに至れり。例祭は六月二十日、十一月二十日の兩度にして、六月二十日は、禰宜任命の日、また十一月二十日は辭職の日にして、祭るに卒日を以てせざるは、蓋其故有るべしと云へり。春彦幽冥に通じ、神異を顯はしたること少からず。中にも仁和年間の事とか、天神の眞詰を蒙りて、山宮祭と云ふことを始め、之を行ひて子孫の繁榮を祈る。爾後例として、毎年十一月に禰宜之を修せり。神秘の行事ありとて、齋戒沐浴して、廿五歳未滿の者と、七十歳を越えたる者とは參列せず。但參列せざる者と雖も、私邸に於て必ず齋戒をなすとぞ。建武年中までは、前山の邊に於て之を行ひしが、其後豊受宮の宮域内、釜が谷の靈地を撰びて祭場を之に遷し、明治四年神宮御改正までは、修行し來れりとなり。但其祭場には、楮棚を兩方に造り、一は南に向け、二は北に向けて造り、南に向ひたる方には、一ノ禰宜祭主となり、北に向ひたる方には二ノ禰宜祭主となり、神饌を供へ、幣及び幡等を立て、祝詞を奏じて之れを祭る。其作法最も嚴重にして至誠を盡し、事畢りて退く時にも、必ず後を見ること無くして、歸るを法とす。假令物を遺失し來ること有りても、立戻り行くことを許さず。其は神明の來降して座ますが故なりと云ふ。斯くて家に歸りても、亦彼祭場には參列せざりし、廿五歳未滿の者、並に七十歳を越たるものも、共に打集ひて、祝宴を開きしとぞ。然るに或年禰宜檜垣某、紙入を遺失し來れるに依り從僕を取に遣はしたるに、老翁仙女仙童の如き者打集ひて、酒宴を行ひて有りけるが、汝此狀を人に告ること勿れ。若過ちても口外せば、命を失ふべしとのことなりしかば、此僕決めて人に語らで有りしに、老後に及びて江戸に住みけるが、一夕人々と怪談をなすに方り、興に乘じて、計らず山宮祭場神異の狀を物語りしに忽ち煩悶して我は覺えず神の戒めを破りて、此神異を語りたり。如何がはせむと叫びつゝ、遂に血を吐きて絶命せしかば、人々相傳へて懼れ慄きけることぞ。斯の如くにして、春彦が天神の眞詰に依て、始めたる祭には、後世に至るまでも、斯る神異の事あるのみならず、其壽命は定かならねど、凡百二十餘歲を保ち、天慶九年正月に卒したる如くに傳へたるも、其墳墓の地詳ならず。また祭日の如きも卒日を以てせずして、任命の日と辭職の日とを以てしたるが如き、畢竟春彦は、仙去したるものにて、其終の詳ならざるが故なるべし。

嚴夫云、本傳は、度會春彦の苗裔たる、松木時彦氏が、松木家譜を始め、家の傳說其他諸書に散見せるもの、及び口碑に傳ふる所等をも筆記し寄られたるを本とし、尙諸書をも參考して此に載せたり。中にも頭髮皆白かりしを以て、白太夫と呼びける由を云へるは、貝原氏の御傳記に若き頃より白髮なりければ、白太夫と云ふと見えたるを取り、屢京都に登りて菅公の御知遇を蒙れることより筑紫まで送り參らせて、實やかに仕へ奉れる由を云へるは、平田翁の御傳記略に依て記せる中に同書には、外宮の祠官に度會春彦と云ふ人、云々七十に餘る齡ながら、御跡を慕ひて太宰府に來りいと實やかに仕へ奉りけるとぞとありて、左遷の後御跡より筑紫に赴きたる如く記されたれど、本傳に擧げたる伊勢にての傳說に、菅公左遷の時、播州袖が浦にて、春彦に石を賜はりたるとの傳へ有るを思ふに左遷の時親しく送り參らせて在しに非ざれば、然ること有るべき由無きを以て、送り參らせたる事に記しぬ。又春彥が菅公の御劍と御鏡とを持て土佐國に行たる事及び其御劔は神息と銘の入たる御劔にて、乃ち今の潮江天滿宮の御神體にて有ること等を擧たるは、土佐國天滿宮傳記略に載せたるを採れり。但同書には、菅家瑞應錄と云ふ書を引きて、春彥は、筑紫より高視朝臣を尋ねて、土佐國に至り、延喜五年十二月九日を以て、七十九歲にて土佐國にて死りたる由に記したれど、此は全く誤れる傳へにて、松木家の傳に、延喜十八年に、正しく豐受大神宮の禰宜に任ぜられたる事實あるに合ざれば採らず。然れども、同國長岡郡大津村に、春彥を祭れる小社ありて、其社は春彥の墳墓の上に建たるものなるよしに云ひ傳へたれど、此は墳墓には非ずして、春彥の此地に來れる時の、何か由ある遺跡なりしを、後に墳墓の如く誤り傳へしものなるべし。また伊勢國山田曾禰町に、天滿宮の御社ありて、其內に又別に祠を設け、春彥の像を安置し有るとぞ。即ち衣冠を著たる嚴然たる神像の由、是亦時彥氏の物語なりき。また春彥の壽命を、凡百廿餘歲と記せるは、其生れたる年の詳ならざるより、確なることは知る由なけれど、前にも引ける御傳記略に菅公左遷の時、七十に餘る齡にて有りながらと見え、又彼瑞應錄にも延喜五年七十九歲にてありたる如く載せたるによりて、假りに延喜元年に七十五歲にて有りたるものとして、其れより七十五年遡る時は、淳和天皇の天長三年の生れとなるなり。扨其七十五年に、延喜元年より、即ち春彦が世を去りたりと傳へたる、天慶九年までの年數凡四十六年となるを加ふれば、前後一百二十一年となるを以て、斯くは擧たり。また大阪天満の天満宮社傳と、大融寺の古記とに因て、中田憲信主の考證したる説に、春彦は菅公左遷の時、攝津國今の天満の地まで送り參らせ、此地にて別れを告げ夫より家に歸らず、此所に止りしが、延喜三年、菅公筑紫にて薨せられしを聞き、哀悼の情に堪へず。祠を建て公の神靈を鎭祭し、春彦常に公の德を少彦名神一名手間天神に比し奉りしを以て、天満天神と崇め奉りしは、手間天満字音相通ずるが故にして、此天満宮の神祠成るの後、其域内に別に祠を設けて春彦の靈をも祀り、之を稱して白太夫社と云ふ。蓋白髯の謂れならむ。北野を始め諸國菅神の末社に、白太夫社を置くもの、此社域に祀る所を始めとし、以て至誠の友宜を稱揚すと云へり。此説の内春彦は家に歸らず此地に止まり居て延喜三年菅公薨去間もなく、天満天神と齊き奉れる如く云ひたれど、本傳に擧たる如く、筑紫まで送り參らせ、且其後家に歸りて、延喜十八年禰宜に任ぜられし、事實有るに合ざれば信じ難し。然れども大阪なる天満の天神、實に春彦の齊く所とする時は、或は春彦天慶九年、世を去りたる後、暫く此地に留りて、其事有りしを後世に至りて、斯く誤り傳へしにもあるべし。また菅家瑞應錄に、延喜六年二月廿五日、即ち菅公の御忌日の夜半頃、慈元と云へる入道が、御廟に詣でたるに、八十許の翁一人白き裝束著て、御廟に供物を捧げ、恭しく仕へ奉り居るを、不審に思ひて能々見れば、其老翁は松木春彥にて在しとぞ。其後天曆帝、其裝束の白かりし由を聞召て、白太夫と名づけ給ひしが、今北野の御本社の前に、白太夫社ありと載せたり。此御廟と云へるは、太宰府を指すか、北野は村上天皐の天曆元年に、始めて鎭祭られたれば、延喜六年には、未だ天滿宮の有るべき由無く、また春彥も猶在職の時にて、然る奇異のあるべき謂れなし。然るに慈元が詣でたる御廟と有るは、其紀事全く北野を指せるが如し其はその文を結びて、今北野御本社の前に白太夫社ありと書るにて知るべし。思ふに此は延喜六年には非ずして、天曆六年の事にはあらざるか、其は延喜六年は、天曆元年より四十二年前の事なるに、天曆帝之れを聞食て、白太夫と名づけ給ひしと云へるも、打合ざるに似たり。然るに之を天曆六年の事とすれば、北野天滿宮も出來たる間の事とて、村上天皇之を聞食て、白太夫と宣はせ給ひ、且北野に末社をも立るに至りしものと見て、稍符合するが如し。但瑞應錄にては、裝束の白かりしに依て、白太夫と名づけられたる如くに記したれど、此は本傳に擧たる如く、頭髮の白かりしより、名づけられたりとある方事實なるべし。斯くて春彥が世を去りての後も、菅公の御社に仕へ奉りてあるは、天滿宮御傳記に見えたる、小野道風朝臣なども幽冥にては、菅公に從ひ奉りてありと聞ゆる如く、春彥も仙去の後は、菅公に仕へ奉りて居るなるべし。故に世間にても自然に其事實があらはれて、天滿宮の神域には必ず、其末社に白太夫社ありて、春彥の祭らるゝものなるべし。

龜　萬代とかきらぬ君かよはひこそ龜よりも尙久しかるらめ
落花　寒からぬふゝきとみえて面白くさそふ嵐ににたる櫻かな

◉平維盛仙人

平維盛は、內大臣平重盛公の嫡男なり。平家沒落の砌、紀伊國那智の瀧に於て、入水したりと世に傳へしかども其實入水にあらず。紀州の山中に隱れ、竟に仙境に入りたり。其事の世に表はれたるは、後奈良天皇の弘治年中、和泉國堺に、藥種を商ふ長次と云へるもの有り。久しく病を患ひて、紀伊國の十津川鄕の溫泉に、湯治に行けり。病に適當やしたりけむ、十四五日を經て、快く平復す長次思ふやう、此十津川の奧には良好なる人參黃精を生ずると聞り。若尋當ることも有らば、大なる幸ならむと、僕をば宿に留めて、唯一人山奧に分入りしが、道に踏迷ひて、途方を失ひけり。何とかして歸路を求めむと、一の谷川に降りて見れば美しき籠の流れ來れるにぞ。扨は此水上には人里の有るならめと、水に隨ひて遡るに、日は已に暮かゝり、閑呼鳥の聲物淋し。斯くて十町ばかりも行しかと覺ゆる所に、岩を切貫たる門あり。奇しく思ひながら、内に入りてみれば、家五六十ばかり、軒を並べて立たり。家々のありさま、石垣苔生て壁綠をなし、竹の折戸物さびて、蔦葛門にまつはる誠に幽邃なる境界なり。然れど樵積たる椎柴舂きて干せる粟糠、さすがに詫しからずぞ見えたる。またひとの風俗古風にて、素袍袴に烏帽子をつけ、往來靜かに、威儀妄ならず。長次が彳たるを見て大に奇みたる體にて、問ひけるやう、如何なる人なれば此境にはさまよひ來れる、爰は尋常の人の來るべき所にあらずと云ふ。長次實情を語る。折節一人の貴人、衣冠直しきが、蓬の沓をはき、藜の杖をつきて出來り、長次に向ひて曰く、爰は山深く巖峙ち、熊狼の叢窟とも云ふべき所にて、日は早暮たり。若惑ひ居らむには、命も危かりなむ、いざ此方へ來るべし、一夜の宿をかし侍らむとあるにぞ長次は渡に舟を得し心地して、連れ行れぬ。内の躰を見るに、何となく賤しからず、召つはかるゝ男女に至るまで、禮儀正しくして、常人の住居とは思はれず。間なく一間に呼入られ、燈燭かゝげて座定まりしかば、長次問けるやう、此山奥にありとも思ひかけぬ村里なり、抑如何なる御方にて、爰には何時より住給へるやと云へば、主人眉をひそめて、是はうき世の難を遁れし人の住所なり、若強て當昔の事を語らば、徒に愁をますのみならむと云ふ。長次さるにても、斯くまみえ參らせつれば、強ても承はりたしと云へば、主人然らば語りて聞せ侍らむ。我は平家沒落して、西海に沈みし頃より、此所には住初めたり。我は是小松内府重盛公の嫡子、三位中將維盛と云ひし者なり。祖父大相國清盛入道は、惡行積りて人望に背き、父内府は世をはやうし給ひ、伯父宗盛公世を取て、非道不義なること法に過たり。一門のともがら、身の奢を極め、榮花に誇り、家運忽ちに傾く。東國に右兵衞佐源頼朝、譜代の家人を促して、兵を擧げ、北國には木曾冠者義仲、一族郎等を勸めて謀反す。其外諸國の源氏蜂の如くに起り、蟻の如くに集まりけるを、此所に馳せ向ひ彼所に責寄せ、屢戰ふと雖ども、更に軍に利無く、味方の軍兵たび〴〵に打負て、遂に木曾がために都を追落され、攝津國一の谷に籠り、暫く心も安かりしに、九郎義經がために、爰をも破られ、一門の中に、通盛敦盛以下多く亡び給ひ、悲歎に沈みしこと、いつの世にかは忘るべき。兎角する程に、讃岐國八嶋の洲崎に、城廓を構へ、一門の人々栖籠りしかば、故郷は雲井の余所に隔り、萬につけてあぢき無く、行末も頼みなく思ふより、遂に譜代の侍與三兵衞重景、石童丸と云ふわらは、武里と云ふ舍人は舟にも心得ある者なれば、此三人をめし具して、忍びて八島の內裏を出で、阿波國の由木の浦につきて、打出らるゝまに〳〵折々はしらぬうらちの藻塩草、かきおく跡を形見ともみよと詠じければ、重景も返しの

心とおぼしくて

我思ひそらふく風にたくふらし、かたふく月にうつる夕暮とよみたり。又石童丸も涙をおさへて、

玉梓の道ゆきかねて乗船に、心はいとゝあこがれにけり、と口すさびて、それより紀伊國に渡り、

和歌吹上の浦を打過て、由良より船をおりて、遙に都の方をながめやり、高野山に詣で、瀧口時頼入道に逢て、案内せさせ、院々谷々拝みめぐり、是より熊野に參詣すべしとて、三藤の渡をわたり藤代より和歌の浦吹上の濱、古木の杜、蕪坂、千里の濱のあたりちかく、岩代の王子を打越、岩田川にて垢離を取て、

岩田川ちかひの舟に棹さして、沈む我身もうかびぬるかなと詠ぬ。それより本宮に詣でつゝ、新宮那智のこり無くみめぐりて、濱の宮より舟にのり、磯の松の木を削りて、

權亮三位中將平維盛戰場を出で、那智の浦に入水す。元暦元年三月廿八日、維盛廿七歳、重景同年、石童丸十八歳。生れてはつひに死てふことのみぞ、定めなき世にさためありけると書て、世には入水としらせけれども、實は此山中に隱れしが、肥後守貞能も跡をもとめて、尋ね來れり。平氏の一門沒落して、皆こと〴〵く壇の浦にて、入水し、都に隱れし平家の一類も、根を斷葉を枯されしと、貞能の語るにつけても、能こそ遁れたれと、悲しき中にも心を慰め、田を耕し薪を樵り、清風朗月に

神を澄し魂を養ふ。素より人跡絶たる幽郷なれば、花の咲を春と思ひ、紅葉の照を秋と知り、月見る夜を數へ盡して、暗の夜となるを晦とし、明し暮す身と成侍り。貞能、重景、石童丸が子孫繁り殖えて、家居を並べて住けるなり。定めて頼朝世を取つらむ、今は誰が世となりてあるぞ、願くば物語りてよとあり。長次大に驚き恐れ、只假初の御山住、世の常の事と思ひ奉りしに、斯る止事無き御身とは、露も思ひよらざりけりと、頭を俯て禮義を致す。三位中將いやとよ、今は然る可からず、それ〳〵と宣ふに、貞能、重景、石童丸も立出たり。孰れも其年六十許に見えたるが、貞能云ふやう、斯く打とけ給ひし御事なれば、迚ものことに、其世の沿革りの狀ども、委しく語りて聞せ給へとなり長次居なほりて、然らばあら〳〵聞傳へし事ども語侍らむ。扨も平氏の一門西海の波に沈み給ひしより、兵衞佐頼朝天下を治めしも、幾許も無く、病死し給ふ。蒲冠者範頼、九郎判官義經みな頼朝に討れ、頼朝の子息頼家世を繼ぐ。子無くして病死せり。頼朝の二男頼家の舍弟實朝其跡を治め給ふ。頼家の妾の腹に子有る由聞傳へ、尋出して鶴岡の別當になさる。禪師公曉と號す。和田、畠山、梶原が一族、此君の時皆打滅さる。實朝卿鶴岡社參の夜、彼の禪師公曉實朝を殺す。北條義時其跡を奪ひて天下の權をとる。是より九代に至り、相摸守高時入道宗鑑、大いに驕りて國亂れ、新田義貞鎌倉を滅ぼす。足利尊氏と新田と合戰あり。足利遂に義貞を亡ぼし、其子息義詮を、京都の公方と定め、二男左馬頭基氏を、鎌倉の公方と定め、天下暫く靜かなりしかども、王道は地に墜て、有るか無きかの有樣なり。武家世を取りて權威高し。後には京都鎌倉の公方不和になりて、鎌倉の執權上杉の一族公方を追落す。此時に方りて、京都の公方も權威を失ひ、諸國の武士たがひに峙ち、天下大いに亂れ、戰爭止時なし。三好修理太夫、其家人松永禪正は畿內南海に逆威を振ひ、今川義元は、駿遠兩國を從がへ、國司源具教は、勢州にあり、武田晴信は、甲斐信濃に漫り、北條氏康は、關八州に跨がり、佐竹義重は、常陸にあり。葦名盛高は、會津を領し、長尾景虎は越後より押出る。朝倉義景は、越前を守り、畠山が一族は、河內にあり。陶尾張守は、周防長門を押領し、毛利元就は、安藝に興り、尼子義久は、出雲、隱岐、石見、伯耆に廣ごり、豊後に大友、肥前に龍造寺、其外江州に淺井、佐々木、尾州に織田、濃州に齋藤、大和に筒井、此外諸國郡邑の間に、各黨をたて、兵を集め、互に村落を爭ふて責戰ひ、掠奪を事とす。古へ安德天皇西海に赴き給ひし、壽永二年癸卯より、今上の弘治二年丙辰の歲まで、星霜三百七十四年、天子既に二十六代、鎌倉は賴朝より三代、北條家九代、足利家十二代、京都の足利今既に十三代、新將軍義輝公と申すなりと語りしかば、三位中將を始め、一座の人々是を聞て、孰れも不覺の涙にむせばれけり。主人種々の酒肴を取出して、饗應せらる。夜既に更渡れば、山の中物靜かに、梢をつたふ風の音、軒近く聞ゆるに、谷川の水の響さへそはりて、自ら雲に登る思ひあり。斯くて打語らふ程に鳥の音の聞ゆるにぞ。一夜を語り明したるかと打驚きて、外もを見るに、早しのゝめとなりて、横雲棚引ければ、長次も今は是迄なりとて、深く主人の厚意を謝し、拜禮して暇を乞ひ立出むとするに、主人宣はく、我々斯くてあれども、更に奇恠のものにもあらず、又幽靈にもあらず。唯思ひの外に此深山の奥に、多くの歳月を重ねたるまでのことなり。汝歸らむ後も、我等が事をば、必人に語ること勿れとて、

深山への月は昔の月ながら、はるかにかたる人の世の中と詠て、別れを告げ内に入せ給へば、殘れる人々に歸路を敎へられ、彼石門を出て、歸るさも又來む時の栞にと、所々に木の枝を刺て記とし、恙なく十津川の宿に歸る事を得しが、人に語るなとのたまはしゝを守りて其年を過し、翌年の春酒肴を始め、又心ばかりの苞など整へて、更に十津川に至り、彼山に分入て尋ぬるに只古松老槐の生茂りたる中に巖峙ち、樵夫山賤の通ふ路だに絕て、方角だに分ざれば、去年立置し記の枝も、何に成けむ更に見えず、數日が間、立返り立返りして、搜し求めしかど、露斗の手懸りだに得ざれば、遂に詮方盡果て、空しく立歸りしが、今思ふに彼所は即ち維盛卿が、世を遁れて後道を得て、住給へる仙境ならむと、後には人にも語りしとなむ。

巖夫云　本傳は、伽婢子と云へる書に有りしを採りて此に載せたり。此伽婢子は、瓢水子松雲處士

と云へる人の著にて、寛文六年正月に出板したるもの也。此の維盛卿の仙人となりしと云ふことは唯同書のみに止まらず、小窓雜筆にも或書云正保元年七月十四日、阿波國築山と云ふ所に、平維盛仙人と成て居たる由風聞す。然るに去ぬる元和二年の春も此風聞有て、神君伊丹播磨守を遣して江戸に召連參るべき由を命ぜられ、小袖二襲を彼仙人に賜はりしに仙人小袖を受ず、江戸にも來らず、昔の事を問へども知らずと云ひて答へず。終に逐電して、行方を知らざりし處、今年亦彼所に出る由告來る、彼維盛は平家滅亡以前、紀州那智の瀧に身を投ずと稱して、熊野の奧韮坂の邊に隱居すと云傳ふとあり。此小窓雜筆に或書と云へるは正慶承明記の事なるべし。其は承明記に此事を載たればなり。此記は正保より明暦迄の日記にて其正保元年七月の所に此事あり　仍て思ふに、阿波國築山には、元和一年の春と、正保元年の七月と、兩度維盛仙人の出たる事の有りしと見えたり。又此小窓雜筆に、維盛は紀州那智の瀧に、身を投ずと稱して、熊野の奧韮坂の邊に、隱居すと云傳ふと記したるは、本傳にある三位中將の長次に語りたる所とも能く符合するに似たり。加之源平拾遺にも、小松大臣殿、病重らせ給ひける時、維盛卿を枕邊に召し、傍の人を退け、重景一人をかたへに副へ置きて、遺言ありける樣天の下亂れむこと、三年を過べくも覺えず。若其時に至らば、我一門の者等皆さすらへられぬべし然るをりは兼て人知れず我しめしおける木の國の隱れがに忍びゐて、世には亡なりし樣に知らせ、時を待て軍を起すべし。重景は世々傳へ來れる、我家の忠臣なれば、深く賴む迚劔を賜ひきと有るを合せ考ふるに、維盛卿の紀伊國に逃れて隱れたることは、重盛公の遺言に基くものにて、豫め定めて有りしもの丶如し。然るは此重盛公の遺言の時にも、重景獨を置て、深く賴むと云はれしと有るに、維盛卿の、八嶋の内裡を脱せらる丶時にも、與三兵衛重景を主として引具して出で、彼幽境に入ての後も、始終重景の放れず、隨從してある如く見ゆるは、其事實を證するに足るものあり猶此外にも、源平盛衰記には、此人入海と云ふは僞なりとて、或説に云ふ。那智の客僧是を憐みて、瀧奥の山中に、庵室を造りて隱し置たり。其所今廣き畑と成て、彼人の子孫繁昌しておはす。毎年に香一荷那智に備ふる外は、別に公事なし。故に爰を香畑と云ふ。入水は僞事と云ふと載せ、又太平記參考には、熊野ノ人ノ口碑ニ云、紀州牟婁郡、有名ル藤綱要害ト處、是レ維盛伴テ爲入ルト海ニ逃匿之地也、其山絶壁攀藤テ緣テ繩ニ而上ル、故ニ名アリ之、至テ今ニ維盛ノ子孫在リ紀州ニ、以テ小松爲ス氏、其宅ノ前ニ有維盛碑、今號小松彌助者ハ、又タ其裔也と云ひ、又色川氏家譜にも、維盛泛テ海ニ至リ山鳴島ニ、伴テ爲入水、竊ニ匿ル色川白瀧、居ルコ此三年、曰藤綱要害ト後住邑里、子孫蕃衍、今爲ツテ土人ト稱色川或ハ清水トと云ひ、又金華漫錄には、色川は那智の西五里にあり。平維盛入水の分にて、籠居せり。維盛の石塔宮社あり、所の氏神と祝し、維盛が裔、色川角太夫とて、今に在て下人三十人程もあり、紀州より捨扶持十人下さる。此より前に小松權介と云ふ者あり。山家安田と云ふ所に住む。是も同じ末と云へども、さしたる文書もなし。色川には、文書系圖、綸旨 院宣もあり。平家の紋は、赤旗に蝶の紋ある古旗今にあり。維盛城とて、平なる臺あり。梯をかけずには上られずとも見ゆ。此諸書の傳說孰れも多少の異同無きに非ざれど、維盛卿が死せずして、紀伊國の熊野の山奥に、世を遁れたりと云へるは一なり。然れば此諸說孰れを是なりとも定め難きに似たれども、然らば、今思ふに諸說皆是なるべし。其は先、色川氏家譜と、太平記參考とに見えたる、藤綱要害と、金華漫錄の、維盛城とは、同一の所にて、此城或は源平拾遺に見えたる、重盛公の兼て人知れず、我占おける、木の國の隱れがと云はれし所ならむか。其は其山絕壁藤を攀ぢ繩に緣て上ると有るを思ふに、全く隱れがと云ふべき所なること 著しければなり。此より延て考ふるに、此隱れがは、重盛公が豫て重景に命じて、占おきたる所なるを以て、遺言の時にも重景のみをおきて言はれ又維盛卿が八島の內裡を脫せられし時も、重景が案內して、紀伊には導けるものにて、所々を經て遂に一先此所に落着しが、元來紀國の熊野は、平氏の厚く崇敬する所にて、屢〻參詣したる事もあり淺からざる緣故もあるより、此山傳ひに廣く十津川の邊までも、密に維盛を助けて、深くかくまひたるものなるべし。其は太平記の、大塔宮の熊野落の段にも、十津川の戸野兵衛、大塔宮へ申けるは、平家の嫡孫維盛も、我等が先祖を頼みて、此處に隱れ、遂に源氏の世までも、恙無く候ひけるとこそ承り候へと語りければとあるにて知るべし。斯在れば、維盛卿は熊野の奥より、十津川の邊へまでかけて、其後猶年久しく隱れ住たる間に、色川、淸水、小松など名のる、數多の子孫をも遺し、且時を得て兵をも擧むと思ひしかど、其期を得ずして、世を忍ぶ間に、帝都の繁華に事變りて、此深山の幽邃に感じ、いつしか修眞の道に志し、彼長次に語れる中にも有りし如く、淸風朗月に、神を澄し魂を養ひ、遂に神仙の道を得て、己れ仙境に入りたるのみならず、彼貞能、重景石童丸を始めて、其他仙緣有る多くの人々をも、斯道に誘ひ、長次が見て來し如き、五六十戶も軒を列ねたる仙域を爲して、長く此所に住むものなるべし。扨は彼香疁等に遺りて、毎年那智へ一荷の香を供ふる者の有るはいかにとの疑を懷く者有らむか。其は云ふまでも無く、此人等の未だ仙去せざりし以前に、世に遺したる子孫の裔にして、更に奇むに足らず。又此維盛仙人の、五六十戶も軒を列ねたる、仙域を爲して居たると云ふことを、如何と思ふ類ひも無きに非ざるべけれど、其は仙人と云ふものは總て奥山の巖窟の中に、蔓草にて木の葉を綴りたるものを身に纏ひて、狒々猴のやうなものと成りて、長生のみして居るものとし、本書にも擧たる、彼十津川異人とか、飛驒國異人とか云へるもののみの如く誤解して、高上なる神仙の眞相を知らざるが故なり。固より此類のものも仙人の中に、數ふべきは云ふまでも無れど、此等は極めて下等の仙にて、然も尚修行中の者と見るの外無く、又其修行を遂るとしても、鬼仙人仙より上には進むことを得ざるべし。其地仙以上の神仙天仙に至りては、快めて然る卑きものに非ず。必ず幽界の中に於て、一仙域を爲し、所謂金殿玉樓に住みて、仙童玉女を役使し、最も高尚に最も快樂に、清淨無爲にして長生するのみならず。また仙官にも任ずるものと見えたり。其は漢の東方朔の著に係る。十洲記にも、元洲は北海の中に在り。云々上に五芝玄澗有り、澗水密漿の如し。之れを飲めば、長生して天地と相畢へ、此の五芝を服するも亦長生不死を得る。仙家多しと云ひ、炎洲流洲にも、仙家の多きことを云ひ、生洲にては、上に仙家數萬有りと記し、殊に、瀛洲に至ては、上に仙家多し風俗呉人に似たり。山川中國の如しと載せ、玄洲に於ては、上に太玄都有り、仙伯眞公の治むる所など數へも盡されず載せたり。また本書に擧げたる、本朝の仙傳の中にも、日藏行者が拜見して來れる菅公の御住所の壯嚴なりしことの如き、また加藤友春が見て來りし白山の仙境の如き、また鹿兒嶋の壯士の至りしと云ふ大口山の女仙の仙宅の如き、皆上仙の居所を云へるものにて、別に異とすべきことにあらず。されば維盛仙人の、一仙境をなして居るも、何ぞ奇むに足らむ。地仙以上に進みたるものは、皆斯の如しと知るべし。斯て爰に今一つ辨じ置くべきことあり、其は此の十津川の仙境に在る、維盛仙人の小窓雑筆に見えたる如く、阿波國の築山に出たるは、如何と思ふ者も有らむかなれど、既に神仙の道を得たらんには、多くは飛行自在なり。朝に十津川に在るもの、夕に築山に居る。固より自在ならざること無ければ、是亦更に怪むに足らず。故に毫も疑ひを懐かず。取て以て本書に載せたり。但十津川は今にては大和國に屬すれども、本書には、紀國の十津川とあり、其は弘治の昔に在ては、猶紀國に屬したりと云ふ。見む人奇むこと勿れ。

路卯花　玉梓の道の行くての卯の花をみるまに人におられけるかな

寄蘭視　千代の上に千代を重ねて咲き匂ふ君か園生の白菊の花

寄鏡視　日にそひて國の光の増鏡てり渡るよを誰か仰かぬ

◉平景清仙人並平盛嗣仙人

平景清、平盛嗣は、共に平家の名將なり。然るに平族沒落の後、此二人共に種々の異說を傳へて、其終る所さだかならざりしが、爰に正親町天皇の天正十二年、北畠信雄羽柴秀吉と合戰に及びし時、佐々內藏介成政は北畠信雄に與し同年十一月の下旬、大雪の中をも厭わず、凡百人ばかりの同勢を召連れ、北國より難所を打越へ、信雄の援兵に向ひしに、山路にて途方を失ひ、彼方此方と彷徨ひけるが、大山の嶺に攀蹐れる頃、日已に昏暮に及びけり。固より一夜を明す宿も無く、木の本岩蔭に立寄り休めども、火は無し雪は深し。上下共に手凍え足泳りて、百計更に盡果て、如何とも詮方無く、進退維谷に陷りたり。然るに遙の尾崎を詠めやるに、燈火の影幽かに見えければ、成政大に悅び此山中にも人家の有ると覺ゆるぞ、尋行きて宿を借らむと、衆を勵して自ら眞先に進み、求め行て之れを見れば、草引結べる草庵に、唯老翁二人のみ、焚火に當りて眠居たり。成政內に入れるに、老翁驚く氣色なく、其形を見るに、尋常の人とも覺えず、一人は身の丈六尺五寸も有らむ、鬼鬚左右に生ひ分れ。宛ら銀針を並べたるが如く、其眼の大なる事、未だ人間には聞も及ばぬ斗りなるが光尖く、今一人も之れに劣らぬ大男にて、頰高く骨荒て、金剛力士とも云ふべきものなり。成政老翁に向ひて我等は越中國より。遠江國を志し、罷越者なるが、餘りに雪の降積れるより、圖らずも踏迷ひて此山に來れるに、手足凍えて詮方なし。如何此庵室に、一夜を明さしめ給はずやと云ひければ、老人此方を打見て、人々は道に迷ひて來れるには非じ、定めて用有てぞ山路には掛りつらめ、其は兎まれ角まれ、皆此内に入て焚火して疲を休め給へとて、百人斗を呼入たるに、僅かなる庵室なりと思ひの外に、所狹くも見えざるこそ奇怪なれ。姑有て老人尋ねけるは、今天下の武將には誰人が備りたるや、定て右兵衞源朝臣賴朝が、孫曾孫の類にてや有らむと云ふ。成政打笑て、老人は興有る事を仰せらるゝもの哉、源賴朝薨去有りて正治元年より、今天正十二年に至るまで、年數凡三百八十七年となれり。其間斯々の沿革こそ有たれとて、源家三代北條九代の事より。南北兩朝の大概、足利十三代の事、又織田公の興りて間もなく、明智の爲に弑せられし事等、摘出て語り聞せければ、老人互に顏見合せ、扨は久しくも存在へつるものかな、四百年に及ぶ間に、平家の一族天下の主となるもの無く、適頃年資盛卿の末葉、武威を天下に振ひしも、敢無く家人の爲に殺されしとは、天運の程こそ拙けれ。是と云ふも畢竟太政入道殿、惡逆無道にして、皇威を恐れず。君を惱まし奉り。民にも苛く當りたる天罰、子孫に報ひ、平姓の人に、世を取り、將軍に任ずる人の無きことよと、甚く悔しがりて落涙せり。成政彌怪く思ひて、抑老翁は誰にて渡らせらるゝや、と尋ければ、眼の大なる翁答けるは、名乘たりとも年久しきことなれは、爭でか知らるべき、是は平相國淸盛の家子なり。夫なる翁は、上總惡七兵衛景淸にて、某は越中次郎兵衛尉盛嗣なり。平家士大將の中には隨一の者どもなり。西海にて討死すべかりしかど、何とかして、頼朝義經兄弟の中を狙ひ討、亡君の讐を酬いばやと、上總五郎兵衛忠光、舍弟景淸、及び己れ盛嗣の三人相謀りて。死を遁れ、京鎌倉の間に往來して、彼兄弟を覘ふと雖も、彼等が運强くして、本意を達すること能はず。其中忠光は、鎌倉法華堂造營の砌、人夫に紛れ込みて土石を搬び、頼朝に近づき、既に本意を達すべかりし處。圖らずも見顯はされて擒となり、空しく誅せられ畢りぬ。我等兩人も頼朝の爲に、在所を聞出され、討手を向られたる事、三度に及びしかども、其時々皆圍を破て逐電せり。其後も十數年間、敵の隙を窺ひしかども、運强くして宿意を達する事能はず、漸く世の治まるに隨ひ、天下の内我身の置所なきに至りしが。越中は次郎兵衛が領國にて、常々人民どもに、哀憐を垂置しかば、鄕民共我を憐みて、此山中に隱し置き、朝夕の食事など送り吳しが、年經て後は、木菓などを食ひて命を養ひ、一日一日と過しけるに、早四百年を送りしこそ、我身ながらも業果のほど淺ましけれと語るにぞ、成政は奇異なることにも遭へるもの哉と、思ひ重ねて申けるは　傳聞兩士は天下無雙の剛力なりと、今にも力は落給はざるかと問へば、景淸打笑ひて、麒麟も老いては駑馬に劣るといへり。年老齒傾きたる我々、爭でか力を保つべき、然れど老相應には、力も無きにあらざるべきか、御目に掛まゐらすべしとて、二人の老翁庵を出ければ、成政を始め、郎等ども、續いて出けるに、庵室の傍に大磐石あり、翁衆人に向ひて、此石取て谷底へ抛られよと所望す、成政が郎等十四五人立寄りて、上むとすれども少しも動かず、同様の磐石並びて二ッあり、二人の翁ット立寄りて、鞠にても取たる如く引掛て、遙の谷底へ投たるは唯鬼神の所爲とぞ見えける。翁麓へ指さして、あれに當りて幽かに火の見へたるは人里なり。此より傳ひ下らるべし、翁等が形勢穴賢人になん語り給ひぞと云ふかと思へば、忽に掻消す如く失けるが、夫と共に今迄有りし庵室も、跡無く消て、冬枯の草木に積る白雪の、茫々たる山にて有しとなむ嚴夫云。本傳は、中古治亂記に擧たるを採て爰に載せたり。然るに、此景清は、平家物語に據るに平忠清の二男にして頗る膂力あり。屋島の戰に、源氏方の士箕尾谷國俊と戰て、其兜の錣を摑み、相引て之を斷ち、共に其名を知られし人なり戰敗るゝに及びて。伯父大日坊と攝州島下に依りしに、伯父己れを殺さむとすと誤り認めて、密に之れを刺殺せり。因て人呼びて。惡七兵衛と云ひしとぞ、斯くて景清の末路に就ては、諸書に種々の異説を傳へたるが中に、後源氏の爲に捕へられて日向國宮崎に流され。彼地に歿してたりとするもの多きが如し、既に謠曲にては、其女の人丸と云へるが、尋ね行きたる時には、景清は日向にて、盲目と成て居たるに、遭ひしものとなしまた古今雑談と云へる書にも　景清が記と云へるものを載せて、豊後國の池田喜八郎源季隆と云へるが享保八年のことゝか、日向國宮崎郡下北方村と云ふ所に行て、景清が舊跡は、此邊には無きかと尋ねたるに、所の者其れは此地の沙汰寺といふ古寺にあり。景清を葬りたる寺にて、石塔も有るとの事故、立寄て見しに、昔のは人々がかき取りて、殘り少く成れるにより。近頃改め作りて建たると云を見るに、則ち碑面に水鏡居士とあり。深く心に感じたるまゝ、豊後に歸りて、代々經とも曇りやはする水鏡、景清かれとすめるこころはと詠たりしを、其翌年の春、奴子が宮崎へ行くに托けて、彼石碑に手向させけるに、何處よりとも知らず、五十餘に見ゆる、せの高き男の來りて。此歌を見ていたく悦びたる景色なりしが、我返歌を爲むとて、寺に寄居たる十二三歳の童子にかゝせて渡しけるが、其男は門の邊りまで行て。影だにみえずなりしとぞ、扨そのわたせる歌は。

心たにすめば景清水鏡くもらずすめる代々そうれしき、とありしとぞ。此は景清が靈のあらはれて。斯くは詠たるにもあらんか云々とあり。此歌を景清の靈の、詠みたりとすると否ざるとは、別問題として、兎にも角にも此記に依れば、日向の宮崎に、景清の古蹟と稱するものゝあることは、確なるに似たり。因に云ふ、稗説に景清は、讐を覩るに得堪へずして、みづから兩眼を剔挑つゝ、日向國に赴きて、琵琶法師となりしを、日向勾當と唱へ、瞽者の琵琶にあはせて、平家を語る事は景清より始まりたるが如く云へるは、全く虚構の説にして、此は東鑑建久三年正月一日の條中にある、即ち景清の兄上總五郎兵衛尉忠光が、魚鱗を以て左眼を覆ひしことのあると、史記の荊軻が傳後にある、秦始皇が高漸離が筑を能く撃つを惜み、其死を赦して其目を矐べ、盲目となし、筑を撃しめて之れを聽たることのあるとの、二つを撮合て作れる説、また琵琶法師となりて、平家を語り始めしと云へるは、臥雲日件錄文安五年八月十五日の條に、最一檢校が、平家吟誦の由來を云へる中に、昔爲長卿此書十二卷を作り、後性佛と云ふもの、之れを音曲に上せたるが、性佛の後を如一檢校と云ふ、此の、如一に覺一城一と云ふ二人の弟子あり、其覺一の弟子より、通一、靈一、景一、清一、と云ふ、四人の檢校を出せり、某は其靈一の弟子なり云々と云へることのある。此四人の檢校の中に、景一、清一と云ふ二人の名の、自然に景清の名の字にあへるより、誤り來れる説ならんとて、曲亭馬琴の、玄同放言に、辨じたるが如くなれば、其採るに足らざるを知るべし、また盛嗣がことも、大日本史に、盛嗣は盛俊の子なり、右兵衛尉たり、越中次郎兵衛と稱す、養和元年平知盛に從ひて、源行家を尾張川に攻めしを始め、水島の戰には、源義仲の將、足利義清を手づから斬り、金山にては、源行家を撃て柘植有重を斬り、屋島の戰には、鐵搭を持て、義經の冑を鉤して、幾んど之れを獲むとまでしたるなど、拔群の雄名を擧しかど、平氏の運傾き、戰破るゝに及びて、逃れて京師に匿れ、後但馬の人、氣比道廣の家に投じて、養馬卒となり、漸く親近せられけるが、道廣京師に番直することゝなり、盛嗣も時々京師に往來して、嘗て狎る所の女あるより、數々其家に遊びしを以て、賴朝の知る所となり。遂に縛に就きぬ、賴朝意に之を赦さむと思ひしかど、後患をなさんことを慮りて、遂に之れを由比濱に斬りたりとあり、然れば、盛嗣も其終る所明かなるが如し、斯の如くにして、景清盛嗣二人ともに。其終る所の定かなるが如くなるに、本傳にては、二人ともに越中國なる大山に隱れて長生し、天正年間佐々成政に面會して直話を爲せりとす、而して其云ふ所確實にして義理明白なり、決めて妄語に非ざるものゝ如し、思ふに此二人の行く所の明らかならざるより、賴朝賞を懸て索めしと云へば、其賞を得むが爲に、戰後落武者の潜伏する者多き時なれば、怪しき者を强て景清とし、强て盛嗣として、之を捕へたるか若くは其恩顧を蒙りしもの、自ら景清と成り、自ら盛嗣と成て、或は流され、或は斬に處せられ、表面上其終を結びたるに過ずして、實に二人共に山中に逃れ、匿れたるものなるべし、但景清盛嗣二人の關係は中古治亂記に依るに、盛嗣は景清の妹聟にして、義兄弟なり。共に越中の山中に隱れたるも、故無きに非ざるを知るべし、斯くて此二人は如何なる道法を修めたるが、固より此を知る由無けれど、唯山中に在りて長生したるのみに非ず、神仙得道の身と成りて居たるこそ、今更に云ふを待ざる所ならむ、其は始め成政が、何卒此庵室に一夜を明さしめ給はずやと云ひし時、老人が人々は道に迷ひて來れるにはあらじ、定めて用有てぞ山路には掛りつらめと云ひしとあるによれば豫め成政等が行く先の事をも知りて居たるものゝ如く聞え、また老翁の許諾を得て、百人ばかりの同勢を呼び入たるに、僅かなる庵室と思ひの外に、所狹くも見えざるこそ奇怪なれとあるをはじめ、二人の老翁が大磐石を、谷底へ投たる手なみと云ひ、また麓の人里を敎へて、翁等が形勢穴賢人にな語り給ひぞと云ひて、忽ちに搔消す如く失しと共に、今迄有りし庵室も跡無く消て、只白雪の積れる山となりしとあるが如き、神仙に非ざるよりは、爭てか斯の如きの神妙を現はすべき、此れ即ち二人が得道したるを證するものなるが、老翁等に取りて、何か之れを世に傳へざるを得ざる必要あるより、佐々成政の此行を機として、即ち人間には洩さしめたるものなるべし。

社頭月　大君の三笠の山にさす月の影さやかなる秋のよはかな

海上霧　海士小船こきかつりくる聲はして夕霧ふかし秋の海原

◉佐々木高綱

佐々木高綱は、宇多天皇九代の後胤にして、佐々木秀義の四男なり、母は六條判官源爲義の女なり、其生年詳ならざれど。近衛天皇の仁平元年に生れたるものゝ如し。高綱杉山合戰の時、七度功を顯はし、安德天皇の壽永三年、源賴朝木曾義仲並に、平家の一門等を追伐の爲め、關東の軍兵を上洛せしめたる時、池月の名馬を乞ひて、之れに打乘り、宇治川の先登を遂げ、美名を天下萬世に轟かしたることは、靑史に傳へて、知らざるものなし、元曆文治の亂平らぎ、賴朝卿右大將に任せられ鎌倉に覇府を開き、天下一たび定まる時までは、猶鎌倉に仕へたりしが、賴朝薨去の後。遂に、無常に感じ、遁世の心を發し、妻子を所領の地に歸らしめ、高綱獨り、南都の東大寺に詣で、大勸進重源上人の許にて、剃髮して入道となり。心瀧と號して、暫く其敎示を受けけるとぞ、然るに其頃鎌倉に於て、賴朝卿の守本尊の、黃金の佛像紛失しければ、二位禪尼、人を四方に遣はし、草を分けて索させけれども、其所在の分らざる由を聞て。高綱自ら思へるやう、吾れ幸にも遁世の身なれば、諸國を行脚して、其尊像を尋ね出さむこと、甚便よしと、遂に南都を立出、諸國を遍歷して、數年を送りける、斯くて元久二年には、高野山に登りて、爰にも暫らく足を留めけるが、夫より更に、諸國を閱歷り。北國に至りぬ、此時、眞宗の開山親鸞聖人流刑の宣告を受て、藤井善信と罪名せられ、越後國國府に配せられ居し折なりければ、承元二年を以て、同國に於て、親鸞聖人、即ち見眞大師に從ひ。更に亦、其敎化を受け、同四年に至りて、信濃國に移り、同國栗林に一寺を草創し、之れを正行寺と號けゝるとぞ、斯くて、また同國善光寺に行き、同寺に參籠して、七日七夜の間、彼尊像の所在を知らしめ給へと、至誠を凝して祈りけるに、其七日に滿つる日の曉の夢中に黃金の尊像は鎌倉なる比企谷に沈みてありと、正しき告を蒙りけるにぞ、高綱直ちに鎌倉に立返りて、比企谷に至り。谷中を探りけるに、泥中に於て果して金像を得たりければ、勸喜斜ならず、即ち夢の告に任せて、尊像を負ひて、復西國に赴き、出雲國に至り、意宇郡に宿りけるに、其夜尊像また入道の夢に入りて、當國當地は是れ吾有緣の所なり、汝草堂を營み、吾を安置して、此地の衆生をして、結緣せしめよとの告ありければ、高綱入道、此靈夢に感じて、此地に留まり、四方の衆庶を勸誘して、一宇の蘭若を草創して、尊像を安置し、此尊像は、信濃國なる善光寺の如來と同體なればとて、其寺をも善光寺と名づけ高綱入道自ら住持となりて、生涯念佛の功を積み建保四年春二月十五日、大往生を遂げて、此地に葬り、心瀧院殿法嶺源性大居士と號し、後世に至るまでも、出雲國なる善光寺の開山師と仰がれけるとぞ。然れば佐々木高綱入道は、此建保四年をもて一期となし、此世を終りたるものゝ如くなるも、其實然らず、此後猶久しく世に永久て、彼承久四年に草創したる信濃國なる栗林の大寶山正行寺に住て健かなりしが此方にては、釋了智と稱し、釋法善、釋西佛等と名を均しくして、人にも尊敬せられけるとぞ、斯くて文永九年十一月廿五日、享年百二十一歳にて入寂したりとも傳へ、また行方知らずなりしとも傳ふるとなむ、然れば高綱入道も、死たるかと思へば、猶生ながらへて居り、生て居るかと見れば、正しく葬られたる墓あり、法號あり、實に其終る所詳ならざるは、彼大和國なる願覺等が類ひにして、所謂仙人なるが故なるべし。

巖夫云。本傳は、本朝遯史、正行寺縁由佐々木高綱法師了智系圖、高綱廟碑之銘、淨土眞宗分流記等を、參輯して爰に擧げたり、其中に冒頭より、母は六條判官爲義の女なりと云へるまで、及び杉山合戰の功名のことより、天下一たび定まる後までも鎌倉に仕へたりしことを云へるは、前の諸書に源平盛衰記、平家物語等を始め、其他の諸書をも參考して之れを記し、其生年を仁平元年なるべしと云へるは、了智系圖に、文永九年十一月享年百二十一歳にて入寂と有る、此文永九年より百二十一年遡り算ふる時は、仁平元年に當るを以て、斯く記し、また賴朝卿薨去の後と云へるより。數多の歲月を送りけると云へる迄は、全く高綱廟碑之銘に因て載せ、元久二年高野山に登りたることは、正行寺縁由に採り、北國に至り越後國にて親鸞聖人の敎化を受けたることより。信濃國に正行寺を草創したること等は、是亦縁由と系圖とに、眞宗分流記を參考して書き、また信濃の善光寺に參籠して、靈夢の告を蒙りたることなり。出雲に善光寺を草創し、且建保四年に往生を遂げて、同寺の開山師と仰がれたること等を云へるは、此れ又碑之銘に依て記し其以下は多く縁由と系圖とに依りたり、猶法善、西佛等と名を均しくして云々と云へるは、正行寺の什物の中に、四尊連座の眞影と稱して、親鸞、法善、西佛、了智、四僧連座の肖像あるに依て之れを擧たるが、法善は、高綱の兄にて、三郎盛綱入道の法號なり、此盛綱入道も後眞宗に歸入して、越前國なる眞宗寺の開祖となり、また西佛は、大夫房覺明入道とて、是亦信濃國塩崎康樂寺の開祖たり、皆高綱入道と共に眞宗に歸依したる人なり。故に斯く記したり、猶碑之銘には、此外種々のことを擧げたれど　本傳に要無き文は皆之れを省きぬ。

冬　晴　遠山の雪をはなれて出る日の光さやけき冬のそらかな

鶴　　　幸あれと君をはるかにことほきて雲井の鶴も千代よはふなり

◉津輕女仙

津輕女仙は、筑前國遠賀郡庄の浦の產なり。其父母詳ならず。又其姓名を知らず。數百年の後同國芦屋の商人某が、津輕に行きて、圖らずも此女仙に遭ひしに依て、始て世に知らるゝ事となりたり。今其大要を擧むに、筑前國遠賀郡の浦人どもの中にて、伊萬里の瀨戶ものを、船に積て諸國を廻り、商賣を爲すものあり、天明二年五月、奥州津輕に至り、舟岩と云へる所に滯留し、各賣荷を擔ぎて市中村落となく、日々四方に賣あるきけるに、其内の一人、一日、山路に踏迷ひ、途方にくれける折しも、谷川に、野菜の屑の流れ來れるを見て、扨は此水上にこそ人里はあれと、力を得て川に添ひ、遡りて尋ね行きけるに、數十丁を經て、三十歲許なる女房の洗濯し居るを見つけゝれば、立寄て某は旅の者なるが、道に踏迷ひて東西をわかず、やう〳〵是までたどり參りぬ、何方へ行なば里には出らるべきや、敎へ給へと云へば、女房答へけるは、此所は深山隱れにて、商人などの參り通ふ所にあらず、如何にして蹈あやまり給ひしにや、是より里まで出給はむには、頓て日も暮れ侍るべし。いたはしさよと云ふ、其詞にすがり、如何にも晝の內だに前後を失ひたるに、まして日も暮なば狼の餌じきとも成ぬべし、あはれすのこの端になりとも今宵一夜を明させ給はらば、一命をたすけ給ふに均しかるべし、偏に賴み入まゐらすと、手をすりて乞ひければ。商人は何處の人にてわたらせ給ふやと問ひけるほどに、九州筑前の者なりと答へければ、此女甚く愕きたる狀にて、あらなつかしの筑紫人やと打淚ぐむ計なり、如何なれば、五百里餘りもあなたなる、筑紫の者と聞て、悒しき狀に見え給ふことの訝しさよと云ひ、ければ、此女鼻うちかみて、さればとよ自らはもと筑前岡のあなた庄の浦と云ふ所のものなるが、不測にも本國の人にめぐり逢ふも、一方ならぬえにしなれば、今霄は見苦しけれど、我草の席に休ませ給え夜すがら故郷の物語申すべし、いざこさせ給へとたらいをかつぎ、先に立てあないし。我家に伴ひけるに、さのみ住わびたる體にはあらず、家主は他行にて、男女二三人ありて、したゝめなど取賄ひ、いかう草臥給ふらむ、いざ休らひ給へ、さるにても、故郷の親兄弟にも逢し心地し侍れば、終夜御物語申すべし、いと奇しくも思ほすべけれど、御國へのみやげとも思ひ給へかしとて、灯火かゝげ膝さし寄て語りけるは、抑自らは山鹿の傍にて、同所よりは十六丁ばかり隔りたる、庄の浦と云へる所の。賤しき海士の子にて侍りしが、十七歲にて博多へ緣附たりしも、不緣にて家に歸り、其後鞍手郡八尋村へ緣につき、其所も不緣にて歸り、二十五歲にて庄の浦へ嫁して、男子と女子と二人をも持しが、其頃は庄の浦は、山鹿刑部丞と云へる殿の領地なりしに。壽永とかや申す歲の頃、安德天皇と申し奉る帝、京都を落させ給ひ。西海に漂泊座まし、刑部殿を頼ませ給ひて。山鹿の東なる山奥に、假の御所を構へ、御座ませし時は、自らも代々のあまの手馴し業なれば、磯の物など取て、御所にも折々捧げ侍りしなり。一とせ自ら病に臥けるに、日にそひ夜にまし、朝夕の食事つや〳〵まゐらず瘠衰へしかど、片田舍の事にて、藥を服する便もなく、一向に弱りに弱りて、今は中々に活べくも侍らざりしに、男の子女の童がいと孝心にて、枕を離れず歎き明しつゝ侍りし。扨一日磯に出て一つの保良貝を拾ひ歸りて、是れを能く煮調へ進め侍りしに、其味ひ殊の外よろしく覺えしより、少しづゝ食事にも喰つきける故、朝夕二日三日が間。其貝をのみ菜となして悉く給けるに、頓て病ひは本復し、一體も亦極めて健かになり侍り、其後は終に病と云ふことを知らず、幾春秋を重ねても、老衰することと無く、彼保良貝は音に聞く、不老不死の藥にてもや侍りけむ、今思ひめぐらすに、早六百餘年と申す昔語りにて、我ながら我身をば、希代に訝かしき事と心に思ふ許なり。扨限りある人の命なれば、夫なりける者も世を去り、子供も失なひ、孫も皆死し曾孫玄孫も皆々相應の壽命を保ちて、亡くなりぬれども、我獨は數多度の憂ひ歎きにも、面影だに變り衰へもせでながらへぬるを、我ながらうとましく、或時は海川へ身を沈めてなど思ひ立しことも度〳〵なりしが、或時は人々に支へられ。また或時は如何なれば斯くは侍るらむ、唐土の仙人などやらむこそ、我如く長生をもするよしなれば、生らるゝ限り生て見ばやと思ひかへす事も侍りつゝ、世を歷るまゝに、我住わたりなる、くきの海のくま〲干潟となり。神功皇后御船を繋ぎ給ひたりし所も、いつの程にか畠となり、いはし山、蜑瀬、岩瀬など云へる所も、皆ほのかに名のみ遺りて、昔の跡かたも見えず變り侍りしかば、今はさこそ飛鳥川の淵瀬と變りし海山川里のけしき思ひやられ侍る、然れば是までの間には、亂れし世もあり治まれる時も侍りて、色々様々の事ども侍りしかど、女の身の上なれば、よくも覺え侍らず、さる程に何時のほどにや、住馴れし故郷も住うく覺えければ、國々の神社佛閣など、拜み廻り見ばやと思ふ心の、一向に興り侍りければ、子孫のもの、又は所の人々に暇を乞ひ、先初て豐前國を廻り、豐後の三穗の浦とかや云へる所に年を經て、其後伊豫國へ渡り。爰にも多くの年月を越え、夫より土佐、讃岐、淡路の國々、弘法大師のたうとき古跡ども拜み、舟に乘て長門國へ渡り、出雲、伯耆、石見などにも年を經て、因幡國へまゐりぬ、爰に法美郡とかや神社のおはしけるを、ぬかづき侍りけるに、所の人も詣で來りて、旅人は何處の人にやとありければ、筑紫の片邊の者にて侍るなり。此神社は如何なる大神にて渡らせ給ふにやと尋ね侍りしに、是れぞ、彼六代の帝に仕へ給ひ、三百歳を保たせ給ひし、武内の大臣に御座ますなり、御身も若き人なれば、壽を祈り給へと聞えける、我身の上の甚けうとく疎ましく侍りしかど、さりげなくもてなし、げに〱目出度御神の御壽にあやかり奉り度こそなど申て、何くれと物語侍りけるに、若き女性の獨何國へかまゐり給へるにやと云ふ程に、きはめたる當處も侍らず、只諸國の尊き宮寺など、拜みめぐり侍るなりと答へければ、急ぎの道ならずは、暫く我許へ留め參らせたしと進むるに任せ、其人に伴はれ行しに家富榮えて賤しからざる農家にて侍りき、此人獨夫なりければ、所の人々に進められて、また夫婦のかたらひを爲す事久しかりしに、夫は年に隨ひ老さらぼへども、我は更に面かはりもせず侍りしかば後には人々怪しみて、化生のものにやあらむ、又は切支丹など云へるものにや侍らむなど、ひそめき渡るをほの聞侍りけるにより、爰にも留まり難く密にすべり出で、京都の方より東の國々を經めぐり此津輕郡にまゐりしが、又もや人々のわりなく申し給へるに、堅くは否み難くて、此家の主人に嫁し侍りつるなり、自らが筑紫に侍りし時までは、今の綿と云ふもの無りし故、麻を績ぎ布を織ること千反あまりなりし、扨故郷を出し比、彼保良貝の殼を、我命の親なればとて、所の神職なる人を頼みてちひさき祠の有りしに齊ひ納めて、我姿ともかたみとも見よかしと申し殘しけるが、今は限りもなき年月を經たりければ如云なりゆき侍りしやらむ、然はあれど其祠のわたりに、舟留の松とて、大なる木の一本ありしなり、松は千歳のものなれば、今に朽木ともならで、侍らむも計り難し、若彼所に至り給ひなば、是をしるしに尋ねて、我子孫なるものなど侍らば、此物語をも聞せ給はらまほしとて、終夜語り明しけるとぞ、斯くて其商人筑前に歸りて、其翌年の神無月、庄の浦へ尋ね來りて、傳次郎と云へる者の家に、彼保良貝の正しく傳はりて有るを見、また云へるが如き祠も有り、其祠の傍に松樹も有るを見て、彼女の云へる如の悉く符合するより、いとゞ奇異の思ひをなし、傳次郎に此物語をなせるより、筑前庄の浦の仙女は、今もなほ津輕に在りとて、語り傳ふるに至りしとなむ。

嚴夫云。本傳は。仙女物語 古今奇談、落葉集、蒹葭堂雜談、倭文麻環、皇國神仙記等を參輯して載せたり、仙女物語は梅仙齊岡部久伯と云へる人の著したるものにて、猶此話の參考になる事どもをも記せり、其中に舟留の松と云ふは昔此松に舟を繋ぎしと云ふ、樹の下に貴舟社有り、此れ彼貝を納めたりと云へる祠なるべし、古記に神功皇后三韓を御征伐の時、洞の海に至りて御舟進まざりしかば、爰に御舟を留め給ひて、神八井耳命の遠孫多氏をして舟を祭らしめ御みづから松を植させ給ひて、後のしるしと爲し給ひしと云へり、今の舟留の松は卽ち其名の遺れるなるべし、又其多氏の苗裔は、多武諸木の末、多武乙隅の子、多諸乙麿と云ふ、此人天喜の頃、此地に住けるとて今に多氏屋敷と稱する地名あり、また諸乙麿の住し所なればとて、今にも乙丸村と云ふあり、是れ庄の浦の本村なりと云ひ、又傳次郎が家には、古來流行病の傳染を受たる者なく、偶然にも病人ある時は、彼螺貝に水を入て飲む時は、忽快くなるを以て、此家にては醫藥を服することを、曾て之れ無しと云ひ、また近所に流行病の有る時は、此螺貝を吹て疫神を祓ひしが、中頃より中絶して有けるを元文の頃より再び其事の行はれつゝ有る由を云ひ、且古老の説に、此所を壽命谷と稱すると云へるは、此女仙の長壽せしより起りし名ならむかと云ひ、また天明二三年頃よりは凡廿四五年前の風説に、因幡國にて、筑前より來れる女とて、何時までも年の寄ざる者ありて、人皆此れを怪み、或は切支丹宗の者などにては無きかとて、役人より國を立退しめたりとの傳聞ありしが、今思ひ合せ侍れば、愈此女に違ひあるまじければ、彼が奥州に行しは、さのみ久しき前の事には有ざるべしと云ひ、又此岡部久伯彼女に逢ひ來りし商人に親しく尋ねまほしくて、錢が島を聞合せたるに、其時は彼商人稻荷丸に乘て、再び津輕地方へ行き居らざりし故、逢ふことの叶はざりしは、遺憾なれども、山鹿にて此話を聞き、庄の浦にも行て、彼螺貝を親しく見侍りしに如何にも古物と思しくて、口のあたりなどには、所々少づゝ損じたる所もあり、即ち圖せるが如しと云ひて、貝の圖を載せ、且庄の浦の新古の圖などをも出せり、誠に深切なる記事と云ふべし、扨又古今奇談落葉集には、其後寛政九年に至り、庄の浦の代官坂田新五郎と云へるが、いかにしてか此話を聞傳へて、庄の浦の庄屋儀平と云ふ者に申付て、螺貝の事を尋ねけるに、同村の百姓傳次と云ふ者の家に、長壽貝とて持傳へたり、此貝の肉を喰ひし女は、遠國に存命して居る由、老若口々に申傳へるなり、又此家に惡病入る事なく、代々八九十歳の壽を保てり、因て右貝を領主へ献りしを、長壽貝と云へる名にめでゝ、筑前の守より一橋へ御覧に入られしに、遂に御本丸へも上りぬ、其長壽にあやからむ爲に貝の中に入れたる酒を、奥女中より其宿々へ指越けるも、皆人の知れることなり、此頃まで螺貝を喰ふ人の無れば、生たる貝を見たる人も少かりしを、此後長壽貝の沙汰世に高くなりて、榮螺と齊しく賣りあるく事とはなりぬとあり、然れば此女仙のことは、當時頗る世に廣まりて、其結果此貝を黒田筑前守より、一橋卿に御覧に入れしが、遂に將軍の一覧にも、供ふることゝなりしと見えたり。

冬　山家　人とはぬわか山すみの柴の戸をしは〱とひて降る時雨かな

春　氷　若菜つむ野澤の水のうす氷なほとけかねてみゆる春かな

◉殘夢

殘夢は。自ら日白と呼び、又秋風道人と稱せり、僧にあらず、俗にあらず、素より何人たることを詳にせず、或云ふ常陸房海尊ならむと、風顚の狂漢にして、自ら一休と友とし善して、其禪要を得たりと云へり、又時々人と語るに、元暦文治の頃の事を以てし、其時には、義經斯る事を爲したり、又辨慶は斯る事を爲したり、或は某此事を作し、某平氏と某所に戰ふと、其話殆ど親しく之れを見たる者の如くに云ふ、人怪て之れを詰れば、則ち答て我れ之れを忘れたりと云ふ、殘夢曾て會津の實相寺に住たること有りて、此時には、桃林契悟禪師と云ひて、同寺第二十二世の住持たりと云へり、是より先殘夢處處に住持たりしが天文年中、那須の雲岩寺より、實相寺に來りて住せりとなり、初め來れる時、此所に無々と云へる者あり、殘夢佐瀨氏なる者と共に之れを訪ひて、無々に遇ひぬ、此時殘夢が詠る歌に

なしなしと云ふもいつはり來て見れば、あれはこそあれ元のすがたでとありければ、無々もまた

なしなしと云ふもことわり我姿、あるこそなきのはじめなりけれと詠けるとぞ、斯くて殘夢徐かに云るやう、曾我夜擊の翌日一別以來なりと、無々之れを聞て點頭たりとぞ、人殘夢に其年を問へば、百五六十なりと云ふ、怪て之れを詰れば、則ち答へて我忘れたりと云ふ、殘夢徃々未然を前知することあり、或時庫中に錢を置たるを盜來りて壁を鑿ちて之れを取むとせり、殘夢速くも之れを知り侍者を呼び、盜今我庫を鑿ちて錢を取むとしつゝあり、汝疾く行て錢を與へ庫を鑿たしむること勿れと侍者行て之れを見るに、果して殘夢が云へるが如し、侍者盜に向ひ、錢を與ふべし、壁は必ず

鑿つべからずと、盜之れを聞て羞て走去れり、侍者歸りて其由を告ければ、殘夢は何とて錢を與へざりしとて叱りしとなむ、また僧天海及び松雪等も、殘夢に遇へり、殘夢好みて常に枸杞飯を食へり天海も亦好みて之れを喫ひたり、天海人に語りて曰く、殘夢が長生せるは、事を速にせざると、枸杞を服せるが故なりと、又會津に鏡を磨ぐものあり、稱して福仙人と云へり、其鏡を磨くや、貫に拘はらず、笑語りて終日磨く、甚人の問ふを好まず、研磨こと年舊くして何すれば、此の如く磨くことの拙きやと云ふもの有れば、彼則ち答へて曰く、余は無心にして磨くなりと、殘夢は福仙を見て、彼は義經の旗持なりと云ひ、福仙は人に語りて殘夢は常陸坊なりと云へりとぞ、又牛墓村に塚あり、傳へて舜岳を葬りたる地なりとして、之れを舜岳塚と稱せり、此塚自ら燒けること數月に及び、人甚之れを異とせり、殘夢行て香を燒き、偈を唱へて、光明無業、元無明、光融性海最堪吹、湯爐炭跳後、八用磨礬豈立錐と云ひければ、其火即ち忽ちに滅けるが、其塚倘今も存すと云へり、又殘夢一日葬儀の導師に行たるに暴雨迅雷烈しくして、鬼形のもの火車に乘て來り、棺を奪ひ去らむとす、殘夢聲を高くして、之れを許せと云ひければ、鬼忽ち去りて、天晴れ夜も亦明たりと云ふ、斯くて殘夢は、天正四年三月二十九日に寂す（會津四家合考には、天正三年乙亥九月廿六日とす）曾て自ら牌を設け、日を刻し名號居諸を書き、衆を丈室に鳩め。頌を作りて曰く、

墮在無間　五逆聞雷　鳴下瞎驢、　死眼豁開

と是に於て筆を擲ち棺に入て寂したりしが、程經て文祿年中に至り、弟子等擴を啓て之を見しに、只空棺のみにして遺骸は無りきと云ふ、其後また殘夢に三穗松原にて遭ひたるものありて、源平の昔の事を問ひけるに、殘夢は答へて、今ははや我と共に見し者のあらざるを以て、我言を徵するもの無れど、其實義經は醜男にて、辨慶は美僧にてありしなり、然るに世間にて稱する所は、醜美を轉倒して傳へたり、此類の事猶多し、故に語ることを得ずとて語らざりしとなむ、また越後にても殘夢に遇へるもの有りと云ふ、又或傳に、常陸坊海尊は、源平の變亂後、東奥の師より遯れて、形を變へ、貌を易て、身を富士山に隱し、數日粒を絕ち、餓て死に及ばむとしける時、ふと石上を見るに、髓の飴の如くなるものあり、急に取て之れを嚥ひけるに、倏忽精神爽なるを覺え、身體輕きこと毛の如し。復飲食を思はず、四百餘歲を經て、之れに逢へるものあり、則ち道を得て、地仙となれるなるべしと云へり。

巖夫云。本傳は。冒頭より人怪て之れを詰れば、則答て我れ之れを忘れたりと云ふと云へるまでは、專ら會津觀跡聞老志と神社考とに據て記したるが會津舊事雜考には、道人を道士に作りたり次に殘夢曾て會津の實相寺に住たること有りてと云へるより、義經と辨慶との醜美を轉倒して傳へ

たる由を云へるまでは、多く會津風土記の實相寺の下に擧たるを採て載せたるが、中に、桃林契悟禪師と云ふ號のことは、會津舊事雜考に、天正四年三月廿九日寂 諡曰桃林契悟禪師 とありて、即ち諡號なり、また無々及び福仙に遇へることは、萩原隨筆にも見え、また殘夢が何かのことを、未然に前知したることは新古事談にも記し、僧天海及び松雪等に遇へることは、是れ亦奥羽觀跡聞老志及び神社考にも粗同しさまに載せたり、また殘夢と福仙とが遇へる時のことは、新續古事談にも記し、舜岳塚のことは、會津舊事雜考にも之れを云ひ葬事に會して鬼を斥けたることは古事談に死る前に自ら牌を設け頌を作り、且死後只空棺のみにて有りしこと等は、是れ亦會津舊事雜考に、義經と辨慶との醜美を轉倒して世には傳へ居ると云へることは 古事談に、殘夢が死たる後に、越後國にて遇へるものゝありしと云へることは、萩原隨筆にも見えたるを、參考して擧げたり、又或傳にと云へるより以下は、全く芳原元常富嶽記に據れり、此外會津四家合考には、一名殘夢、又自ら秋風道人と號す、傳云、常に能く壽永元曆の事を談ず、乃ち是れ義經の臣常陸坊なりと云ひ、また遊方名所略には、信濃國埴科郡戸隱山に仙人あり、名を秋風道人と云ふ、俗に云ふ常陸坊海尊なり、建久の頃村里の樵夫時々之れを見たりと云へることあり、之れに依れば、殘夢は戸隱にも住しと見えたり、又小窓雜筆にも、寛政五年八月九日、水戸を立、野州塩原へ罷越入湯、廿六日罷皈候、塩原妙雲等と申す寺に、永祿中の人の書、見事なる物御座候、常陸房海尊名を殘夢と云と申傳候、海尊は仙人に成て、殘夢と申し、彼邊に居候由、那須の靈巖寺と申す大禪刹にも、殘夢の書東山の二字の扁額御座候と見えたり、此は本傳に採りたる、會津風土記に、會津の實相寺へ來るまでは殘夢は、那須の雲岩寺に住持たりしと有る、雲岩寺は、靈巖寺の事にて、靈雲字體の能く似たるより寫し誤りたるにて、同寺なること疑ひなし、然れば塩原の妙雲寺、又此那須の靈巖寺等に殘夢の書あるは、即ち殘夢處々に住持たりしがと有る時に此寺々に在て書しものならむと思はる、又名家吹傳と云ふ書には、殘夢號を寶山と云ふ、永祿中、常陸國の福原寺に住職す、年百三十九歲にて逝すとも載せたり、猶此外にも多かるべし、既に釋了意の狗張子にも、元龜天正の頃にや、攝津國の鳥岡彌次郎と云へるが、富士に登山して、圖らずも常陸坊海尊一名殘夢に逢ひて、芳原元常が富嶽記に載せたるが如きことを殘夢より親しく聞き、且枸杞飯をもすゝめられたることを記し、また會通雜誌の百十九號より、百二十二號に亘りて、奧州白河山中地仙塚の來由と題して、靈元天皇の貞享年中に、白河の山里にて、農民が所有の耕地の側大雨の爲に崩れて、横穴のあるを發見し其中に一小堂ありて、堂の内に六十有餘に見ゆる考人、黑衣を著て居たるが、此れも常陸坊海尊にてありて、種々の問答したることを云へり、然ることも有りしが、殘夢元來仙道を得たる異人なれば、機變出沒自在にして、種々の奇跡を遺したれば、斯の如く其傳へに異同あるも亦奇しむに足ざるべし、然るに爰に今猶一言すべきことあり、其は此の殘夢が好みて、常に食したりと云ふ、枸杞のことなり此は彼稚川翁の、仙藥卷には、或は仙人杖と名づけ、或は西王母杖と云ひ、或は天精と名づけ、或は却老と名づけ、或は地骨と名づけ、或は枸杞と名くと云ひて、草木の藥の中にては求、黃精、天門冬、茯苓、地黃等と均しく、最も主たる仙藥なり、中に就ても此の枸杞には、仙人杖と云ひ、西王母杖と云ひ、また天精と云ひ、地骨と云ひ、殊に却老と云へる名さへあるを以ても其最も良藥たるを知るに足るべし、即ち本草蒙筌に因るに枸杞の効能を擧て、耳目を明かにし神を安んじ、寒暑に耐へ壽を延し、精を添へ髓を固め、骨を健にし筋を強くし、陰を滋して陽衰を致さず、陽を興して常に陽をして擧らしむ、諺に云ふ、家を離るゝこと千里枸杞を服すること勿れと、亦其能く陽を助くるを以てなりとあり、殘夢及び天海が、好むで之れを喫して、長生を得たるも宜ならずや、而して仙人杖と云ひ、西王母杖と云ふは、莖の名なり、地骨と云ふは、根の名なり天精と云ふは、實の名なり、皆用ひて効驗あり、最も得易き仙藥と云ふべし。

都 餘 寒　　ものかけになほ消やらて都にも冬の寒さを殘す雪かな

◉鬼三太清悦並柳塘異人高館女仙

鬼三太清悦は、源義經の雜色なり。長生して奥州に居たりしが、伊達正宗の時に至りて、再び世に知らるゝことゝはなりぬ。今其顚末を識さむに、陸奥國磐井郡衣川七里と云へる所に、一人の老翁あり。鷹眼虎質にして髪は剃りたれども緇衣を著ず。性に任せて、物に拘はらず。また其年齢を知る者なし。只村民久を經て、世々之れを相見ると云ひ傳へたり。常に放言せて嘴を弄へども、其人となり敢て侵す所なく、平素の氣操群を脱けたるものあり偶良友あれば文經を語り武緯を談しけるとぞ。また我れ善く黄梅の曲を奏じ、芙蓉の歌を諷ふと云ふ。人有りて其故と名とを問へば默して答へず。故に世之れを目して無名翁と呼びまた清悦と稱せり。毎に隣里に遊びて、村嫗や野媼と相親しみ善く小兒の疳疾を呪ひ、或は吉凶禍福を告ぐ。芳薺を煮て薦むれば、喫了りて清悦清悦と云ふ。富家の華屋に招きても茶を沸て呼ぶに非ざればゆかず。饗飯を嫌ひ好むで芳茗を飲む。飽けば門外に出て、天を仰て氣散じたり氣散じたりと云ふ。是を以て、清悦をまた氣散とも呼びけり。清悦平素朱漆の匣を秘藏し、他人をして見せしめず。天正十九年伊達正宗召て、其來歷より往時の風俗、また歷世變遷の狀態等を問ひしに、清悦固辭て云ひけらく、我固より書生にもあらず、また劍客にも非ざれば、何ぞ國主の召に遇はむ。唯老心惶々の至りに堪えず。爭でか貴命に答ふることを得むとて、其謂ふ所未だ審ならずして、匆匆に退出せむとせり。正宗强て之れを留め、彼朱の匣を開きて見せよと云ふ。清悅歎き惜みて肯がはず。左右の者ども迫り奪ひて之れを披けるに、中に卷物三軸、帖二冊、翰三通あり。卷物は鬼一法眼の軍法なり。帖は伊豫守義經芳野山を出るの記なり。翰は鞍馬別當東光坊阿闍梨の文なり。其餘護身法次第、觀音像一軀とありて、銘に雜色鬼三太某に授くとあり。正宗之れを見て奇なり恠なりと云ひて、慇懃に饌を享め茶を薦めしに、寔權威を憾める狀なりしも、拒むことを得ずてありき。高館の舊事を語るに及びて、悲愁辭色に溢れしかば、聞者涙を催しけり。正宗慇に吉野記一冊を求め得て之れを留め、匣を附けて歸らしめけるが、爾後數招請せしかど、頭を掉て肯はざりしとぞ。其後元和元年に至りて田村氏の家人に小野太右衞門と云へるものあり。嘗て翁を請し、德に懷き信を講じて能く武技を學びしに、其敬接の美を褒めて、律を演じ要を傳へ、氣に乘じ情を移し、能く打解て世々の盛衰時々の變態のことまで、年を重ね功を積み、千般の理に亘りて、毫釐も濫むことなきに至りしとぞ。或時太右衞門翁に向ひ卿が風粧曾て野ならず。然るに何を以て、雜色の稱に默したるかと問ひければ、翁笑つて雜色に上下あり、其家雜色と稱するものは、仕丁中間の類にして其品卑し。假雜色は侍職を兼ぬ、故に其品にあらず、當時義經は、判官殿と稱す。堀河の御所に在り。正廳と便室との中間に、片廂の坐あり。鬼二郎幸種、鬼三太清悅毎に之れに候す。潜行の時或は內外の諸事、二人之れが役たり。義經鬼一法眼に就て、龍虎の卷を學ぶ。從者たりしは、幸種清悅の二人に過ぎず。他に之れに與れる者なし。故に此二人も亦擊劍印呪の秘に至るまで、悉く學びて之れを得たり、方今世に行はるゝ平家物語に、喜三太の事實を載せたれども、甚悉さゞるものあり。且喜の字に誤れり。我嘗て以て快からずとす。鬼の字は廼ち鬼一法眼の賚なり、我敢て遺れず、世人角ありて牙を出すものを鬼と云ふは非なり。鬼は乃ち隱なりと云ひけるとぞ。太右衛門また問ひて人世七十古來稀なりと云へり。然るに卿は實に天仙なり。若し教へありて學ぶことを得るものならば、願くば詳に法を傳へられよ、幸に萬人に施すべしと云ひければ、翁之れに答へて、我今憂多し、豈之れを人に讓らむや、慮らずも天壽を得たるのみ、茫々として年月を歷る亦何の益あらむ。文治三年の春、義經に從ひて北陸に向ひしより、既に四百有餘歲を歷たり。世は吉事のみあるものに非ず。涎を富豪の門前に啜りながらも、榮利を不義に貪ることを知らず。壯氣健康の士と雖も、七十を過れば形容憔悴困態して、更に恨む所無し。我れ亦壯年より以來、婦を娶ること既に十二人、遺姿猶幻に在り。月に嘯き花に詠ずるごとに、愁の涙更に乾く時無し。人は只平素憂無きにしかず。五十より七八十歲に逮びて、正念に命を終るものは、實に羨むべしと云ひけるとぞ。また一夜太右衛門が家に客ありて、軍書を評論せり。翁も亦其坐に在り。則ち之れを聽き氣を焦して云ひけらく、卿等が論ずる所は、傀儡の兵法と異ならず、人ごとに各量有りて力を以て克べからず、氣を以て奪ふべからず、機に臨みて術に變あり、變亦已に其正を得れば、正夫れ念念敢て屈すべからず、術盡れば理盡く、而して後自由活法始めて其正を得るなりと云ひければ、滿坐の人々翁が談の佳境に入たるを悅ぶ。時に太右衛門爐の火を煽りて、茶を沸騰せしむ翁が喜悅滿面に現はる。太右衛門徐ろに問ひけらく、八島軍記に、逆艫の論を載せたり。未だ其是非を窮めず、請ふ其實を語られよと。翁答へけらく、文治元年如月、義經先登せんと欲す。大藏卿泰經轡を扣へて諫め止む。義經曰く我に異膽あり、先登の爲には命を抛ち南地に終らむと欲するのみと。乃ち發して渡邊に抵り舟を艤ひす。景時進みて曰く、軍船の便は進退を以て要とす。請ふ逆櫨を作りて便に備ふべしと。義經哂ひて云ひけらく、吾れ聞く之れを亡地に投じて而して後存し、之れを死地が蹈みて而して後生くと。凡將たる者豫め逃路を設けて戰ひを爲さば、士卒豈能く進むことを得むや。汝之れを欲すれば則ち爲すべし、吾は乃ち爲さずと、衆相目して嗤へり。景時慚哂ひて曰ひけらく、軍陣は時に臨みて進退あり、唯進むのみにして退くことを知らず、豈良將たるを得んや、君は則ち猪狗の勇なりと。義經奮怒し、眉尖刀を把て立ち揚らむとす、景時も亦刀を按ず、諸士制して之れを止む。既にして諸船纜を觧て發せむとす、暴風益起る。砂石面を打ち逆浪岸を洗ふ。景時等多く未だ敢て發せず。義經曰く、彼れ我を誑かし、暴風に漂ひ舟を毀るものとするか、夫れ軍は不意に起りて不虞を擊に若かずと。乃ち麾下百餘騎を率ゐて發す。餘は皆未だ發せず。東北風倍々怒る。舟の行くこと箭の如く、數十里の海上纔に三刻にして阿波國勝浦に達す。平家の將士一戰に及ばずして潰ゆ。義經機に乘じて數城を拔き、直に進みて八島に到り、火を高松に縱ち八十餘騎を分ちて數隊となし、皷を鳴して攻む。烈風は雲烟を掩はしめ、喊聲は天地を動かす。敵遽かに驚き、以て大軍掩ひ到るとなし、帝を海上に奉ず。後藤實基皇居に入りて火を縱つ。少時ありて天霽る。初めて我軍の寡きを知り、大に悔ひ且怒り、敎經景清等船を回し來りて擊ち戰ふ。敎經は善く射るもの敵なり。發する所必ず中つ。繼信先殪る、義經兵を收めて戰はず。將來り圍む。會々源氏の軍船數千海を掩ひて到る。敵遂に奔りて長門に走る惜いかな義經の英智にて、文武の和を行ふことを識らず、此の天災に逢へる時の如き、梶原の心を以て、義經の爲に之れを難ずるは、其理明なり。梶原の心にして、義經を難ずることは能ふ可らず。惟旦暮我作用の旋轉のみを考へて、位的當掌上を出ざるもの丶如く思ふは、則ち昇平の兵法謂ゆる生兵法にして、大疵の基なりと云へり。此時或者話頭を轉じ戲れて、人の最も欲する所の者は壽なり。翁が長生の術まだ學ぶことを得べしやと云ひければ、翁之れに答へて、不老不死の藥亦無き所にあらず、文治四年の夏暑熱甚太し。余京師より來れる遊客二人と倶に、釣を衣川の柳塘に垂れたり。日已に暮れ凉風微く吹く。其景色頗る佳し。會々空腹となりしを以て、罷て歸らむとせり。傍にも亦一人釣を垂るものあり。其形修驗者の如き者なり。魚を獲ること間無し。獨言して云ひけらく、斯夕を措て歸るは、子陵が志を失ひ、蜆子が遊びを忘れたる者と云ふべしと。我れ之れを聞て、嗚呼心ある言なる哉、唯我腹の虚なるを如何ともし難し。故に家を思ふのみと云ひければ、彼の者曰く、我廬邇に在り、請ふ粟飯を薦めむと。乃ち相伴はれて偕に山際の一茅舍に入る。障紙の間より覗き見るに、俎板に魚を剝ぐ、其魚の皮皆頗る朱し。山椒醤を點じて炙と作し、飯と共に之れを喫ふ。伴ひたる客は其朱の常に非ざるを恐れて、少も之れを食はず。我れ素より强情之れを食ひしに、其甘味比すべきもの無し。主人に其魚の名を問ひしに、感人魚と云ふものなりと答へき。嘗て友人の女高館に在り。余每に之れを愛す。其食餘したる魚肉を袖にして歸り、其女に與へぬ。他日往て彼茅舍を訪ふに、茫乎として跡無し。以て之れを考ふるに、感人魚は則ち靈肉ならむ。彼靈肉を食ひたる友人の女も、今尙存在すと云へるとぞ。太右衞門膝を進めて更に問ひて曰く、高館殿の顚末今世に傳ふる所と異なるや否やと。翁頭を掉て曰く傳ふる所皆非なり。彼秀衡は、東奧六郡の主、鎭守府將軍秀鄕の裔 三世まで鎭守總官たり。秀衡弱冠の時、上洛して左馬頭となる。義朝の恩遇する所なり。其人となり、華奢を好む風流洒落にして粗暴ならず。諸侯咸崇敬す。實は義朝の惠みによる。或時義朝秀衡に云ひけらく、天運期あり、斯契遺失ること勿れ。吾れ子多し若萬一の事あらば、請ふ憐れみて一人を救ひ、以て遺愛と爲すことを得せしめよと。保元の亂後、秀衡心に此言を銘し、牛若の鞍馬に居ることを聞き、三條の金商人吉次なるものを遣はし、謀りて之れを迎ふ。牛若復讐の志を懷き、晝は深室に入りて、專ら學を修め、夜は僧正谷に出で、異人に遇ひ擊劍の術を學ぶ。或時異人盟て曰く、我必ず守護神と爲らむと。是に至りて其身の輕捷きこと宛ら飛ぶが如し。師の僧及び繼父長成卿、祝髮を勸むれども、牛若敢てせず。終に吉次に約して自ら毘沙門天の前に於て、冠を加へ九郎と稱し義經と名づけ、終に倶に奧州に到り秀衡の館に入る。居ること九年間、敬愛至らざる所無し。兄賴朝伊豆に興ると聞き、援兵を秀衡に乞ひしかども許さず。義經猶居るに耐へず、潛に出て行く。秀衡驚き、繼信忠信及び杉目行信、金剛秀成等をして、赴き從はしむ。而して賴朝景時の讒を信じ、義經を徒に京師に歸り上らしめ、尋で景時行家を伐つと稱し洛に入り、熊野詣に託して、土佐坊昌俊を將として、義經を伐しむ。義經外を拒みて中に邀へ、軍遂に敗る。南都より宇治黑津を歷、熊井太郎、備前平四郎、伊勢二郎兼房鬼三太、家雜色五人を率ゐ、朽木嶺を歷て、越前の氣比に到り、暫く一禰宜金淸が家に滯留し、五月舟を艤し越後の出雲碕に達す。同列滿善阿闍梨に憑り、嚮導と爲し、津川柳津、會津を過ぎて、杉目館に入る。又義經の孺人品子は、辨慶片岡鷲尾、杉目行信、龜井六郎等十餘人を牽ゐ、海津荒乳山を經、加州富樫に抵り、警士守兵を詰き、稍如意の渡口に至る。時に舟子等怪て發せず、行信を義經に似たりとし、且品子を怪むを以てなり。辨慶品子と行信とを伴り罵り、濱に投じて扇を揮て其背を毆つ。舟子達疑を解き、宥め和らげて船を發し、村上最上の地に達す。又平泉大藏坊法印は秀衡の枕博士たり。財祿共に饒なり。毎に大峯に入り鈴木氏と相親し。故に大藏坊に入る。杉目里は乃ち今の福島なり。また行信は佐藤繼信の屬なり。平泉と杉目との間、四日路程なり。元治秀衡に恨みあり。又義經上洛の日、元治の子兄弟共に從ひゆきて、歸省せず。是より先去年秀成行信を奥州に遣はしたるに、然も元治を訪はず、繼信殁するに及びて、忠信も亦從はず。且元治の館に往かずして行信の第に入る。是を以て、元治竊に義經を憾む。疾と稱して會ず。昆弟遺孤等竊に越きて見ゆ。廼ち去りて松島、向嶺、大澤に赴く。常陸坊海尊等、大藏坊法印を遣はして、秀衡に告ぐ。秀衡悦で迎へ、之れを高館に入しむ。秀衡三世の箕裘を繼ぎ、奥羽の政務悉く秀衡に出づ。故に判官殿を崇敬すること、秀衡の諸子に較ぶべからず。義經も亦天運時機を省みて、敢て專ら恣まにせず。泰衡國衡及び一族家隷皆服し屬しぬ。時に武藏坊險悍にして强を執る。龜井、鷲尾等眉を顰めて止むれども用ゐず。人皆彈指す。四年の秋秀衡疾篤し、預め、死期を察し、諸子を集めて囑して云ひけらく、我疾日々に篤し、是れ則ち天命ならむ。惟憂ふる所は兩ながら協はず。汝が曹孝を存すれば、則義經を擁して、貳心を懷くこと勿れ。信を專らにし理に篤き者は、不信不理の者の阻み撓ます所となる故に信義に通じ、仁に達することを得ざる者は、偏に正を樹て邪を宥むること無きを以て、良將の任とす。柔和にして義を守るに如くこと莫きなりと云ひけるぞ。斯くて冬十二月に至り、將に死なむとするに當り、復誡めて云ひけるは、今よりして後、義經を立て將帥と爲し、善く國事を扶翼せよ。鎌倉の兵若來り攻むれば、奥羽二州の兵を募り、固く白川、念村の二關に禦ぎ、縱令戰ひ疲れて敵の爲に困勞することあるとも、義に背きて武を黷すことなかれと。更に命じて盟を立しむ。昆弟五人謹て盟書を書て、之れを塩竈神社に納む。殊に血を盟書に濺ぎて盟ひぬ。秀衡欣然として之れを握りて瞑目せり。諸子老臣此遺誡を守り、義經を奉じて國事を執る。二州率ね服しぬ。然るに辨慶龜井の二人稍驕り、橫暴にして誹毀を招く。諸臣眦睨みて左右稍離畔く。二人を忌嫌ふこと甚し。高館へ出仕する者日々に減じ、泰衡兄弟の威權二州を偃す。其中にありて、泉三郎忠衡特り盟約を變せず。高館を警衞して衆と諍はず、極めて謙遜確實なり。故に辨慶の如き強悍なるものも頗る之れを憚る。照井國衡は資性强項にして、苟も不理なりと思ふことは、少も默することを得ず、忽ち放言して之れを責む。是を以て辨慶と隙あり。强て辨慶の兇橫を制せんとす。故に辨慶も亦甚しく之を誚れり是に於て、照井の一族憤怒して曰く、渠れが僭横暴を極む、國家の蠹害なりと云ふべし。先人の囑有りて、出羽最上二萬束を以て、飼馬料と爲す。其他は皆我領地なり。然るに彼等十二郡を以て、悉く御料なりと云ふ。甚だ謂れなしと。國内の諸司も亦之れを憂苦す。秋田、由利、最上の徒も亦相尋で之れを愬ふ。國衡高館に於て、辨慶を罵辱す。辨慶も亦叫びて奮怒す。左右中裁して漸くに和解す
斯くて文治五年二月に迨びて、鎌倉府より、泰衡の從父弟、河村太郎に命じて、云はしめけるは、陸奥の一黨潛に義經を擁するは何の故ぞや遄に之れを捕へて鎌倉に致さば、祖先の官祿猶舊に依ることを得べし。若之れに從はざる時は、爵祿共に沒入すべし。今其爲に中村念西を官符と爲し、長碕四郎を將令と爲し、鎌倉を發せむとすと。太郎急使を飛ばして此由を報ず。泰衡兄弟及び其一族相會して之れを議す。國衡先衆に向ひて普天の下王土に非ざるは無し。若今幕府の命に違はば、則ち社稷を保つことを得ず。判官殿の爲に義を守ると雖も、恐らくは成功し難かるべし。先急に冷湯を灌ぎ、義經を羽州に迂し、辨慶を華山碕に配し。大島兄弟をして。迭番に鎌倉に候せしめ、慇懃を公私に表はし、我等が心中に於て、更に他事なきを領知せしめなば、宿憾自ら消て、只東奥を睚眦するの念を絶しむる已ならず。我父祖の冥福子孫の後榮之れに過ぐるは莫るべしと云ひければ、一人も異議を唱ふるもの無く、衆議此に一決せり。是に於て、忠衡を招きて、此由を說きけるに、忠衡更に

肯がはず。我等は嘗て先考の遺旨を奉ず。設令運命窮り盡ると雖も、豈後期を顧みるの暇あらむや、若斯の如きことを爲さば、我等の昆弟は、忠孝二つながら缺くものとなるに非ずや。我心金石の如し決めて之れに與することを得ずと、袂を拂ひて和泉の壘に歸り。此旨を其妻に告ぐ妻素より勇壯なり乃ち花眞木幸丸及び女瀧津等三人を率ゐて、馳て高館に到る。辨慶疑ひて拒みて入れず。國衡等兄弟阿倍四郎、高任全則、新東八等。歩騎三百餘を遣はして和泉の壘を圍む、接鬪叫戰して喊聲高館を轟かしむ。忠衡の妻微笑して蹭蹬忘馬策つに足らずと、歸り去て長住が家に來り。雜濫の流れを汙すこと勿れと云ひて馳せ歸る。壘壁已に覆りて火烟空を覆ふ。乃ち猛火の中に飛入つて歿す。忠衡は暫く息を一隅に憩めて、妻の歸るを竢つ、此時國衡の士高城源太は。忠衡の烏帽子兒なり。忠衡に跡を晦まさむことを勸む。家人石橋清成も亦來りて倶に之れを勸む。其後忠衡其終る所を知らずと云ふ。時に義經和泉壘の急を聞き、單騎馳せ行く、左右も亦繼で至る。壘已に陷り。敵は軍を旋して去る義經及び龜井片岡鷲尾等横より衝て敵を撃つ、不意を撃れて周章し、皆闇夜の妖物なりとし。狼狽して潰散す。北るを追ひて首級若干を得たりと、談此に至りて翁大に歎息して、故人長く生存するもの有るを見ず。皆死に盡き變じて灰塵となりたり。是れ變中の變にして、誰れか終に滅期なからむ。縱令壺中の花月を翫ぶと雖も、誰れと共にか老樂の既往を語らむと、歔欷良久しくして云ひけらく、文治五年四月二十五日紀州の藤代莊司鈴木三郎重家が一族十七人、潜に平泉の大藏法印乘俊坊が許に到り。龜井六郎に見え高館に入る。二十六日佐藤繼信が子鶴若丸、忠信が子吉忠、杉目小三太、兵三百七十三人を牽ゐて來る。二子の祖母は秀衡の妹なり。故に元治を諫めて來りて急を救はしめたるなり。是に於て、城中上下七百人防禦の備を爲す。鎌倉の使者中村念西、長崎四郎及び宇都宮結城、太田杉山、岩瀨、岩手、湊方等皆太田中村國分原に陣す。泰衡の兵七千、百合太郎の兵三千、岩井川長部山の地を廻りて、西木戸に屯し。國衡、照井遠衡、伊達高衡等、落居、大門瀨臺野、祇園林、中尊山に陣す。二十八日泰衡及び百合は前門より、國衡以下は後門より、各々兵を進む。將に共に矢を接へむとする時、已に卯の刻にてありき。然るに天氣俄に陰朦として、人畜の面色盡く變じ、爲に斃るゝ者も少からず。人面彌變じて黄色となる衆惟茫然たり。烈風暴に起り。北上川の水逆まに流れ、魁浴巖壁を碎き、黑雲林巒に簇る。高館城外水溢れ沸きて、須臾にして湖となる。敵軍の溺死せるもの千餘人に及びたりと云ふ。米庫、祭屋、堂塔樹竹の流失せるもの夥し。電光太虛に閃き。靄霧宇宙を冥朦らしむ。時に數丈の巨蟒出現して變動すること數刻に及びたり。雨歇風靜まりて見れば、太陽坤の方の山の隈に在り。或は謂ふ神佛の祟りを爲せるなりと、此夜大藏法印密に議りて曰く、世澆季なりと雖も。是日の天變は、實に神冥の感ずる所ならむ。願くば潜行して磐手の坊鄕に入り。夫より津輕の立野に赴く方然るべからむと、是に於て、義經兼房と議りて、密に信夫藤次、熊井太郎、備前平四郎、伊勢三郎、越後法印、大宮平八、大藏坊、及び浩然坊、强力七人を率ゐて後門より脱出せり。乘俊を嚮導として去る。侍女等も皆逃出て奔る。また森淨妙尼等は、五人三人皆形を變じて、潜に遁れ去る。後にて辨慶之れを聞き、大に悔ひ怒りしかど、兼房之れを諭して止みぬ。跡に殘りて城を守れる者は、常陸坊海尊、鈴木三郎、龜井六郎、駿河二郎、篠野源藏、足立平太、杉目行信、酒田八郎、鬼三太、及び雜兵百七人なり。孰れも宴を設け死を契る。程なく夜明に至れば、國衡の諸軍三面より來りて圍み攻む。行信假りに義經と稱して、湊方太郎元重と戰ふ。進擊して瀬々亂橋に到る。源藏及び二郎八郎皆戰死す。鈴木は傷を被りて城に入る。辨慶龜井等は國衡と戰ふ。龜井矢に中りて斃る。辨慶意に謂へらく、判官殿に遇ひて一の怨言を呈せむと、筋違橋、袋林を歷、前みて衣川に抵る。甲冑を脫ぎ、眉尖刀を把り水に入て游ぐ、時に水流漲溢れたり。遂に中流に漂沒めり。衆謂へらく辨慶胡爲れぞ溺死すべき、必ず水を潜りて迷走りたるならむと、五月六日に至り。河水流れ落て見れば、死尸岩壑の間に掛りて、眉尖刀を杖きて立ながらに死し居たり。是を以て、後世に至るまでも、辨慶の起往生とは云ひ傳へたるなり。行信、兼房、鈴木、海尊は、孰れも再び城に入り。行信は割腹したるを兼房介錯し。其首をば錦の囊に納ぬ。また兼房鈴木の二人も尋て自殺す。

此時敵兵已に門墻に乘り塀を越て亂入す。鬼三太走りて火を城に縱ち。猶も義經に追ひ從はむと思ひて、鼠穴より潜出て、千部山に抵らむとせしに、後を顧みれば、海尊も亦迷來れるを見て、相倶に數町を歩みけるが、時已に黄昏にてありければ、遂に互ひに見失ひたり。後に聞けば、海尊は、長生して法を建仁寺の榮西に嗣ぎ、禪僧と成りて又奥州に下り。會津の實相寺に住し、移りて白川嶺の妙雲寺に居り。或は那須にも數年住たりと云ふ、また鬼三太は、平泉の邊に在りて、時々最上に來往したれども、嘗て仙臺に入たることなし。但し舊識に逢ふを耻るが故なりと、時に或るもの淸悦に海尊は今如何して在るやと問ひければ　答て曰く、我れ知らず。葢無無禪衲を友とし能く交はり。且會津に福仙と云ふもの在りて　之れを鬼三太なりと云ふものありとは聞及びたりと、或ものまた海尊は、既に禪を學びて殘夢子と稱し。往日を悔ひ未練を耻居ると聞けり。如何と問ひければ、淸悦曰く。否とよ今の世耻を以て慚とせざる者多し。四百餘年の耻を遺さゞるものは、實に名僧と云ふべきなりと、備さに往事を說きて後、壁に倚りて眠る。闔座茶を薦めて、他事を問ひしかど、默して再び答へざりしとぞ。淸悦此後猶四五十年間は、時々見懸る人も有りけるが、延寶年間に至りて　蹤を晦まして世を去たるか、遂に行方知らずなりけるとぞ。

嚴夫云。本傳は。全く野史より採て爰に載せたり。然るに野史には、總ての紀事の出所を擧たるに此鬼三太の傳のみは、其出所を掲げず。故に何によりて載せたるかを詳にすることを得ず。また皇國神仙記には、鬼三太殘齡記と云ふ書名のみ見えて、其紀事無し、而して余は未だ鬼三太殘齡記を見ず故に之れを明言することを得ずと雖も、野史氏は、此殘齡記を取て、野史に載せたるには非ざるか、後人の再考を乞ふ。また此の鬼三太のことにつきて、本傳にはさのみ要なき事と思ふ紀事をも、長々しく擧たるは、世に傳ふる所と異にして、大ひに歷史參考の資に供すべきものあるを以てなり。また此傳中鬼三太に、衣川の柳塘に於て、感人魚を食はしめたる。修驗者の如き形して居りしと云へる異人も、必ず神仙の一人なるべし。また鬼三太食餘したる感人魚を取歸りて與へたる。高館の友人の女と云へるも、今猶存在すとあるを思ふに、是れ亦女仙となりたること疑ひ無し只其姓名の傳はらざるは惜むべし。扨此感人魚と云へるは、如何なるものか、今より之れを知る由なけれど、稚川内篇の金丹卷に伏丹を取るの法あり。云く天下の諸水名丹あるもの、南陽の丹水の屬の如き是れなり。其中には皆丹魚と云ふ魚を生ず。當に夏至に先つこと十日に當る夜、之れを伺へば。丹魚必ず水の側に浮ぶ。赤光上り照すこと、赫然として火の如し。網して之れを取りて得べし。之れを得ること多しと雖も、盡く取ること勿れ。其血を取て足下に塗れば、則ち水上に歩行し。長く淵中に居るべしとあり。此文中丹魚を服して長生する由は見えねど、其前後長生の丹藥を列記せる中に載せたれば、丹魚の仙藥たること、また云ふを待ざるべし。然るに上の感人魚の頗る朱かりしと云ひ、且伴ひたる客は、其朱の常に非ざるを恐れて、少しも之れを食はざりしとあるに因るも、此魚の非常に朱くして、丹魚と云ふべきものに似たるを想像すべし。今思ふに鬼三太が、衣川の柳塘に釣を垂れしは、文治四年の夏暑熱甚太しき日にて有りきと云へば、即ち夏至に先つこと十日頃に當る日のことにて、衣川の邊にも、南陽の丹水の如く、名丹のある流れありて、此丹魚を生ずるを、彼の異人が其を得て有りしを、幽縁ある鬼三太に與へしものには非ざるか、伴はれたる客は、其饌に向ひながらも、之れを食することは能はず。また鬼三太が、食ひ餘したるを持歸りて、與へたりと云へる女は、家に居ながら此仙藥を得て、長壽を保ちしと見えたり。此れ皆縁あると縁なきとの然らしむる所にして、皆命なるを知るべし。但鬼三太は其長生を、此感人魚のみに歸して云へる如くなれど、實は唯此のみには非ず。義經と共に鬼一法眼に就て、龍虎の卷を學びたる時、密に修眞錬丹の法をも、傳へ居たるにはあらざるか、其鬼一法眼も、亦一の異人なればなり。因に云ふ、此の鬼三太を始め、前の殘夢及び無々、福仙の如き、皆義經に随從したる者にて、孰れも仙道を得て、長生したりと傳ふるは、蓋偶然のことにあらざるべし。如何となれば、義經が鞍馬山の僧正谷にて、擊劍の術を學びたりと云ふ異人は、彼の漢の張良に、三略六韜を授けたる、黄石公の類ひにして、本朝の神仙なれば、義經は唯撃劍の術のみならず。修眞の法をも授かりたるべく。また義經に隨從せる人々も、皆其部類の中より出たるが、多かりしが故なるべし。既に義經の終る所の詳ならざるも、大に故あることなり。其はまた別に云ふべし。

春庭　うすかすみたなひくにはの若くさに木の芽にみゆる春の色かな

河邊春月　角田川花の木かけをさりかねて霞める月のかけもみしかな

◉大枝國兼

大枝國兼は、伊勢神宮の神司なり。姓は大中臣、順德天皇の承久の亂に、新院の勅に應じ、佐々木廣綱と共に義時を討じ、利有らずして、國兼佐渡國に遁れ、又移りて舊領遠江國濱名民部丞が家に隱る。國家の亂の治まらむことを祈らむ爲め、寬喜元年より竊に笈を負ひて諸國を順行し。御嶽山に至る。一夜夢に神我を召すと見て覺ぬ。文曆中に至りて果して當山の司職に命せらる。兵亂の頃數多の神寶を岩倉の里に隱しぬるを、國兼悉く集め歸す。後寶治元年三浦光村が逆意に、國兼與すと流言するものあり。鎌倉管領衆士に命じて、社殿を破壊し、國兼を誅せんとせしに、不思議の神託有るにより、軍士退き無實の難を脱る、當職にあること二十一年、建武七年二月十一日世を去る、遂に行く所を知らず。

嚴夫云、本傳は、御嶽山記行圖繪より採りて、皇國神仙記に擧られたるを、更に取て本書に載せたり。國兼は如何なる道法を修めたるか、傳へなければ、之を知るよし無れど、生來國家に忠義の士にして、承久の亂にも、新院の勅に應じて、北條義時を討し一事を以て考ふるに、至誠神明を感ぜしむる、性行ありし人なるや、蓋疑ひ無きものならむ、偖こそ御嶽山に至りては、夢に神に召さるゝと見て、當山の司職となり。三浦光村が逆意に與したりとの流言にあひし時も、不思議の神託ありて、無實の難を脱れたる等、尋常ならざる神の擁護を蒙れるは、全く至誠の感應に因る所なれば、當職二十一年の久しき間に人知らず御嶽山の神より、修眞の道を授かり、精修鍛煉の効果を得て、遂に仙去し行方知らずなりしなるべし。

若蘆　　天地のはしのさまを思はせて沼のあしかひ萠そめにけり

◉由井源藏

由井源藏は、駿河國興津の人なり。其先は、鎌倉幕府に伺公したる者なりしが、時世の變遷に隨ひ、家衰へて興津に迂り住たりと云ふ。源藏若き時より神仙の道を好み、其友藤山兵次、浦安又五郎、神原四郎の三人と相計りて、古老の話を聞くに、富士足柄の山には、昔より仙人有りて、志深く道を求むる者には、出逢ひて其法術をも授くるとも云へり。然れば我々も其志だに篤からむには、爭でか道の得られざるべき。いざや此より山に入りて、其仙人を尋ね、長生の道を得ばやとて、四人打連れて足柄山に分け入りつゝ、深き岩窟をすみかとし、峯に登り谷に降り、蔦を纒ひ苔を敷き、肌を雪霜に洒し、骨を雨風に委ね、霞を吸ひ咒を唱へ、晝夜怠り無く、三年が間を經しかども、露ばかりの驗無きのみかは、神原四郎は病を發して里に歸りぬ。是に於て、藤山浦安の二人も、我等志を立て家を忘れ、欲を棄て身を顧みず、行ふて三年になれども、少かの驗だになし。あたら歳月を空しく過して、此深山の奥に老果むより、寧ろ故郷に歸りて、然るべき君を求め、身を立て家を興し、榮花の春にも逢ふべし。目にも見えずあて所も無き修行に骨を折る程に、君に仕へなば、昇るまじき身にもあらず、無用の長生不死今更望むも詮無き事なり孰れも相携へて歸るべしと云ひ出けるに、由井源藏は之に答へて、我等此三年が間修めたる仙道も、未だ至誠の貫徹せざる所ありて、神君の意に叶ふまでに、至らねばこそ驗も無けれ、斯く疑ひの有むには　縱令幾年月行ふとも、更に甲斐有べからず我は一度思ひきりて世を離れたる身なれば、再び家には歸り難し。猶此上にも命を限りに疑ひ無く、修鍊精行して初心に反かざるべし。只和君等は兎も角も各々其意に任さるべしと云ふにぞ。二人も何となく心ならずは思ひしかど、詮方なければ、源藏のみを山に殘して二人は遂に故郷に歸りぬ。斯くて其後故郷に歸れる三人は、孰れも知行につきて勤めしに、各々身をたて家を興し、奉行頭人など云ふに經あがり、世に持はやされ、人に羨るゝ榮花の身とはなりたり。然るに或時三人は勤めの隙を得て、三保が崎に出て、磯近く遊びゐたるに、小舟を漕て其前を過るものあり。海郎の世わたる釣舟かと見れば、夫にはあらで、舟の中には蓑笠着たる老人あり、棹を鳴してゆく。其速きこと風の如し三人眸子を定めて之れを見るに、正しく由井源藏なり。一同聲を擧て呼返し、扨も久しく逢ざりし間に、和君は獨り山に留まりて、多くの年を重ねながら、淺ましく衰へたる其姿、見るも氣の毒に堪ざるなり。夫風は繫ぐべからず、影は捉ゆべからず。由無きことに二たび歸らぬ年を積みて、老果給ふことの殘り多さよ。我等三人は故郷に歸り、君に仕へて奉行頭人となり、世に恐れられ人に敬はれ、妻を迎へ子を持ち、家も榮えて樂み多し。之れに引替て、和君の今の有狀、さこそ物うく心に任せぬ事も多かるべし。何にても不足の事は、我等三人にて、調へ參らすべければ、心やすく思はれよと云ひければ、源藏打笑ひて、君は浮び我は沈めり。魚鳥と雖それ〳〵心に叶ふ道あり。世に用ふる所の物は、分々につけて事かけず。此山のあなた苔の下道に、桃の園櫻の林あり。其門の內ぞ即ち我住む庵なる。見ぐるしけれども、いざ來て見給へと、三保が崎より足柄山にわたりて、四人打連れて陸に上りとある谷間に分入たるに、一村だちたる桃櫻の林の末に、怪げなる門あり。內に入ければ、荊茅はらにして道も無し。其所又一町ばかりを行に大門あり、門內に入りてみるに、風景忽ち易りて、金殿玉樓立列なり。道の傍には、翠の竹さすかに高からず、青葉の間に白雲かゝり、風吹來れば、枝動きて絲竹の調べ響きに聞え、樓門の內には、見も馴ぬ花の木、聞も及ばぬ草の花、深みどり淺むらさき、赤き白き咲つゞきたるさま、更に人間の界にあらず。匂ひ四方に薰り滿て魂爽かに、心唯漂々として宛ら雲に昇る思ひあり。猶も進みて庭の面を見わたせば、植木の梢には、五色の鳥飛かけり、囀る聲の面白さは、全く世此の物とも思はれず、迦陵孔雀の鳴に似たり。池の內には、淸き水たゝえて、金銀の鱗魚泳ぎ廻り、立並びたる木の枝には、赤き栗綠の棗、大きなるは三二寸に及べるが熟滿たり。敷わたしたる眞砂さやかに、立續きたる巖の間より淸水の涌出て流るゝもいと淸らかに見えたる。斯くて見廻る間に、けだかき童子二人出きたりて、此方へとて呼び入れたり。書院の內には、棚に琴瑟笛箏のをりごと、香爐、香合、西湖の壺等を飾りたるが、蜀江の錦をつゝみとし、眞紅の緒にて結びたり。此外床の掛物と云ひ、坐席の設と云ひ何一として目を驚かさゞるもの無く、實に善盡し美盡せり。暫くありて、由井源藏威儀を正しく出たち　三人に向ひ禮を正して座に着き、徐に云ひけるは、我獨和君等に別れて山に殘り、彌一心を注ぎて修行怠らざりしかば、遂に志を貫き初よりの望を達し、得道自由の身となりて、今此所に住て仙職を司どれり。和君等は斯く騒がしき世に仕へて、心の安き暇なく、腥き食物に腹を養ひ、重欲の焔に身を焦し、憂ひの煙に心を惱まし、此歳月を送られしは、さぞつらかりし事なりけむ。暫し爰にて心を慰め、憂を晴さるべしと云ふに、三人ながら愕き奇しみ、兎角の詞は無く、只手をつき首を俯して平伏するの外無し。童子四八麗しく出たち、膳部淸らかに据わたす。種々の珍味品々の佳肴、數を盡して出しけり。猩々の唇、熊の掌鹿のはらごもり、麞の羹などは、其名を聞傳へたるばかりなりしが、此れや其類ならむかと思ひ奇むばかりなり。日すでに暮になりて、九花の燈火を掲ぐるに、小袖うち着きよらかにして、花やかに出たちたる遊女十人進み出て、夜もすがらうたひ舞けるありさま、面白きこと云はむ方なし。斯くて歌ひ舞ふ女どもをつら〳〵見れば、孰れも此頃海道に名を得たる遊君どもなれば、彌々奇異の思ひをなしたるが、中にも春とかや云へる女は、東琴の上手にて、歌ふ聲は雲にひゞき、彈く糸の音は空にすみわたりて、松吹風も靜かに、海原の浪もをさまり、詠めにあかぬ月影のうつるもことになつかしく、三保より富士の見えわたるけはひ、何に喩へむ方もなし。源藏かくぞ詠みける、

夜を深み富士の高ねの雲消て、淸見が關にすめる月影、三人ながら興に入てうかれたのしむ間に、いつしか夜も更わたりて、明方近くやなりにけむ。野寺の鐘は聞えねど、曉告る鳥の音に、孰れも打驚き、名殘は盡ぬことながら、又こそ尋ねまゐらめとて、暇乞して立出しが、凡半丁ばかりも來つらむと思ふ時、夢の覺たる心地して、如何にも不思議なる源藏の住居かなと、互に顏を見合せて、覺えず後を顧みれば、霧塞り雲閉て、彼金殿玉樓は何處なりけむ影だにも無く、松吹風に送られて、元上りしなぎさより舟に乘りて、各我家に歸りしが、彼十人の遊女に逢へることの訝さに、人を遣はして昨夜はいかゞして、由井源藏が許へは參りけるぞと問はせけるに十人ながら昨夜はやんごと無き人の御許に招かれ、御名有るかたゞ〳〵に遭ひまゐらせ、終夜酒宴せしと夢みて覺めたるが、其所はいづこともしらず、善盡し美盡したる、いともいみじき屋形にてありきと、同じ狀に答へたり。さては極めて不思議なることかなとて、重ねて彼所に人をつかはして尋ね探させけるに、家も無く門も無かりければ、爰に始めて由井源藏が錬修の功を成就して、神仙の道を得たることを證し、且暫しながらも其仙境に行きて、此世の外なる饗宴に預りたるを歡びしが、唯三人が僅かなる知行を得たるをい

かめしき事に思ひ誇りて云ひけることを、甚く悔ひて耻けるとかや。

嚴夫云、本傳は、釋了意の編輯せる、狗張子と云へる書にあるを採て爰に載せたり。然るに此傳中由井源藏が他の三人は中途にて退屈し、言ひ甲斐無くも、修眞の道を斷念して、山より歸りたるにも拘はらず、獨山中に留まり、初志を貫徹して、遂に神仙得道の身となりたるは、實に感ずべき事なり。古來道に志さす者夥くして、其數を知ずと雖之を成就したる者は、僅々の數に過ず。故に葛稚仙云へることあり。曰く爲す者は牛毛の如く、得るものは麟角の如しと。由井源藏の如きは、實に麟角たるの一人と云ふべし。斯くて此傳中に見えたる金殿玉樓、又は座席の用具、或は膳部の佳肴珍味等の如きは、此山中に於て如何にして此れ有るか、唯幻に見せられたるに過ざるにはあらざるか、との疑を懷くものも無きにあらざる可けれど、此は幽界の情狀を知る者に在りては、更に奇むべきことに非ず。神仙の道を得たる者の彼界に在るは宛ら人間の此界に住むと異ることなく、家屋も有れば、用具も有りて、幽界相應の衣食住の道備はれり。中には仙官となりて仙職をも司るものありと聞ゆるを、源藏の如きは、進みて其仙官となりたる者の如し。彼金殿玉樓は、即ち源藏が住む仙宅なること、云ふを待ざる所なり。扨は彼三人が歸るに及びて、凡半丁ばかりも來りて後を顧みれば、彼金殿玉樓は、影だにも見えざりしとあるは、如何との疑ひを起す者もあらむが、其は此時三人は、源藏に許されて、暫く幽界に入て有りしを、暇を乞て立出、半丁許來りて、夢の覺たる心地したるとある時、幽界を離れて、顯界に歸りたれば、今迄の金殿玉樓は、幽の方に在るを以て、顯の方には忽影だにも見えざる物と成しと知るべし。扨又源藏が宴の席に其頃海道に名を得たる遊君ども、出てうたひ舞たるを、訝かしく思ひて、問はせたるに、十人ながらやんごとなき人の許に招かれて終夜酒宴せし夢を見たりと答へしと有るも、唯幻に見せたるに非ずして、源藏が遊君どもの靈魂を招きて、宴席に使用したるものなるべし。如何にとならば、若幻に見せたるに過ざらむには、遊君共は其事を知るべき由無き譯なり。然るに彼等が夢中に宴席に出しと見しは、即ち其靈魂の招かれたる證なり。然れば仙家には、顯界の人の靈魂を自由に使用する法術有れども、妄りに之れを用ふるは、彼界の嚴禁にして、容易く用ふることを得ざれども、源藏が宴の時の如きは、何か故有りて、上仙の聽を受て、其術を行ひしものなるべし。思ふに此傳は藤山浦安等の三人は、現身を以て幽界に至り、遊女等十人は、靈魂のみ夢中に幽界に入て、共に宴に會し、三人は顯に歸り、十人は夢覺て、共に幽界の事を語る、實に奇談と云ふべし。

◉度會常昌神主

度會常昌神主は、姓は度會、氏は檜垣、本の名は常良と云へり。伊勢國度會郡山田の人なり。豊受大神宮に仕へ奉りて、一禰宜に進み、從三位に昇る、即ち長官たり。常昌博學洽聞にして、神道の根源を究め、聖賢の道德を兼たり。其性正直にして、心神明徹なりし故にや、靈驗あらはれし人なり其學力の程は、舊事紀玄義の序、及び文保法目の廳宣を見ても、大略を知るに足る。又文保二年に、參宮の禁忌服假の令條を結ばれしより、禁忌服忌の事著明にして、錯雜の惑ひなく、元德元年に、度會姓の族系を質して、祭主隆實卿へ注進せられしより、宗盟正しく、支流明かにして、紛紜の紊れなし。此二事は、神宮の綱領にして、萬世不刊の典故と云ふべし。中比同僚と相挑めることありて、神官等嗷訴して、奏聞を經、常昌を流罪せむとはかりし時、神前の木葉に蝕みたる奇瑞あり。此を讀みて見るに、即ち歌なり。

常昌をつねに見るだに戀しきに、何かへだてむ神籬のうちとあり。斯やうのふしぎを見れども、神官等更に用ゐず、遂に奏聞に及びけるに、主上の御前にも亦同じく木葉蝕の奇瑞ありければ、聖主奇しく思召れ嗷訴を退けさせ給ひ、流罪には處し給はざりしと云ひ傳へて、今も猶兒童に至るまで、此歌を口ずさみにするとかや。常昌老後に至り、一日衣冠を正して參宮しけるが、高宮の坂の中にして、忽ち飛あがりて登天したりと云ひ傳へたるなり。高宮の石磴に、袖摺石袖曳石と云ふ二つの石あり。即ち其登天の時に、由緒ある石なりと云ひ傳ふるなり。又岩戸山の西北の平岡に、飛社と云ふ小祠あり。此は常昌天上へ飛上る時、其沓を脱棄ありしを、其從僕形見の處を作らむと持歸れるに、又常昌の着たりし冠の纓、空中より飛來りければ、其地に纓も沓も共に納めて祭壇となし、之を飛社冠塚と云ひしとぞ。此飛社近比まで、小祠の有けるを、今は小祠もなく、社地をも畑になして、松二三株に少許の石積あるのみなり。元來度會姓の輩は、この小祠を保存して、常に參拜をもなすべきに、飛社の名をだに知人なくなりしは、時勢の然らしむる所なるべけれど、實に歎かはしきことにこそ。常昌は和歌にも長じたる人にて、よめる歌四首まで勅撰に入りたり。常昌登天のこと、神宮の記録に見えずとて、彼是云ふものも無きにあらざれど、右に左に雑々拾遺と云へる印行の書にも載せて、婦人童子までも云ひ傳へ、語り傳ふるは、實に尊き事實なるべし。

巖夫云、本傳は、北畠物語、蟄居紀談、檜垣貞次聞書、外宮禰宜補任續錄等の諸書を、參輯して擧たり。中にも氏は檜垣本の名は常良と云ひ、一禰宜に進み、從三位に昇と云へるなどは、皆外宮禰宜補任續錄に依り、博學洽聞にしてと云へるより以下は、多く蟄居紀談と北畠物語とを參考して記し、飛社冠塚等の事は、檜垣貞次聞書を採たり。但聞書には、常昌は、奇特神通ある人にて生神なり。七十七歳の時、參宮の砌高宮の坂にて、白雲下り來りて、其儘登天せり。從僕に空中より、其方も來ぬかと妙なる聲にて云へり。忽ち一陣の奇き風吹起りて、雲も形も見えずなりしとぞ其處に脱棄し沓の有りしを抱へて、形見の所を作らむと持歸りしに、常昌が着たりし冠の纓、空より飛來りしに依り、其地に沓と共に葬りて祭壇とせり。飛社冠塚と云ふ地是れなり。又高宮の坂を上下する時、左右の袖にて其身を掩ふは、登天の事を形どりたりときく也と記せり。此聞書の説最も事實なるべく思はる。又此聞書に、高宮の坂を上下する時、左右の袖にて其身を掩は云々と云へるは、外宮神拜式に次に參二高宮一之時、當二土宮風宮之方位一行レ拜、登二石磴一歷二中坂一之時、揚二左袖一掩二其身一拜畢、降二中坂一之時、揭二右袖一亦掩二其身一とあるを指るものにて、外宮の神拜に、高宮の中坂にて、斯の如くする事の有るは、即ち常昌神主登天の時の狀を形どれる遺法と見えたり。又袖曳石袖摺石の事は、宮川夜話草に、袖引石は、上より算へ第十二段、西より二ッ目凸石にして大なり。色青黑く、袖摺石は、右の如く第十七段、西より四ッ目凹の石にして小なり。色赤黑し。此名義所傳詳ならず。或曰常昌長官、此所にて昇天せられし、故事に因れりと云々と云ひ　度會延貞筆乘にも、粗此と同じ狀に記し、又神境紀談には、殊に委しく此二石の事を說たれど、餘り煩はしければ、爰には省けり。此外伊勢參宮名所圖繪、高宮下部坂の條下にも、或說には、常昌長官此所にて、昇天せし等の口傳ありと云ひ、又兩皇太神宮案內記にも、次高宮參勤すべし云々、又坂中に天上石と云ふ石もあり、常昌長官高宮へ參詣の時、此石の上より天上まします。故に天上石と云ふとぞと載せたり。斯の如くにして、常昌神主の昇天は、更に疑ひ無きものゝ如し。然るに之れに反對して、此事なしとし、種々の異說を試みたるも亦少からず。其は伊勢大神宮神異記には、此常昌長官までは、上階の禰宜一人も無りしを、元德二年四月十七日に、從三位に敍せられたる故、上階をへたる事を天上したると、代々を經て云ふまゝに、後には常昌は登天したり、有がたき事と云ふなり。始て上階に敍して參內をもしたるは天上したるにてはあれど、高宮の坂より忽登天などは、道書に云、白日昇天に似たり。まどふ事なかれと云ひ、勢陽五鈴遺響には、常昌登天の事蹟は、方俗語り傳ふと雖、神宮記錄には、曾て見えざるなり。此は洛東山階天智天皇廟陵の、珠履を遺し登天の訛傳を倣ひて稱するなるべし。詳未と書き、神都名勝誌にも、常昌神主は、或は云ふ、宮域內下部坂より昇天したりと。是高貴の人の死するを、天に歸るといふ。古傳ありしより、其人を神聖にせむとて、取添へたる强言なるべしされど其德望ありしを、思ひやるには足ぬべしと記し、園爐間談にも、常昌長官高宮の阪中より中風を患ひて、家に於て薨ず。後人の傳說に常昌此坂中より昇天すと云ふなど載せて、各自思ひ思ひの事を云へり。畢竟此異說を試みたる諸書の著者は、度會延佳神主を始め、孰れも神仙の事などは、夢にも知らざる人どもなれば、更に奇むに足らず。中にも可笑きは、神異記には、上階したるを以て、天上したりと云ふとし、名勝誌には、貴人の死るを歸天と云ふより起りて昇天とは云ひ出したるものなりとし、勢陽五鈴遺響には、天智天皇登天の訛傳に倣ひて、稱するものなりとし、園爐間談には、高宮の坂中にて、中風の起りたるを、此坂中より昇天すと云ふとす。其確實なる證據のなくして孰れも己れが昇天と云ふことのあるを知らざる凡俗心より、起る只の妄想の浮ぶに任せて、思ひ思ひの事を云ひしに過ざるを知る。實に抱腹に堪ざることゝ云ふべし。

雨中新樹　雨そゝくかへてのみつ枝吹く風にたえずみとりの玉そこほるゝ

夏の山居　夏しらぬわか山里を都より涼みかけらに問ふ人もかな

◉萬里小路藤房卿

萬里小路藤房卿は、姓は藤原氏、初名は惟房、權大納言宣房卿の長子なり。後醍醐天皇に仕へ奉りて左大辨に任ぜられ、參議を歷て、中納言に至り、尋で左兵衞督、檢非違使別當を兼ね、正二位に敍せらる。元弘元年、北條高時兵を遣はして京師を犯さむとす。護良親王、夜人を馳せて變を告げ奉る。藤房及び弟季房等數人宿直す。天皇召して議せしめ給ふ。藤房申さく事急なり。疾く宮を出給ふべしと。即ち車を裝ひて婦人の乘る所の如くし、天皇並に神器を載せ奉りて、中宮北山第に行くと稱して、陽明門を出給ひ、三條河原に抵り給ふころほひ、尊良親王、及び公卿數人追付奉る。天皇更に肩輿に御し、藤房等皆微服し、從ひて奈良に赴き、遂に笠置に到らせ給ふ。賊兵夜行宮を襲ひて、火をはなつ。諸王公卿道に迷ひて相失ふ。唯藤房、藤原師賢、源具行と、天皇を扶け奉り、晝伏し夜行き三日にして僅に有王山にいたらせ給ふ。賊兵深須三郎、松井某、天皇を索めて迫り近き奉る。天皇深須に謂て曰く、汝等何ぞ天恩を戴き、以て私榮を期ざると。深須心中に、天皇を脫し奉らむと欲せしかども、松井の後にあるを憚りて遂に天皇及び藤房具行等を擁し奉りて去る。天皇六波羅の南に御す。北條高時、藤房及び源忠顯を縱ちて侍せしむ。正慶二年、高時藤房を常陸に流す同三年高時誅に伏し、藤房京師に歸る。時に四方已に平ぐ。乃ち藤原實世に勅して賞を論ぜしめ給ふ。實世辨別すること能はず。尋で藤房に勅し代りて其事を掌らしむ。藤房乃ち勤惰を訪察し、眞僞を甄別して擬授略々備はる。而して内に特旨を降して恩賜する所多し。藤房其諫むべからざるを知り、病と稱して朝せず。天皇稍々政に倦み給ふ。塩谷高貞千里の馬を献ず。天皇大によろこび、呼て天馬と爲し給ふ。藤房諫めて曰く、臣聞く明主の瑞とする所は人才にあり。奇異の物は、瑞とする所にあらず。在昔周穆王は八駿に駕して西巡し、遂に徐戎の亂に死す。漢文及び光武の時、倶に千里の馬を進むるものあれども二君うけず蓋天子の所謂鹵簿儀衛自ら程式あり。千里の馬は平生用うる所にあらず。且近日賞罰信なく、工役繁く興り、文臣内に諛ひ、武官外に怨む。而して姦雄隙を其間に窺ふ。天馬の出るいづくむぞ亂れにあらざるを知むと。天皇悦ばせ給はず。後屢々上言すれども聽かれず。藤房謂へらく、臣たるの道我に於て盡せりと。建武元年冬の夜、天皇に侍して諷し奉るに、比干夷齊の事を以てし、曉に至りて退き、即ち車徒を郤け還し、北山の岩藏村に入て僧となる。天皇大に驚き、宣房に命じて、之を索めしめ、將に再び仕用せむとし給ふ。宣房人を馳せてこれを召す藤房答ふるに和歌を以てす。宣房即ち親ら馳せて岩藏に到れば、則ち藤房僧となり、侃山子と號し、既に去りてゆく所を知らずと。或は云ふ、諸州を周遊して土佐に如き、船覆りて歿すと。或は云ふ、後村上帝の時、牧童あり。藤原實世の門に詣りて云く、今晨西郊に往くに僧あり。容貌憔悴したり。我を要して此書を致さしむと、書中に歌あり、實世これを覽て藤房たるを知り、急に入朝して以聞ず。則ち諸關吏に詔して之を物色せしむ。然れども、竟に得ずと。或は云ふ、脇屋義助、越前より吉野に詣りて言らく、家臣畑時能云ふ、嘗て鷹巣山に入りて僧に逢ふ。巖窟に棲みて艸を席にし、石上に經卷を安置す。就てこれを問へば徐々として答へて曰く、貧道は東方の人なりと、經を讀みて復た言はず。其面藤房に肖たりと。義助乃ち藤原行實と、急に庵所に詣るに、僧復たあらず。石上に歌あり、行實其藤房の手跡たるを認め、偏く求むれども竟に見る所なしと。斯の如くにして、藤房は遂に其終る所を知らず。然るに德川幕府の時代に至り、土佐國高知城下の北部に江ノ口と稱する村あり。此所に壽庵屋舖と云へる地名を存す。蓋壽庵と名のれる隱者の住たる跡なりと云へり。而して此壽庵好みて碁を圍む。每夜深更に及びて止む。或晨門を開きたるに、白髯長く垂れたる老翁の門外に佇みたるを見る。然れども言こと無くして他に去れり。斯の如きこと相續ぎて三五晨に及べり。壽庵不審に堪ず、一朝老翁は每朝我門に佇むを見る。抑如何なる人にして、何の爲にか斯の如くなるやと問ければ、老翁答て曰く、我は世を遁れたる者なれば、其姓名を告難し。然れども我性頗る圍碁を好む。每夜來り其音を聞て自ら慰む。然れども尙心に慊たらざるものあり。願くば唯一局面に當らむこことゝ、壽庵之れを聞て其は極めて容易の事なり。明夜何時より必ず來臨あるべし。他人を謝絶して老翁を待むと約しぬ。斯くて其明の夜約の如く來りしかば、壽庵と二人相對して一局を試みたるに結局老翁一石の勝となり、壽庵の失敗に歸したり。次の局に至りては、其反對に、壽庵一石勝て老翁の負となる。扨三局目に至りて、共に勝敗を決せむと特に意を注ぎて相挑みたるが、其局稍央を過たる比、壽庵今迄心付ざりし、一種の妙手を案じ出して打ければ、彼老翁殊の外感じたる躰にて、是れは奇妙なる名手を打れたるものかなとて、稍暫く腕を組て考へ入りたる末如何に思案を廻らしても、之れを防ぐの道なし。此には藤房も閉口せりと云ふ。之を聞きて、壽庵心中に不思議の念を起しければ、老翁も自ら心付けむ。其儘席を立と見えしが、忽焉として消失けるとぞ。然れは藤房卿は、其行方不明なれども實は、全く神仙となりて、彼境界に居らるゝが、自ら好まるゝ奕棊の緣に觸て、壽庵が許に來られしを、壽庵の妙手に感じて、覺えず其名を洩されしならむかと云ひ傳へたり。或は云ふ、藤房卿は神仙となりて、今にも吉野山に住せ給ひ、時々備前國なる熊山にも往來し給ふと。

嚴夫云、本傳は、始めより脇屋義助が藤原行實と、鷹巣山に詣りて尋ねたれども、竟に見る所なしと云へるまでは、主として大日本史を採り、土佐國の壽庵が許に、來り給へることは、古老物語によりて記し、今も吉野山に住せ給ふ由を云へるは、備前國赤磐郡太田村に密に幽境に通ふ人あり。

其ものより漏たるを聞きて此れを採れり。此のものゝ事は、本書に載せたる河野至道の傳の下に委しく云ふべし。抑藤房卿は、小松重盛公、楠正成公と共に、本朝の三忠臣とまでも、稱せられし程の大忠臣にして、後醍醐天皇の肱股となりて、建武の中興に、大勳功を立られたることは、歴史の證明する所にして、本傳にも其大要を擧げたり。然るに天下定まるの後、天皇稍政に倦せ給ふに方りて、理を責め言を盡して、諫め奉りしと雖も、到底入させ給はざるを知り、病と稱して朝せざりしも、其間には或は顧み給ふこともや、在せられむかとの意に出たるものゝ如くなるも、毫も其効無きを認め奉るに至りて、建武元年冬の曉、宮中より退き、我家にも歸らず、直ちに北山の岩倉村に遁れ、遂に僧と成て其跡を晦ましたるが、卿が退隱せんとする前夜、天皇に侍して諷し奉るに、比干夷齊の事を以てしたることあるを思ふに、此れ亦無意味に、其諫めの聽れざるを憤りて、官を棄て世を遁れたるにあらず。其前夜に於て、箕子比干や伯夷叔齊等の事を以て諷し奉り至誠を凝して　御回顧を促がし奉り、尚其翌朝に至りて、己れ自ら其事を實にし、家にも歸らで宮中より直ちに岩倉村に退き、跡を晦ましたるは、取も直さず斯くもなさば、天皇の大御心に、若も御悔悟在せらるゝこともやあらむとの、心しらびにて、云ひもてゆけば、此れも諫め奉る手段の一部とぞ云ふべき。然るに世には、藤房卿が、楠公の如く、國事に死せずして、世を遁れたるを非難するもの無きにあらざれど、其は人々の境遇に因ることにて、當時楠公は武臣藤房卿は文官にして其盡す所の異なるより、自然に斯の如きの差異あるを見るに至り、水戸老公をして、一死一隱建延二仁と云へる語有らしむるの事蹟を遺したるものなり。然れば楠公は死して臣たるの道を盡し、藤房卿は隱れて臣たるの道を盡したるものにして共に忠臣たることを、全うしたるものと云ふべし。是を以て藤房卿は世を遯れて後も、常に皇室國家のことを念じ、至誠を冥々の裡に盡す所ありたらむを、神明茲に感應有りて、遂に神仙の道を授け、得道の身とは爲し給へるものなるべし然れども藤房卿は、如何なる道を修めて得道せられたるか、傳へ無ければ之れを知る由無れど水位靈壽眞の、異境備忘錄には、幽界の右察官と云ふ仙官に成て在らるゝ由を記せり。實に然るべきか、また藤房卿の遺跡と傳へたる所、近江國甲賀郡三雲村大字妙感寺村妙感寺に木像ありまた歌あり、世の中を余所に三雲の奧深く照月影や山住の友、とあるとぞ。此ことは近江國南部晋氏より聞しまゝを書す。水口より四十丁ばかり西にありと云ふ。水府人井上氏の藤房卿事蹟考あり、妙感寺に納めありと云ふ。東海道中近江の水口驛、及び伊豆の熱海の邊等にも有りと聞く。猶其外にも多かるべし。此は皆世を遯れたる後も暫くは顯界に留りて、眞を修められたれば。其間に此所彼所と、淹留られし跡なるべし。斯くて遙に世を隔てゝ、德川幕府の時代に至りて、土佐國なる隱者壽庵が許に來給ひ、碁を圍めるに因て、圖らずも其名を漏されたるものゝ如く云ひ傳ふるは、神仙に於て何か由ありて、斯く爲し給へるかも亦知るべからず。

深夜聞虫　よひにみし月もかくれて鳴虫のこえはかりすむ秋の夜半かな

鳥折蘭贈人　長月のけふの爲にと一枝を折りてそ送るしらきくの花

●鄕谷長生夫妻

鄕谷の長生夫妻は、何人たるを知らず、光格天皇の天明年中、備中國加陽郡木谷村と云へる所より行くこと、凡そ三四丁にして、鄕谷と云へる所あり。同國の小官一人獵に出て此鄕谷の澗中に迷ひ入り途方を失ひて、只管深く行處に、忽然として白髮の老人夫婦の出來るに遭へり。彼武士おもへらく、是必ず猴の年經てなると聞ける狒々と云へるものなるべし。唯一擊にと思ひ鐵炮の筒先をさし向けるに、彼老夫妻兩手を擧げて、壯士よはやまり給ふな、我等は妖怪にもあらず、獸類にても無く、矢張人間なるぞと云ふ、其聲正しく人間にして一向妖氣無し、彼武士是を聞て、大に心を安むじ、近く進み寄り、抑爾們は何者なれば斯る幽栖の地に住居するやと問へば、老人答へて已們は亂れたる世が憂たさに斯る澗谷に隱れ栖なりと云ふ、武士が曰く、今天下泰平にして、四民萬歳をうたふの時なるに、何を以て亂れたりと云ふや、且いつの頃より此處には住たるぞと尋ね問へば、老人答へて我も何時の頃と云ふ事を知らず、唯兒島高德が熊山に楯籠りたる頃より此處に入りしと云ふ、武士が曰く、夫は後醍醐天皇の足利高氏を伐給ひし時なりと云へば、老人點きて其帝にや、伯耆の船山へ遷幸あらせられし事などは、彷彿に覺えたりと云ふ、武士是を聞て、此はいつはりならむと疑ひ、夫より千般の事を何角と尋問に、近き頃の事は何辭をも知らず、彼頃の事は何にまれ詳かに答ふるにぞ、漸々其僞言ならざるを悟りぬ、山裡に深く隱れ、木實斗りを食としてありたる故に自然に仙術を得たるものと覺ゆ、斯くて彼武士は此老人に導かれて、猶奥深く分入つゝ、奇く物凄き山間を見ありきしとぞ、此老人巖頭をつたひ、蘿かづらに取着て、岩角を上り下りすること、恰も猴の如くなりしとぞ此處は國府の長臣、池田何某の領地なりければ、彼武士皈りて領主に此由を告たり、領主聞て甚奇異の思ひを爲し、次の日彼武士を路開として此澗中に分入て、老人夫妻に面會しける、老人は唯足利蜂起の始末など語るの外に談話なし斯くて齎し來りし酒肴を出して、老人夫妻にも侑めければ、嬉びて是を食す、是より後は四方の人々云ひ傳へ聞傳へ、日毎に此處に入來り、老夫妻にあひて談話し、種々好味の食物を與へける、老夫妻數百年木實斗り食じ居て長壽なりしを、俄に人間の美味をひたすらに食しける故にや、二十日斗過て、竟に死けることなり、

嚴夫云、本傳は、百家琦行傳に有しを採て、爰に載せたり。然るに此長生夫妻に思ひ合すべき談、漢土にも此れあり、其は抱朴子内篇巻二に、漢の成帝の時、獵者終南山中に於て一人を見る、衣服を着ず、身に黒毛を生ぜり、獵人之れを取へむとして逐ひしかど、其人坑を踰え谷を越て逃ること飛騰が如くにして、追ひ及ぶこと能はず、是に於て、密に其在る所を伺ひ合せ圍みて遂に之れを捕へたるに、乃ち婦人にてありき、之れに問へば、我れは本秦の宮人なりしが、關東の賊至ると聞て秦王は出て降り、宮室は燒燔れぬ、我等唯驚き遽て山に入りしが、饑たれども食ふべきもの無く、殆ど餓死に垂むとせり、時に一老翁あり。我に敎へて松實及び松葉等を食はしむ、當時苦く澁きに困りしも、後稍之を便とするに至りしが、饑ず渇かざるのみならず、冬も寒からず夏も熱からずして今まで生存らふることを得たりと、計るに此女は是れ定めて秦王子嬰の宮女なるべし、漢成帝の世に至りて、凡二百歲計になれり、乃ち將ひ歸りて穀を以て之れに食しめたるに、初め穀の臭を聞て嘔吐せしが、日を累ねて安く成しとぞ、是の如くすること二年許にして、身の毛脫け落ち轉老て死たりと云ふ、向に人の爲に得られざらましかば、必ず仙女と成るべかりしを、誠に惜むべしと

あり、思ふに此の鄉谷の長生夫妻も、彼武士に遭ふこと無りせば、遂には夫妻ともに、めでたき仙人と成るべかりしに、圖らずも見出されて、俄に美味を飽まで喰ふことゝなりしより、忽ち身體に變化をや起しけむ、數十日の間に、命を殞すに至れるは、全く此の秦の宮女と同じくして、實に惜むべきの極みと云ふべし、また此の秦の宮女に似たるものあり。其は列仙全傳に、毛女は華陰山の中に在り、山客獵師等世々之れを見る、形體に毛を生ず、自ら言ふ始皇の宮人なりと、秦亡びて山に入り、松葉を食ひて、遂に飢寒せず、身輕くして飛ぶが如しとあり、前の宮女は終南山に居たりとあるを、此の毛女は華陰山に在りと爲す、其山異なりと雖、人に於ては甚だ相似たるものあり、同人か別人か殆ど判斷に困む程なれども、其實は別人なり、今事玄要言に據るに 陝西、西安府の山川の部に、終南山は府城の南にあり、一名は南山と云ふ、西は藍田、咸寧、長安盩厔四縣の境に連ると見え、また同し山川の部に、大華山は華陰の南にあり、少華山は華州の南にありと云ひ、また同府の附郭の中にも、華州、華陰の名あるを思ふに、終南山と華陰山とは、山脈の連續せる山なるが如く、且彼の唐の韓愈か、雲横㆓秦嶺㆒家何在と吟じたる秦嶺も、藍田の界にありて、此地は元來秦の都の古地なれば、阿房宮の跡は、同府秦縣の東にあり、始皇陵もまた同府驪山の下にありて、孰れも秦の昔を想像しむ、然れば秦の亡ぶる時に方りて、其宮人の驚き忙てゝ、終南山や華陰山に、逃れ匿たるもの、幾人なりしかを知るべからず、若し然りとせば、毛女となりしものも強ち一人なりとも限るべきに非ず、是に於て、陳圖南希夷先生、傳を見るに、陳圖南も華陰山に於て毛女に遇ひ、毛女より詩を贈られたることを載せたり、其詩は藥苗不滿笥、又更上危巓、回指歸去路、相將入翠烟とあり、然れば唯遇ふたるのみならず、詩まで贈られたりとあれば、極めて確實なることなり、然るに陳圖南は、宋の太宗の端拱二年百十八歳にて仙去したる人なれば、唐懿宗の咸通十三年に生れたるものなり、思ふに抱朴子にある終南山の毛女は、漢成帝の時、人の爲に得られて、穀食して死たるとあるに、其成帝の末年たる、綏和二年より數ふるも、陳圖南が生れたる、唐の咸通十三年までは、八百七十八年を經たり、然るに華陰山の毛女は猶生て居て、陳圖南に遇ひしと云へば、其の別人なること明白なり、然るに此れが參考にも供すべくして此の毛女に似たるものに對し、聞にも忍びざる殘忍を極めたる談、今一つ我國にあり、其は八田知紀主の幽郷眞語の末に、天保元年の秋、日向國諸縣郡高岡郷にものしける時、同郷の籾木村なる郷士籾木新右衞門といへる人の物語に、高鍋領の小鷹嶽と云ふに、高岡郷より獵に行かよふものゝ有けるが、一日わなを張り置るに怪しきものなんかゝりたりける、然るは大かた人の形にて髪いと長く、手足みな毛生ひみちたり、偖それが云ひけるは、我はもと人のむすめなり、今は數百年の昔、世の亂れたりし時、家をのがれ出て、此山に兄弟ともにかくれたりけるが、其れよりふつに人間のみちをたちて、朝夕の食物とては、鳥獸木の實やうのものにてあり經しかは、おのづからかう形も怪くは成にけり、今日しも妹のある所に通はむとて、夜中にたちてものしけるに、思はんやかゝるめに逢はむとは、いかで〱我命をば助けよかしと、涙をおとして詫びけれど、其言語今の世の詞ならで、定かには聞取かねしとぞ、いと訝かしくや思ひなむ、其儘里へ馳せかへりて、友數多語らひきて、終に其女を殺してけり、扨其男はいくほどもなくやみ煩ふ事ありて死にたりとか、此女は近頃の事なりとて、男の名も聞しかど、忘れにたりと載せられたり、此の女の髮いと長く、手足みな毛生ひみちたりと有るは、全く我國の毛女とも云ふべきものなり、また其れが、今は數百年の昔、世の亂れをのがれて、兄弟ともに此山にかくれ、朝夕鳥獸木の實やうのものを、食物として有り經しかば云々と云ひて、命を乞ひし言語の、今の世の詞ならで、さだかには聞取かねしと有るを思ふに餘程の長壽を保ちしものにして幾百年は云ふも更なり、或は千年近き世を經たるものかも知るべからず。然れば此女も亦其わなにだにかゝらざらましかは、遂には妹と共に、女仙となるべかりしを、心なき賤の男の手にかゝりて、殺されしとは、實に憐むべきことの極みとぞ云ふべき、猶思ふに此女ははかなくして殺されしかど、其が妹と云へるは定めし今にも小鷹嶽に生存してありぬべく、且天保元年に、此は近頃の事なりとて、男の名も聞しかど忘れにけりと云はれたるに因ればまた百年には満ぬ昔のことなるべし。さては人知らぬ深山の奥には、猶斯る類ひのものも無きにあらざるべきか、延ひて考ふるに、彼終南山華陰山の如きも此れと同じくして毛女の如きもの、他にも猶有るかも亦知るべからず。

浦月　海こしの淡路の島そくまもなく照せる月の住吉の浦

暮秋虫　かれ〱ていよ〱あはれになりにけり秋の末野の松虫のこえ

●十津川異人

十津川異人は。其姓を知らず、彼地の樵夫等木を伐むとて、山深く分入りつゝ日を送る程に一日羅刹の如き物遙に來にけり、樵夫等是を見て、怪み恐れざるは無し、其が中に心ざま雄々しき壯夫兩三人、斧を把つゝ前に立て、寄らば撃むと睨み居たり。其時異人手を抗て聲を發し、怪むべからず、怪むべからず、吾も亦人なり。些ほしき物あるに、人語の響を聞て出來れり、愆り給ふなと禁あへず、早近づくを見れば、頭は蓬を紊しつゝ、髯さへ長きが白く黄み、面は畫ける夜叉の如く、眼は長廣の如く輝き、腰には獸皮にやあらむ、視も熟ぬ物をかきたらして著けたり、寔に怪有の癖物なれども、人を害はむとにはあらざりけりと思量るに、漸々に心おちゐて、其出きつる由を問へば、答へて云ふ我頃日壚を用ひ盡せしにより。各位に乞むとて爰へ來つるはと云ふ、其は易き事なり、餘りあるに有ねども、持來つる壚を取せむ、壚は何の爲にするや、抑々汝は何者ぞと問るゝまゝに進み近づき、吾は元來熊野なる山里の者なり。年十八の頃までに、父母は更なり、親類皆死果てたつき無き儘に、不圖山中に分入つ、遂に故郷に歸らずと云ふ、然らば夥の年を歷にけむ、何を食にするやと問へば、鳥にまれ、鹿猿にまれ、獲るに隨ひて食ひつゝ、今日迄存命したりさばれ折々壚氣を嘗ずば露命を繋ぎ難からむと思ふになむ、用ゐ竭せば今日の如く、人の山に入るを待て是を乞ふのみと云ふ、凡杣木樵るものゝ山に入る時は、山に日數を經る事なれば各々貯たる壚糟あり、其を些づゝ、集むるに、二合あまりに及べる壚を紙に捻りて取らせしかば、歡び氣色に顯はれて、謝すること大方ならず、初め恐れたる者も、いと興あることに思ひて、汝さばかりの壚を獲ていつまでに嘗盡すやと問ふに、四五十年はあらむと答ふ、そが中に心得たる者ありて、汝が始て山に入りしは何れの御時ぞ、年號は何と云ひし、審に告よと云へば、年暦日などは忘れたり、只嘉吉とか　又文安とか云ふ年號ありしを聞たれども、それすら夢の如しと答ふ、さらは其頃は世間騷がしき折なり、當國にても戰ひありし、如此々々の事は聞もしつるが、箇樣箇樣の事は見もしつるかと叮嚀に尋るに、山に入りしより里へ出たる事無れば、人間の事はしらずと云ふ。現に無智文盲の者なるべし、應答すべて定かならず、只壚を乞得し事をのみ歡ぶ外には云ふこともなく、又山深く走り去ぬ、事は壬申の年にありと云へり、

嚴夫云、本傳は、玄同放言に、大和某領の敎導荒井學士公廉の話にと云ひて、擧たるを取て爰に載せたり、此の異人も、前の鄕谷の長生夫妻、又は終南山の毛女或は小薦嶽の異女の類にして、人跡絕たる深山に隱れて、偶然に長壽を保ちたるものゝ如し、其樵夫等と應對したる所に因るに、如何にも無智文盲なるが如く見ゆれば、唯山中に壽命を保つに過ざるものか、さては何の甲斐も無きものなれども、かゝる山中に久しく修行し居らむには、其効驗の結果に因り、明師に遭ふことを得て遂には仙人となることを得べしと雖も、此類ひの者は、結局鬼仙若くは人仙に止まりて、其以上に進むの望は無きものなるべし。

谷菊　おりたちて行きぬ谷のそこゝに咲き匂ひけり黃菊白きく

●長清道士

長清道士は。其本名を詳にせず。相州北條家の家臣なりと云ふ、道士の父も亦名ある勇士なりしが關中擾亂の時、賊兵某の爲に殺されしに。道士力足ずして速に其讐を復すること能はざるを憤り遂に上野國なる金洞山に隱れ、人跡絶たる巖窟を栖所となし、黃精を服し木菓を食ひ、日々刻苦艱難を極め、大石を斫り大木を打などして、氣力を錬るを常とし、兵法擊劍の術を習熟すること　數年にして、其極意を得るに至りしかども、世に之れを知者なかりしとなむ、斯くて業成たる後、劍を挾みて、仇を四方に索しけるが、天網爭でか罪人を洩さむ、忽ち其居所を探り得しかば、即て其所に至りて、倶に天を戴かざるの義を說き、彼をして立合はしめ、劍を拔て此れと戰ひ、一擊の下に復讐を遂げしかば、衆人是を聞て、其義勇を感稱せざるは無かりしとぞ、然れども道士は退きて劍を投棄、憮然として歎じて云ひけるやう、武を以て禁を犯すもの、盛德の事と云へからず、今又何をか求めん、我は吾が欲する所を爲すべきのみとて、遂に再び金洞山に隱れ、仙道を修め、浩氣を養ひ、足には鐵の屐を履み　手には鐵杖を執て、恒に山嶽の間を徘徊し、重ねて世に出でず、風に御し雲に乘て行くこと、宛ら平地を歩むが如くなりしかば、人之を見て驚嘆せざるはなかりしとぞ、斯くて或時一匹の犢牛何國よりか出來りて、石室の邊を去ず、道士能其心を知り、牛も亦能く道士の意を知て、馴つかふること恰も奴僕の如し、是を以て此牛若里に來ること有らば、市人これを見て、仙人の牛來れりと云ひて、角につけたる筒中の書を披見て、則其求る所の物を牛の背に載せ、又は角に懸などすれば牛即ち足に任せて山に皈る、其路甚嶮岨くして牛馬の通ふ所にあらざれども、行こと、平地の如くなりしと云ふ、是に依て衆人普く道士を景慕せざるものなく、尋行て敎を請へば、唯諸惡莫作、衆善奉行と云ひて、目を閉て開かず、病者行て治を請ふ時は、懇に善道を説示して、藥を與ふるものあり呪文を授くるものあるに、皆治せずと云ふことなし、心惡きもの至れば、我かしる所にあらずとて退けらるゝに、果して治せざりしとなむ　大病人などにて、山に登り難きものは、人を遣はして、懇願せしむるに、道士自ら山を下り來り、病者を見て呪をなす、或時麓の里に病者ありて、請ひけるに、其家に來り、呪を授け畢りて、忽云へるには、只今山にも來りて呪を乞ふ者ありとて、ふと立出庭中の柿の木に登るにぞ家人ども、柿の御好とならば、我等取りて參らせむにと云ひつゝ追ひつぎて木に上りけるに、道士は柿を取るにはあらで、即ち其稍より虚空をふむこと、坦途の如くにして、倏然に山の方を指て飛去りけり、人々大に驚き、後を追ひ山に行て窺ふに、道士は早くもかへりて、呪文も半ば濟せて居りしとかや、是より人皆道士の飛行自在なるを知ざるもの無きに至りぬ、然れば治を得命を救はれたる者ども、其厚恩を謝せむと、種々の物を贈れるに、道士は只黄精と木菓とのみを食して、他の物を喫はず、又自ら麁服を着して、美服を用ひず、人より贈る所の衣食は皆不用なりとて、悉く貧民や小兒などに與へけるとぞ、斯の如くなりければ、衆人の是を敬すること鬼神の如く、是に事ふること主君の如くにして、唯人のみに止まらず、狼熊の類と雖、皆能馴近づきたりとぞ、或夜烈風暴雨俄に至り、丘壑鳴動し、山鬼號哭すること、百雷の頭を壓するが如し、道士色を正うして、是を叱るに忽然として止ぬ、折節其所に往合せ居たる人ありて、其狀景を怪しみ、是を問ふに道士の曰く、我眷屬に法を犯すものあり。今是を責るなりと、其道術斯の如く奇なり、道士容貌奇偉膽力不測、平生の面色桃花の如くにて、五十歳許の齡に見えけるとなむ、慕ふ者の群來るを厭ふにてもやありけむ、靈元天皇の延寶元年癸丑年、享年百四十八歳にて、石窟に籠り、巖の扉を掩て入定せり。牛も亦隨て死す、道士の石像木像、並に鉄履牛の頭より出し白玉又其遺骨數片今猶存すと云ふ、

嚴夫云、本傳は、矢野翁が、金洞山緣記より採て、皇國神仙記に擧られたるを、更に採て爰に載せたり、同緣記には、安永戊戌夏、上毛國なる、高克明が撰びたる、漢文の碑文もありと云ふ、矢野翁曰く　此金洞山緣記は、畫工鈴木我古と云ふ人の、集記せるものにて、平田延胤主より借えて寫

させつるなり、そが師寫山が上州中嶽は、日本第一なりと云へるに因て、嘉永辛亥の季春に尋ね往て、其奇勝を探りえつることをも記し、又道士の作なりとて、堅石數丈を斫割き、又穴を穿ちなどしたり、蓋道士が力を錬し時の事なるべし、此山只水に乏し、道士の工夫とて、土砂を岩下水の滴る所に、積聚て、水を土砂中に含ませて、朝夕に供したりと云へる所今にも仙人水とてのこれり中嶽一に金洞とも云へり、又平澤元愷が、漫遊文草に、遊金洞山記有りて、砂義祠云々皆以二長清一爲二開山祖一其墓在二金洞上方一、距レ今百二十年矣、在二妙義一則曰二長清法師一今茲正當二一百年一、故東叡山奏贈二僧三位一焉、神仙固不レ可二思議一沒年不レ全乃其職由爾とあり、此山また金鷄山とも白雲嶽とも云ふ、然るに長清道士は、其父の讐を復さむとて人事を放棄し、此の山中に入りて、刻苦艱難を甘むじ、遂に兵法擊劍の蘊奥を極めて、物の見ごとに、復讐を遂たるを思ふに、其孝心の切なること云ふを待ずして明かなり、斯くて道士若本懐を達したる後、世に立むと欲せば、衆人其義勇に感ぜざるもの無りしと云へば、如何なる出世も爲し得べかりけむを、武を以て禁を犯したるもの、盛徳の事と云ふべからずとて、劍を投棄て再び金洞山に隱れ、更に仙道を修めて神仙得道の身となり、風に御し雲に乘りて、虛空を行くこと、宛ら平地を歩むが如くなりしと云へるは、即ち修錬効積りて玄胎を得、所謂純陽の身となれるに因るものなるべし、今五福全書の修眞秘訣に因て、其純陽の身と成たるものゝ大要を云はんに、即ち陽神は一身を以て、百千萬身に至るべし、各々以て飲食すべし、以て凡人を接待すべし、以て物件を拿るべし、之れを合すれば、又一身に止まる、いはゆる聖にして之を知るべからざるを神と云ふ、隱顯測ることなく、變化方無く、日月に歩して影無く、金石に入りて碍り無く、千里萬里も須臾にして即ち到り、過去未來一々に皆知る、方に之れを陽神と謂ふべしとある、此れ即ち其大要なり、道士は既に此の田地に至れるを以て、其身の飛行自在なるのみならず、呪文を唱へて人の病を治め、牛を使ひて奴僕の如くならしめ、一喝の叱聲忽ち山鬼の號哭を止めたるの類、意に任せて爲し得ざること無きは、此れ全く其得道を証明するものと云ふべし、中に就ても、仙人の牛を馴しめ之れに乘り又は之れを使ひたることは、先神仙の開祖とも云べきふ老子も、周を去て西域に向ひし時、青牛に駕して函谷關を過りたりと傳へ、また洪志と云へる仙人も、其傳に高才博學にして、道を盧山に學び、異人に遇ひて神方を授かり、能く六甲を明かにして、鬼神を役使し、變化測られざるに至れる人なるが、此れも常に青牛に乘りて往來せしを以て、其山谷を名けて青牛谷と云へりとあり、少か長清道士に似たる所無きにあらず、故に參考に擧たり、畢竟道士が、斯の如き極めて高尚なる道を得たるは、即ち其至孝の感應に因るものなるべし。故に道を求めむと欲するものは、必ず先忠孝を以て、本とせざるべからず、因に記す、我道友水位靈壽眞の、異境備忘錄に、由ありて此の妙義山の幽界に至れるに、同所に居る十七天狗と云へるに遭へることありし後、明師衫山僧正に問ひたるに、彼十七天狗の中なる、青龍天眼坊と云へるが、彼山の主にて、餘は皆其眷屬なり、と答へられきとあり。思ふに此青龍天眼坊と云へるが、卽ち長清道士の彼界にての名にはあらざるか、其は杉山明師の答に彼山の主にてとあるを、能く意を用ひて考ふべし。

●長谷川式部大夫

長谷川式部太夫は、周防國の領主大内義隆に仕へて、舊功ありしものなり、大内家傾かむとするを見て、式部屢々諫言したれども用ひられず、却て科にあはんとしければ、力及ばずして、密に本國を立去り、所緣あるに因みて、肥後國飽田郡に、妻子を引具して移りぬ。式部元來閑素隱逸を好みて、再び世に出むことを求めず、名を埋め跡を隱して、唯花鳥風月に心を澄し、月日を送るほどに、早年久しく住なれぬ、此所に水野隼人谷甚之丞とて、風流を好む若者あり、常に式部がもとに來り、學問の事など相語りて、親しみければ、式部もやさしき人に思ひ、内外無く交り、心友の因み淺からずなりぬ、或時兩人訪ひ來りて、物語の序に、我等男子に生れながら、此邊鄙の田舍にのみ住馴て、空しく朽果むと口惜きわざなれば、いざ此より兩三人心を合せて、京都に上り、名山靈跡をも尋ねて、一生の思ひ出にせむはいかゞと云ひ出てけるを、式部もこれに同意し、夫より旅の用意を整へ、三人打連れ、先京都に上り。禁裡御所を始め、洛中洛外の神社佛閣、靈場古跡等殘りなく拜み見廻り、夫より立返りて、須磨明石を過ぎ、播州に至りぬ、此所の室の津には、式部が知べの者有ければ、これがもとに尋ねゆき、暫く逗留して旅の疲れを休めける、其頃室の津の傾城町に、萩、信夫とて容顏麗しきのみならず、絲竹の調さへ勝れて、名高き二人の遊女有りければ、聞く者知も知らぬも心を傾けざるは無し、隼人甚之丞いづれの隙にか見染けむ、深く思ひ入て、忍びしのびに此二人の遊女に通ひ馴れたるが、たび重なるまゝに情は深くなり、持たる金銀は遣ひ果し、今は詮方なさに、兩人竊に相謀りて、式部に金子貳拾両づゝを借りて、猶々通ひ遊びけり、式部始の程は露斗も知ざりしが、遂にこれを知り、大いに驚き兩人を招き、君たちは此程より傾國の色に迷ひ、許多の金銀を捨給ふと聞く、實に言語同斷の事なり。遊女の如き怪しき者の爲に、本心を奪はれ財を費すなど云ふことの有べきことにあらざるは今更に辯を待ず、我元より君等と心友の交りを結ぶ斯る過ちを見て爭でか一言諫めでやはあるべき、各妻子をも持るゝ身にして、其行末をば思ひ給はずやと。理を責め言を盡して諫めければ、兩人心にはそまねども先諾ひて御諫尤もなり。我等今より全く止りなむ、御心安かれと云へば、式部喜びて酒肴を整へ兩人に進め、然らば斯る所に長居は無益なり、早々共に歸國すべしと云ふ、兩人いかにも心得たり、さりながら少し用事もあれば、君には先へ下り給へ、やがて後より追付申すべしと云ふにぞ、式部然らば兎も角もとて先だちて下りぬ、兩人は跡に殘りて誰に憚る處もなく晝夜彼町に居續けて、金銀有りの限り遣果し、今はよし無し一度本國に下り、重ねて金銀を用意してこそ遊ばめとて、兩人只身すからに成て故郷に歸る、式部兩人歸ると聞き、道まで出て見れば、始め上る時は、さしも花やかなる出立にて有りしが、夫には引かへ今は破れたる薄衣一つ着て、形憔れ色衰へ昔の人とも思はれず、式部一目見るより坐ろに涙を流し、豫てより斯るべしと諫めしものを、用ひ給はざりしこそうたてけれ、然りながらさのみは歎き給ふなとて、我家に人を走らせ、衣服酒飯など取寄せ、念頃にいたはりければ、兩人涙を流し、我曹昏愚にして君の諫を用ひず、斯る耻辱にあへり。千たび百たび悔れども甲斐なしとて、彼萩信夫二人の遊女に、誑かされし事どもをかたりて、今更まことに面目無ふこそ覺ゆれと云へば、式部聞きて過にし跡は如何に悔ともかへらじ、たゞ人は命ばかり大切なるはなし構へて短慮なる心を起して、身を危め給ふべからず、偏に以後を愼み給へ、扨先に各々に貸置たる金子は、すぐに進上ずべし、猶また所用の事有らば、何時にても貸し參らすべし夫朋友には財を通はし互に急を救ふの義あり、若友だちかたらひとて、杯酒を列ね嬉遊を爲すのみにして、貧窮を卹み患難を助くるの情無くば、人倫の法と云ふべからずと、即ち貳拾兩の證文二通を、封の儘にて返しければ、兩人手を合せて悅び頂き、實に例少き御芳志、いつの時か忘るべきと、感涙袖を潤せり、然れども、世の中に極めて斷難きものは、色欲にしくものなし　彼兩人式部の深き惠みに預かりて暫くは住わたると見えしが、兩人云ひ合せ衣服美麗を盡し花やかに出立、又々室の津に至りぬれば、二人の遊女を始め一家の者ども、其花麗なる風を見て、又機嫌をとりへつらひけり。兩人は終日終夜酒宴　遊興に耽り樂み居けるが、其内に水野隼人病氣に罹りしかば、醫藥手を盡しゝかども其効無く、廿日ばかり煩らひて終に空しくなりぬ、甚之丞歎き悲みながら、是非なく野邊の送りを營み、只獨遊女の家に歸りても、今は面白さも樂しさも失て　あぢきなく、浮世の望み絕果てければ出家遁世の身ともなり、且は隼人が後世をも弔はばやと思ひ　今までの衣服刀の類ひ、殘らず遊女の一家に賦り與へもとゞりを切り夜に紛れて室の津を去り、諸國を修行せばやと、其所とも無く迷ひ出ぬ、斯くて其後遙に年を經て、元龜の末の年、甚之丞入道修行のついで、肥後國に立越しが、流石に故鄕の方なつかしく、しのび〳〵に昔住し家を尋るに、妻子親族もちり〳〵になりけむ、見しにもあらず荒れ果て、庭には草のみ生しげり。又言どふ人も無し、見るに悲しさいやまさりて、分こし袖の露よりも、猶置まさるは涙なり。されど時移らば人の咎むる事もやあらむと、夫より直ぐに阿蘇の深谷に急ぐ所に、忽向ふの山上より、白く絖かなる衣を着て頭に青き絹笠を頂き、白き龍に乘て天降る人ありけり、漸く近づくを見れば、昔の式部太夫にてぞ有ける、入道これは如何にと愕く、式部入道が手を取り、いかになつかしくこそ、我此所に來りて、君を待つこと年久し、朋友の契淺からず、今あひ見るこそ嬉しけれと云へば、入道も悅び昔の事共語出つゝ、先君の今の有狀こそ奇くも尊けれ、其もいかなる事にや委しく語り聞せ給へと云へば、式部答へて、然ばよ、我昔偶此阿蘇の山に遊びて、四方を眺望する所に　何處ともなく容儀けたかき青衣の童子現はれ來りて、汝天遊無爲の樂を欲するや、我に隨ひ來れと宣ふにぞ、則ち伴はれて行けるに、童子我に取つきて步めとて、さしも嶮しき谷峯雲をわけ水を涉り、步むともなく走るともなく、行ほどに、漸く平地に至りぬ、其わたりを見わたせば、日頃聞も及ばぬ所なり、翠の篠原十町ばかりはへ茂り。其中に路ありて、末には石の橋二所にかゝり、橋の左右には蓮華河骨など花咲亂れ、岸の上には何の花やらん、高からぬ木の枝に　今を盛りと咲てみゆるに、時々微風吹わたれば、數の花どもひらめきて、胡蝶の飛ぶに異ならず、更に一里ばかり進み行は、一の洞門に至る、苔むし蔦葛生かゝり、幾年經たる所ともしらず、內に入て見渡せば奥の方、山の高下に隨ひ、桂殿蘭宮甍を並べ、朱欄翠幕流れに臨みて列れり。天樂悠に雲に響き、異香四方に充滿たり、庭には芝蘭玉樹枝を交へ葉を垂て、或は紅の花に白き蘂、又は綠の莖に黄色の蕾、色々の花數々の草の色香を爭ひ咲續き、孔雀鳳凰其外名も知らぬ美しき鳥ども、面白き音を囀りて、其間に翔り舞ふ、總て花木山水の形狀、此世界のものにあらず、日長閑に風温にして、常に二三月の如し、童子我に向ひ、汝生得無欲清潔にして、然も朋友に信あり、天帝其陰德を照覽したまひ、我を遣はし、迎へしむ、定めて飢つらむとて、胡麻飯桃花酒など與へ給ふ、其味ひ甘美にして、人世に有る所にあらず、我此より神爽かに身輕ふして、快樂極まり無し、終に長生不死の術を得、氣を吸ひ風に乘りて、天地の間を逍遙す、其内此より東河内國生駒山の奥にこそ、珠宮仙舘ありて、羽客神人常に遊戲し給ふ所なり、君我に於て夙緣あり、いざ來給へとて共に龍に乘て飛去ぬ、其後甚之丞入道も、修鍊功遂て仙人となり。式部と共に白龍に乘り、時々生駒山に行通ふ、其わたり高安秋志野の村人共能知りて敬ひ、村中旱魃の憂ある時は、必ず此神仙を祭りて祈るに、其驗速にて大雨降り、五穀實りて豊かなりしかば、村人益々信仰して、歲時には祭祀を執行ひ、子孫に傳へて怠らずと云へり。

嚴夫云、本傳は。玉櫛笥より採て、爰に載せたり、同書は文會堂林義端と云へる人の著にて、其跋に、李氏の剪燈餘話を見て、酷だ其紀事の恠奇なるを喜ふ、本邦州郡の廣き、豈奇事異聞の李氏が逃ぶる所の如きもの無らむやと、蓄念の發する所自ら抑ること能はず、釋了意師の狗張子に模して、逃ぶるに俚語を以てす、此れ僅かに見聞せし所の、近世の事實のみと云ひて、此の紀事奇恠は奇恠なれども、事實は事實なることを自ら證言して、東山天皇の文祿八年十一月に、出版したるものなり然るに此の長谷川式部太夫及び谷甚之丞の二人が、阿蘇山にて、神仙に導かれて、得道の身となりたるは、全く二人が信義を守りたるの德、神明を感ぜしめたるに因れるものゝ如し、其は始め式部を誘ひたる青衣の童子が、汝生得無欲清潔にして、然も朋友に信あり。天帝其陰德を照覽し給ひ、我を遣はして迎へしむ云々とあるにて知るべし、抑神仙の道を求むるには、必ず先仁義忠孝を主として、善を積み功を立るに非ざれば成就しがたきこと、道書之れを云はざるもの無し、即ち太上感應篇には、天上の仙とならむと願ふ者は、千三百善を行ふべし、地上の仙とならむと願ふ者は、三百善を行ふべしと云ひ、また稚川翁も微旨卷に、諸の道戒を覽るに、長生を求めんと欲する者は、必ず善を積み功を立て、物に慈心あり。己を恕して人に及ぼし、仁昆蟲に及び、人の吉を樂み、人の苦を愍み、人の急を賙はし、人の窮を救ひ、人の得を見ては、已れ之れを得るが如くし、人の失を見ては、已れ之れを失ふ如くす、自ら貴しとせず、自ら譽めず、此の如くなるを乃ち德有りとす、福を天に受け、作す所必ず成り、仙を求むること冀ふ可しと云はざるは無しと云へり、思ふに式部が水野隼人、谷甚之丞に對しての深切懇情、實に此旨に適へるものあり、此れ乃ち式部が神明の感應を得たる所以なるべし、また谷甚之丞は、隼人と共に一たひは遊女に迷ひて罪科に陷りしと雖も、隼人の死したる時より、大に悔悟し、自ら入道と成りて難行苦行に年を重ねしかば、其罪科消滅の時期至るを待て、式部神仙之れを阿蘇に迎へ、以て同じ道に誘ひ、共に得道の身となりたるも、要するに、式部が天親地愛の友情に因れるなるべし、また本傳中此れより、東河内國生駒山の奥に、珠宮仙舘ありて、羽客神人常に遊戯し給ふ所なり、君我に於て夙縁あり、いざ來給へとて共に龍に乘て飛去ぬと云ひ、また甚之丞入道も、修錬功遂て仙人となり、式部と共に白龍に乘り、時々生駒山に行通ふ、高安秋志野の村人能く知りて、此神仙を祭りて祈るに驗ありとあるに思ひ合はすべきは本書上に載せたる、齊明天皇の元年五月朔日、大和國葛城山の嶺より飛出て、生駒山の方に馳せ行き、また住吉の松の上に現はれ、更に西方に向ひて飛び去り、行方知らずなりしとある、青き油帛の笠を著て居たりと云へる僊人も、阿蘇山に行き通ふ一人にてありしなるべし、

寒　苧　千草みな霜かれはてゝ谷の野は花みし秋のおもかけもなし

●岩田刀自

岩田刀自は。其父母を知らず、又生國を詳にせず、安房國の里見義廣に見えて、奇異を現はし、始て世に知らる、當時義廣武勇を以て國を治め、威漸く旺ならむとす、其頃同國朝夷郡より、一人の老翁をつれて城中に來れり、其年を問へば、我年數百年に及ぶと雖も、其年の數は覺えずと答ふ、髪鬚は白きを變じて、黄金絲の如く眼は碧く光りて耳長し、顏色は未だ五十ばかりの男にて、髪を垂れて坐すれば地にたまる、名を問へば、岩田刀自と號す、後鳥羽院天皇の御時三浦大輔に具せられて奈須野の狩に赴く、此時九尾の狐を殺し、砒霜の殺生石を碎きて、人數多く毒に中られ、大熱を發し狂亂して死せし事、今見るやうに語る、其時年十八歳なりしが、父母兄弟皆其狩場に死しければ、是をものうき事に思ひ、獨山に籠りて道を修む、何方とも無く仙人とおほしき異人出來りて、藥を授けたり、僅に其丸藥一粒を腹したるに、身も輕く心も爽かになりけるが、彼仙人我を召つれて、虚空をかけり、大なる山は峯に行、其所は何處ともしらず、我を七寶の床の上に坐せしめ、丹栗霞漿を與ふ我此に醉て死したりしが、玄天の甘露半合ばかり、口に入るかと覺えて、忽醉醒心快然たり、其時仙人語りけるやうは、汝鶴龜を見ずや、氣を伏し息を靜にす、此故に神氣耗散せず、命至て長く又病有る事無し、汝今より九十年の後、兩眼色青くなりて、光能く闇中の物を照す、一千年にして、骨を易へ、二千年にして、皮を蛻け、毛を易ふべし、此より二たび形衰へず、齡傾かず、命更に限あるべからず、凡世人内には七情の氣鬱滯し、外には風寒暑濕に侵され、色を恣にし、食を妄りにす、心火高ぶり、君火亂れ、内に五臟六腑を焦し、九百分の宍を爛かし、外には四十九重の皮、八萬の毛孔空しくひすろぎ、十四の經十五の絡、皆もぢれゆるまり、三百六十の骨節悉く放れ、諸病是より生じ、壽命此故に縮まり、遂に百年を保つ人世に稀なり、其外諸の憂萬の悲心に聚ること、夏虫の燈火に入が如し。名の爲利の爲に、物思ひの絶ること無きは、流れの魚の毒餌を喰むに似たり、徒に魂勞れ精疲る、僅に方寸の胸の間に、妄念の浪逆卷き、互に嫉害ふこと、猛き獸よりも勵し、此故に、佛教には、世界を以て火宅と名け、道教には、此身を以て大なる患の原とす、既に之れを脱れて人世の情態を見れば、沸湯よりも猶すさまじく覺ゆ、何ぞ我身を其間におくに忍びんや、此形を錬り此心を磨く時は、天に登り地に入り、雲に乘り水を走り、千變萬化飛行自在にして、其快樂なること喩ふるに物無し、假令現世にありて、如何なる得意の地位を得るとも、よも之には及ぶべからず、況てや尋常の人に於てをやとて、其修錬の法を敎へられしかば、我それより當國の山に皈り、深く籠りて之を學び、食には松の葉茯苓を用ひ、藥には兎絲子、茅根を求め、石を煉りて膏を取り、霜を煮て飴となし、百花の露を凝して之れを練り、屢服して五穀を斷つに、更に飢を覺えずにも動かず、天地の色を覺えず心を松風朗月に清くし、神を瀧水の音に澄せば、欲も無く怒も無しと云ふ、義廣之れを聞て問はれけるやう、我も亦此仙術を勤め學ばゞ、習ひ得べきやと、老翁答へて曰く、心を靜めて我物とし、色を遠ざけ欲を離れ、奢侈を止め美食を退け、樂も悲も心に留めず、德を積み功を立れば、自然に天地の道に適ひ、壽日月と共に久しからむ、目妄りに視ず、耳妄りに聽ず、口妄りに言ず、身妄りに動かず行も住も立も臥も、唯妄りにせず、常に能く守るべしと云ふ、義廣聞て扨は人間の交りは、此道の障りなり。其障りを除て勤めむとすれば、鹿猿に異ること無し、然らば長生せしとて詮無きことなりと云ひて、美酒佳肴を出して進めしかど、刀自更に食はず、唯酒のみは能飮と雖も、醉たる色なし、又其容貌の痩かじけて可笑しく見苦しきを看て　若き女房たち大ひに笑ひしかば、刀自も共に笑ひて、女房達必ず悔ひ給ふべからずと云ひつゝ、其方に向ひ指をさしければ、十七八より廿四五ばかりの女房等　十五六人俄に變じて姥となり、面には皺を生じ、髮は白く腰かゞみて、見る影も無くなりはてしかば、女房達互ひに顏を見合せて、大に驚き泣悲みて手を合せ、是全く我々共の惡かりしなり。偏に許し給へとて、只管に侘入りければ、刀自扨懲給はば夫にて宜し、しかし後を愼み給へと云ひて、更に指をさしければ、孰れも元の姿に復りたり、義廣大に怒りて、心中に刀自を殺さむとの意起りしかば、刀自忽に其意を知り、君然る心を起し給ふは甚宜しからず、扨は國運も久しかるまじ、今より五百月の後、必ず大なる災害有らむと書て前に出し座を立かと見えしが、瞬間に形を隱て失にけり、義廣其跡を追しめて、國中の山々隈なく探し求めしかど、更に其影だに見出すこと能はず、詮方無くて捨おきたり、義廣彼刀自が書おきたるものを取て、五百月は四十餘年なり。我何ぞ夫までの命有らむやと云ひつゝ、能々見れば百の字と思ひしは、百にはあらで箇の字なり。扨は油斷のならぬ事なりとて、人々危み思ひしが、果して夫より五ケ月の後、北條氏康の爲に、鵠野臺に於て敗績しけり實に奇なる事と云ふべし、抑此岩田刀自は如何なる人なりけむ、只此里見義廣に遭しに依て、世に知られしと雖も、又其後を知者無しと云ふ。

嚴夫云、本傳は。伽婢子より採て、此に載せたり。此傳中岩田戸自が、後鳥羽院天皇の御時、三浦大輔に具せられて、奈須野の狩に赴くと云へるは、誤傳なるべし 今野史に因るに、三浦大輔は、大介義明とあり。また里見義廣も義弘とあり、此方正しかるべし。此大輔は大介、義廣は義弘のことなりとする時は、三浦大輔は、治承四年、源頼朝石橋山に兵を擧て敗れしより間もなく、衣笠城に於て、八十九歲にて戰死を遂げたれば、後鳥羽院天皇の御世までは生きて居らざるを以て、其誤なること明なり。然れば刀自實に三浦の大介に具せられて、奈須野の狩に出しとせば、其前の高倉天皇の御代のことにて有りしなるべし、假りに之れを三浦大介戰死の前年即ち高倉天皇の治承三年頃の事として、其時十八歲にて有りきと云へば、里見義弘が鴻臺にて、北條氏康の爲に敗績したるは、永祿六年正月（或書には七年五月に作る）の事なれば、其五ヶ月前とする時は、義弘の刀自に遭へるは、永祿五年九月のことにてありしなるべし。此永祿五年より治承三年まで溯り數ふれは、三百八十四年となる、此れに刀自が始めの十八歲を加ふれば、四百二歲となる、此れ刀自が其時の年數なるべし、扨刀自は、其父母兄弟皆、奈須野の狩場にて死たるなり。獨山に籠りて道を修むることゝなり。仙人と覺しき異人より藥を授かり、また其異人に伴はれて幽境に至り、長生の道を傳へられし事等、皆聞えたるが如し、然るに汝今より九十年の後、兩眼色靑くなりて、光能く闇中の物を照す、一千年にして骨を易へ、二千年にして皮を蛻け、毛を易ふべし云々と云ひしとあるは、彼漢武內傳なる、西王母の武帝に告げたる語に、少か似たる所あり、即ち王母の曰く、夫れ身を修めんと欲せば、當に其氣を營むべし、大僊眞經に、所謂益易の道を行へ、益とは精を益すなり易とは形を易るなり。能く益し能く易れば、名仙籍に上る、益ず易へざれば、死厄を離れず、益、易を行ふとは、常に靈寶を思ふを謂ふなり、靈とは神なり、寶とは精なり、子但精を愛し固を握り氣を閉ぢ液を呑めば、氣化して血となり、血化して精となり、精化して神となり、神化して液となり、液化して骨となる、之れを行ふて倦ざれば、神精充ち溢る、之れを爲すこと、一年にして氣を易へ、二年にして血を易へ、三年にして精を易へ、四年にして脉を易へ、五年にして髓を易へ、六年にして骨を易へ、七年にして筋を易へ、八年にして髮を易へ、九年にして形を易ふ、形易れば則ち變化す、變化すれば則ち道成る、道成れば則ち仙人と爲ると、此の王母の語、簡にして能く意を盡せり、且九年にして道を成就するものとす、前の刀自が授かりたる法にては、一千年にして骨を易へ二千年にして皮を蛻け毛を易ふと云ふ、道を成することの差異、何ぞ其れ斯の如く甚しきや、此れ皆法の勝劣に因て然るなるべし、また刀自が語中に、此形を錬り此心を磨く時は、天に登り、地に入り、雲に乘り水を走り、千變萬化飛行自在にして、其快樂なること喩ふるに物無し、と云へることのあるは、此れ即ち修練効積りて、玄胎を得純陽の身となりたる結果に外ならず、前の長淸道士の下に云へる所と合せ考ふべし、また刀自が痩かじけたる容貌の可笑きを見て、笑ひたる若き女房だちの方に向ひ、後悔したまふなと云ひつゝ指をさしければ、十八九より廿四五ばかりの女房たち、忽ち變じて姥となりたるを、悔ひ悲しみて佗入りければ、後を愼み給へて云ひて、更に指をさせば、孰れも元の姿に復りたりとあるも、神仙得道の身となれば、斯の如きことは、心に任せて自由自在に、行ひ得らるゝものと見えたり。其道の最も貴きことを知るべし、また里見義弘が刀自を殺さむとの意を起したる時、刀自早く之れを知りて君然る心を起し給ふは、甚だ宜からず云々と云ひて、座を立つかと見えしが、瞬く間に形を隠て失せにけりとある、此の人の心を先知ることは、之れは他人通と云ひて六神通の内の一ッなり、また忽ち形を隠して失せけりとあるは、坐在立亡と云ひて、此れ亦得道の人は、誰れにても斯の如き妙あるに至るものなり、中にも其變化の術の最も大なるものを載せたるは、墨子五行記に如くもの無しと云ふ、其は稚川内篇の遐覧の巻に墨子五行記は本五巻あり、昔劉君安未だ仙し去らざりし時、其要を抄し取て一巻と爲したり。其法薬を用ひ符を用ひて、能く人をして上下に飛行せしめ、無方に隠倫し、笑を含めば婦人となり、面を蹙むれば老翁となり、地に踞ては小兒となり、杖を執ては林木となし、物を種て忽ちに瓜菓を生じて食ふべからしめ、地に畫して河となし、壞を撮みて山となし、坐ら行厨を致し、雲を興し火を起さしむ、總て作さざる所無しとあり。此外に玉女隱微、また淮南鴻寶萬畢等の書、皆不思議の妙術を載せたるものなりと云ふ、刀自に道を授けたる明師も、定めて此れ等の妙術を得て居りし神仙なるべし。唯惜むらくは、刀自里見義弘に面會したる後、其跡を晦ましたるを以て、其道の世に傳らざることを。

◉大口山女仙

大口山の女仙は。何人たるを詳にせず、又如何なう來歷あるかを知るに由なし、唯同地の壯士を仙境に伴ひし事有りしに依て、始て世に知るゝ事となれり。今其大要を擧むに正親町天皇の天正年間、同地は鹿兒島藩士島津家の領分にして、他藩との國境なり、是を以て、當時の藩主諸臣の中より人才を撰びて、町田存松新納拙齋の兩人をして、其地頭と爲し、近鄕を警備せしむ、固より雄將の下に弱卒無しとの諺の如く、其部下に在る者皆心猛にして義に勇む、壯士どもなり、然るに或年の中秋望月の夜、此の人々昔よりの習ひ、今宵は明月の佳節なればとて、某所に集り酒酌はやし觀月の宴を張むとて打集ひけるに、獨の壯士聊用事ありて、時刻後れしが、道すがら月に浮れて、今夜月明人盡望不レ知秋思在二誰家一と口すさみて、傍なる辻堂に至り、前なる巖頭に腰打掛て、嘯居たりしに、夜の更くるに從ひて、草葉の露も玉を磨き、四方の氣色も蕭條として、吹來る風侵肌骨に砭しものさびしき折から、兼て弄びし笛取て一曲を吹鳴せしが、餘音嫋々として山谷に響きて、幽興更に譬ふるにもの無く、吹すさむ所に、覺えず身の毛よだちて、心地よからず成ければ、笛吹やめて後の方をかへり見るに、世に類ひなき年の頃二八ばかりの、美人秀色如二瓊花一、霧鬢風鬟形容悽々たるの狀誠に凡ならずとこそ見えたりけれ、壯士是を見て、且驚き且疑ひ、茫然として思へらく、月宮の孀娥高唐の神女の、茲に來格したるやと訝かしく、また一度は狐狸の來て、我を魅すかと腰の刀に手を掛てにらみ居る所に、美人媚笑ひて靜に歩み寄て云ふやう、妾は本山家の賤の女、今宵は中秋の佳節と云ひ、殊に勝れて一天くまなく、月の光もさやかなれば、しづか心の憂をもはらさむとて、歩をはこびし折節、情郎の吹く笛の音いと面白くて、先より踟蹰聞居しに、妾が起憂動情誠に以て音曲の鬼神を感ぜしめ、人情を和ぐることは、和漢ためし多き事にて侍るぞかし、今宵情郎の興を妨げるといへども、願くば賤が庵に貴足を勞し給へかしと、頻に請いしかば、壯士つら〳〵思案して、田舍にては見もせぬ美しき女房の、斯る情狀は不思議の事よとは、胸中に觀察しながら、假令山魅狐狸の術にもせよ、何かは恐れ退くべき、大丈夫其始末を見屆けぬも、殘念よと精神を定めて、其詞に隨ひ伴はれ行しが、程も無く大路に出て一の洞門に至る、彼美人先立て内に入て云ふやうは、今宵はからずも珍らしき情郎の、月下に吹給ふ笛の妙音に感じて、此所までつれまゐらせたり。人々席設けよと云へば、内にて女の聲して立騷ぐ音聞えつ、やがて美人壯士を引て高樓に登り、一間の坐敷に就きたるが、其狀金銀珠玉をちりばめて、是や廣寒宮とも云ひつべき光景にて、床頭の香爐に香氣の馥郁として薫ぜるは、桂子月中より落るかと疑はる。斯るところに、數十輩の侍女ども、青蛾紅粉盡レ態含レ嬌でいで、玉盤に見なれざる珍菓、時ならざる佳味を盛りて、座上に備へぬ、誠に善盡し美盡せり、其時美人玉の杯を擧て壯士に進めていふはよし、妾今宵はからずも如何なる神の縁にして、情郎に會することを得たるや、實に千載の一遇なりとて、更酒を酌つゝ云へらく、情郎の玉指を勞すといへども、願くは一曲を吹て聞せ給へと請ふ程に、壯士も辭することを得ず、日ごろおのが嗜みし手術を盡して吹ならしければ、滿座鳴をひそめて聞とれ、共に手を拍ち一唱三歎しつゝ、人々感に堪え入ぬ、美人壯士の吹笛を賞して云やう、誠に以て妙手の調曲、覺えず妾が心に花を開かせて、坐に春情を發し侍りぬと云ひて、益々酒をすゝめて人々を饗したれば、滿座の侍女ども笑壺に入て、歌ひつ舞つ艷なる巧調を演て、酒を強ゐられ、觥籌幾無レ算 壯士も深く醉ひ草臥れ、是や昔に聞く、唐の劉郎が天臺山の仙境にいたりしも、斯くやと思ひやられて、逸興無涯 頻りに眠りを催したる、時に美人云ふやう、夜も甚く更ぬれば休み給へとて、壯士は侍女どもに扶られて、洞房に至りて臥寢たり。幾もなく邯鄲一時の夢醒て頻に小溲の心地催しければ、洞房をつと起出 庭に至りて小溲を舉りて、よく／＼光景を窺ひ見れば、十五夜の月影、はや山端にかくれなむとして、立掩ふ松柏の風の聲すさまじく、聞馴れざりし谷川の巖に走る水音と、梢を傳ふ呼子鳥の聲、幽に雲間に聞えければ、扨は吾過ちて人の往來も無き、深山の奥にだまされ入りし者ぞかし、いや／＼よしなき所に來て、若怪事を招き出さむより、寧早く逃出むとは思ひしが、待て暫し斯る珍敷神仙の幽棲に導かれて、いらざる兵亂の浮世に出むも口惜などゝ、種々に打案じけるが壯士の矢長心に思ひ返して、君の祿を食ひ、父母の遺體を請し身の、外物に生を空くすべからず、末長く君父に事ふるこそ、臣子たるものゝ道にはあれと、内に抜置し大小を取て立去むとて、座敷に至り見るに、杯盤狼籍として、燈火の影稍幽かなり、其時壯士思惟すらく、斯く珍敷所に至りし事なれば、何か證據を取て歸らむと、あちらこちらと見まはせば、床の上に數巻の書籍を積置けり、是こそ屈竟の證據ござむなれと、竊に懷に隱して立去らむとせしかども　亦彼美人が目寤て、若も追來らむ事を恐れて、忙然として立たるが、不圖心に一計を思ひ起し、假令神仙にもせよ山魅にもせよ、彼を殺さむこそ、何條子細の有るべきと、巧み出せしこそ惜むべけれ、壯士塵界の因縁や盡ざりけむ、其儘無二無三に洞房に走入り、彼美人が寐たりし上に立またがり、三尺の龍劍氷の如くなるを抜放ちて、高胸本を土まで徹れと衝刺しけるが、餘りにせきこみし故か、又彼美人が神仙の妙術を以て、刀劔の刄を除たるにもあらむか、あくまで着たる衾を貫き、座敷にぐさと突立しかど、美人の軀には毫も中らず　空しく傍を刺たる音に、美人は忽ち目を覺して、あつと一聲、叫びし聲、此はそもいかに、百千の雷の耳元に落かゝるが如く、天地須臾に震眩して、在し美人も何地にか飛去りけむ、其影だにも、留めざれば、壯士は仕損じたりと大に驚き、弓矢八幡助け給へと、逸足出して逃出たるに、天地俄に黒暗となり、美人が叫びし聲山谷に響きて、只足下に在る如く聞ゆるにぞ、木の根と云はず、岩角と云はず、仆れては起き起きては仆れ、ひた顛びに顛び落ち、命を限りに逃たれど、暗さは暗し方角はたゝず、身體生たる心地せずして、深山の奥にさまよいしが、漸く夜も明方に及びてぞ、叫びし聲も遠ざかりける程に、爰に暫く息を休め旭陽の出るを待て、先東西南北の方角を取り、峯を越谷を渡りて、道の程凡四五里も出來つらむと思ふ所に、遙に獵人の犬を呼ぶ聲聞ゆ、それを力に行程に、犬を呼ぶ聲にはあらで、全く我名を呼ぶ聲なれば、扨は傍輩親類どもの、吾を尋に來しものならめと、己れも聲をあげて、互に出迎へて行遇けるが、餘りのことに仰天して、暫しが間は言葉も出ず、手に手をとりて先恙なきを喜び、漸くにして始終の事を物語つゝ、相伴ひて皈りける、其日數を數ふれば、八月十五夜より、はや七日をぞ過たりける、人々奇異の思ひをなしにけるが、壯士が洞房酒莚の興に草臥果てふしたるは、僅一睡の間と思ひしに、斯く數多の晝夜を隔てぬるを思へば、古人のから歌に、仙家日月本長間と詠じたるも、信に理りなりとぞ知られける、扨彼壯士が神仙の幽境に至りし始末を地頭に屆出、證據に取來りたる書籍をも取出したるが、誠に人間世界の物とは見えず、譬へば蟬の羽の如き物を書籍の様に拵へて、中には蕃篆の如くなるものを、書散して在けるとぞ、當時の人事義を解し得ずて、其儘地頭屋敷の庫中に秘置さて納たりしを、間も無く其府に火災起りて、終に燒失けり。嗚呼惜哉、郷に博洽の君子張華の如き人物無く、是や浦島太郎が常世の郷にて得て來し寶物、不老不死の秘策にてありしならむを、神仙之れを慳みて人間に傳へざるにや、返す〲も遺憾の事どもなりと、今にも語り傳へたりと云ふ

嚴夫云。本傳は、薩摩國人白尾國柱が著に係る、倭文麻環と題せる書十二卷あり、即ち同書に載たる、を採て、爰に擧たり、此傳中、月宮の孀娥、高唐の神女の、茲に來格したるやと、訝かしく云々と云ひたる、孀娥神女のことは、山陽瞿宗吉が著に係る、剪燈新話の、鑑湖夜泛記にも、嫦娥月殿の奔、神女高唐の會など見えて、靈異なる美人の例に、能く並べ擧らるゝ所なるが、此孀娥はまた嫦娥とも姮娥とも云ひて、月宮に住む女仙の名なり、即ち同書縢穆醉遊聚景園記の嫦娥月殿を辭しある所の註に、嫦娥或は姮娥と稱す、有窮后羿が妻なり、羿不死の藥を西王母に得たり、嫦娥之を竊て月に奔て、遂に身を月に託すと云ひ、また列仙全傳にも、姮娥は羿が妻なり、羿仙藥を神人より得て、未だ自ら服するに及ばず、妻竊て之れを食し、奔て月宮に入て姮娥と爲るとある此れなり。また高唐の神女と云へるは、此れも同書の牡丹燈記の、自ら以爲く巫山洛浦の遇も之には過ぎじとある註に、宋玉賦を引て、楚の襄王宋玉と、雲夢の臺に游び、高唐の觀を望むに、獨雲氣あり、王問て曰く此れ何の氣ぞと、對て曰く朝雲なり、昔先君王嘗て高臺に遊びて、夢に婦人を見る

曰く妾は巫山の女なり、願くは枕席を薦めんと、王因て之を幸す、去て辭して曰く、妾は巫山の陽に在り、朝に行雲となり。暮に行雨となる、朝々暮々陽臺の下に在りと曰ひしとある、此れ即ち高唐の神女なり。壯士が月宮の嫦娥か、若くば高唐の神女が、茲に來りしにはあらざるかと、訝かしく思ひしとあるは、即ちこれを指るなり。また壯士が彼女仙に伴ひ行かれて高樓に登りし時のことを記して、其狀金銀珠玉をちりばめて、是れや廣寒宮とも云ひつべき光景にて云々とある廣寒宮は、即ち月中にある宮殿の名なり。其は神仙通鑑の卷三に、彼嫦娥即ち姮娥が、羿の仙藥を窃みて月中に奔りたることを記して、姮娥相望の夜、即ち滿月の夜に乘じて、金光を縱ちて地より天に升り、飛びて月中に入る、桂の影婆々たり、尋で最も深き處に至り、姮娥獨り坐せり、羿の來るを見て之を避けんとしけるを、羿趨りて前に行き手を執て、之を慰めて云ひけるは、己れも亦日中に處れり。往時必しも復疑はずと乃ち桂木を鋸りし、一所の宮殿を成して居らしめ、額を題して廣寒宮と曰ふとあり。此れにて知るべし、また雲笈七籤の、日月星辰部に引きたる、黃氣陽精三道順行經にも、立夏の日洞陽宮に止まり、金冶の精を吐て以て東井の中に灌ぎ、晨暉に沐浴し、八素の氣を收めて、廣寒宮に皈る、月暉の圍縱廣二千九百里、白銀、瑠璃、水精、其內に映ず、城郭人民日と同じとある、廣寒宮も亦此れにて、其美麗なるを想像るべし、故に其文を繼ぎて、床頭の香爐に、香氣の馥郁として薫ぜるは、桂子の月中より落るかと疑はるとは書しものなり。また毓筭幾ど算無くとある、毓はツノのサカヅキと訓み、筭はカズにて盃の廻れる數の算へ盡されぬまでに至れるを云ひ、また是れや音に聞く、唐の劉郎が天臺山の仙境にいたりしも、斯くやと思ひやられて云々とある劉郎は、劉晨が事にて、漢剡縣の人なり。本傳に唐とあるは、漢の誤なるべし、其は劉晨の傳に、漢の永平年中に、其友阮肇と云へる者と、天臺山に入て藥を採る、路に迷ひて返ることを得ず、十三日を經て饑渇甚し、山上を望むに桃の實あり、共に取て之を食ひ、飢止みて山を下り、澗水を取りて飲む、時に一の杯の流れ來るを見る、中に胡麻飯あり、二人喜びて曰く此近に人家ありと、遂に山を度りて一の大溪に出づ、溪の邊に二人の女あり、容貌甚美なり、劉郎阮郎を顧みて、笑ひて曰ひけらくは、二郎は杯を捉り來れるやと、二郎之を異む、二女の懽然るさま、舊より相識れるが如くにして曰く、來ることの何ぞ晩きやと、即ち邀へて家に還る、南壁と東壁とに、各羅帷絳帳あり。侍女に命じて饌を具へしむ、胡麻飯、山羊、脯、牛肉の美食あり。畢りて酒を行ふ、俄に群女あり桃を持來りて笑ひて曰く、汝が婿の來れるを賀すと、酒酣にして樂を作す、夜半各一帳に就て宿す、婉態殊に比を絶す、十日に至りて還らんことを求む、苦に留めらる丶こと半年ばかり、氣候草木常に春に似て百鳥啼响りぬ、歸らんと思ふ心更に切にして禁めがたし、二女曰く、罪根未だ滅びず、君等をして此に至らしむるかとて、遂に路を指示して還らしむ、二郎歸りて見れば、郷邑零落して、已に七世の後なり、再び女が家に住むとして、尋ね覓むれども其路を獲ること能はず、暫く世に在りしが、晋太康八年に至りて、復二郎の所在を失ふとあり、即ち此事を指せるものなり。此劉晨阮肇の二郎が、二女仙の家に入りたる、漢の明帝の永平元年より二郎が一たび郷邑に歸りて、再び所在を失ひしと云へる、西晋の武帝が太康の末年に至りて、凡二百三十二年間なり、二郎は遂にまた宿縁に因て、元の仙境に歸りしものなるべし、思ふに大口山の女仙に誘はれたる壯士も、若仙縁深かりせば、必ず此劉郎阮郎の如く、遂に神仙ともなるべかりしならむを、本傳にもある如く、壯士が塵界の因縁や盡ざりけむ、殘忍なる殺意を起して仕損じ命を限りに逃歸れるは、實に惜むべきことにこそ、また壯士が神仙の幽棲に入りたる證據にと取歸りたる書籍は、蟬の羽の如き物を綴合せて、中には蕃篆の如くなるものを書散して在りたると記せる蟬の羽の如くなるものと云へるは、幽境の紙なり、また蕃篆の如くなるものと云へる文字も、亦彼境の文字なること云ふまでも無きが、今雲笈七籤の、三洞經敎部に因るに、抑神仙界に於て、最も尊ぶ所の文字靈籍甚だ多くして枚擧に遑あらざれど、其重なるものを載せむに、八龍雲篆明光之章と云ふあり。三元八會之書と云ふあり。九天生神章と云ふあり。符字と云ふあり。玉字と云ふあり、皇文帝書と云ふあり。天書と云ふあり。龍章と云ふあり。鳳文と云ふあり。玉牒金書と云ふあり。石字と云ふあり。題素と云ふあり、玉籙と云ふあり。玉札と云ふあり、玉策と云ふあり。丹簡墨籙と云ふあり。琅蚪瓊文と云ふあり。鬱儀赤文と云ふあり。結璘黄章と云ふあり。紫字と云ふあり。火錬眞文と云ふあり。金壺墨汁字と云ふあり。自然之字と云ふあり。琅簡蘂書と云ふあり

此外猶多し此れ等の靈文神字は、多く氣を結むで空中に顯はれたるを、大眞人仰て之れを寫したるに始まりたるものにして、彼軒轅黄帝の時、蒼頡が鳥跡を採て古文と爲し、結繩の文字に代へたる以前のものなりと云ふ、今文昌帝君の著に係る、大洞紫陽寶籙に載せたる、元綱演化品彖と題せる異字五行あり、其三行に方る一行を抄出して、左に之を示すべし、即ち此なり、此等も右數種の内の一種なるべし、前の蕃篆の如くなるものと云へるは、或は此類ひのものにてはあらざりしか、

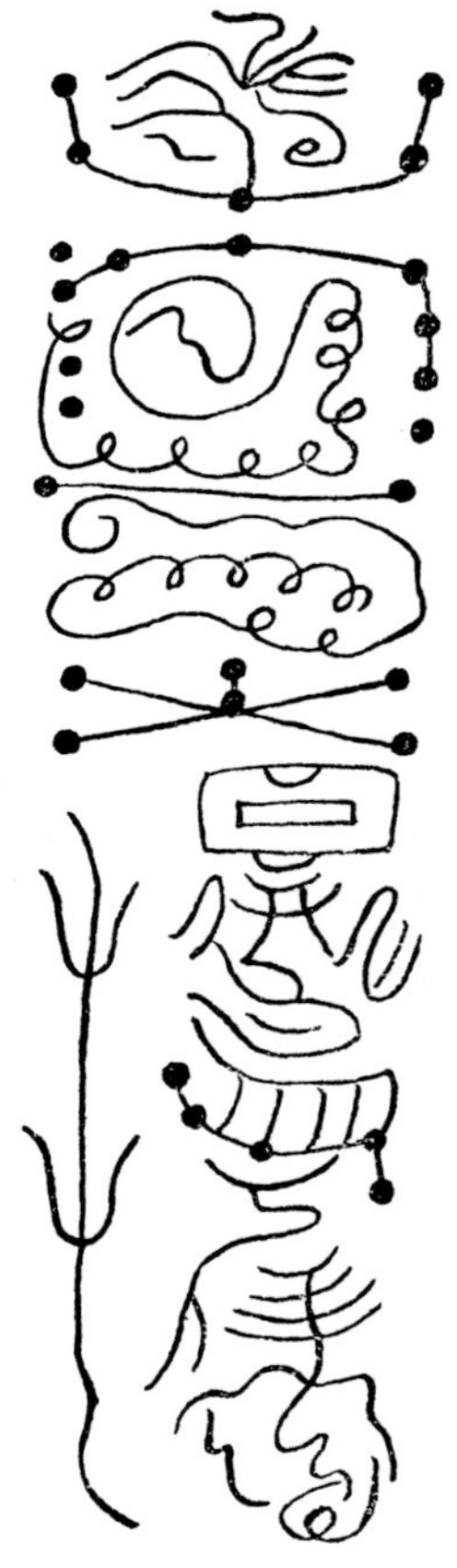

此の如きの異字も夥しくして、枚擧に遑あらざるが中の、一ッを載せて參考に供ふるのみ、また郷に博洽の君子張華の如き人物無く云

々とある。張華は、晉潘陽の人にて、博物志四百卷を造りて、西晉の武帝に奏じたる、博識洽聞に名を得たる人なり、故に斯くは云ひたるなり。また此の異字につきて、是れや浦島太郎が常世の郷より得て來し寶物、不老不死の秘策ならむを云々とある、浦島子が神女より授かり來りし玉匣には太玄生符と云ふ、不老不死の秘符を、封じこめて有りしものならむと思ふよしありて、其事と本傳にもある、壯士が幽界に在し間は、只一夜のみと思ひしに早くも一七日を經て居しとある如く、神仙界の年月日は、此の顯界の年月日より、長き由等は、浦島子が傳の下に。委しく說明し置きたる通りなるが、思ふに彼壯士が持歸れる幽境の書籍、必ずしも此の太玄生錄とも定め難き心地せらるれば、本傳の結文は、是れや天地の靈妙を載せたる、神仙界の秘籍妙典にてありしならむを、神仙之れを慳みて、人間に傳へざるにや、返すがへすも遺憾のことどもなりと云はまほしくこそ。

本朝神仙記傳上之卷（終）

昭和三年十二月二十五日印刷
昭和三年十二月二十八日發行

本朝神仙記傳上之卷
定價 金貳圓五拾錢

著作者 故宮地嚴夫
編輯者 大久保千濤
大阪市西區北堀江通六丁目一番地
發行者 能勢天祐
大阪市東成區鶴橋木野町一五四番地
印刷者 由良政太郎
大阪市東成區鶴橋木野町一五四番地
印刷所 由良印刷所

大阪市西區北堀江通六丁目一番地
發行所 本朝神仙記傳發行所
電話新町三〇七五番
振替大阪七一七五六番(能勢天祐宛)

本朝神仙記伝　上巻

昭和六十三年二月十一日　初版発行
平成三十一年三月十一日　新装版 初刷発行
令和　五　年十月三十日　新装版 第二刷発行

著　者　宮地厳夫

発行所　八幡書店
東京都品川区平塚二―一―十六
ＫＫビル五階
電話　〇三（三七八五）〇八八一
振替　〇〇一八〇―一―四七二七六三

ISBN978-4-89350-807-2 C0014 ¥3800E